U0561138

课程治理现代化丛书
张秋来 王 琦 杨四耕 主编

小课题探究
激活学习方式

王 琦 ◎ 编著

华东师范大学出版社
·上海·

图书在版编目(CIP)数据

小课题探究:激活学习方式/王琦编著.—上海:
华东师范大学出版社,2025.—(课程治理现代化丛书).
ISBN 978-7-5760-5868-0

Ⅰ.G791

中国国家版本馆 CIP 数据核字第 202526T396 号

课程治理现代化丛书

小课题探究:激活学习方式

丛书主编　张秋来　王　琦　杨四耕
编　　著　王　琦
责任编辑　刘　佳
项目编辑　林青荻
审读编辑　林青荻
责任校对　宋红广　时东明
装帧设计　卢晓红

出版发行　华东师范大学出版社
社　　址　上海市中山北路 3663 号　邮编 200062
网　　址　www.ecnupress.com.cn
电　　话　021-60821666　行政传真 021-62572105
客服电话　021-62865537　门市(邮购)电话 021-62869887
地　　址　上海市中山北路 3663 号华东师范大学校内先锋路口
网　　店　http://hdsdcbs.tmall.com

印 刷 者　上海龙腾印务有限公司
开　　本　787 毫米×1092 毫米　1/16
印　　张　16.25
字　　数　145 千字
版　　次　2025 年 6 月第 1 版
印　　次　2025 年 6 月第 1 次
书　　号　ISBN 978-7-5760-5868-0
定　　价　56.00 元

出 版 人　王　焰

(如发现本版图书有印订质量问题,请寄回本社客服中心调换或电话 021-62865537 联系)

编委会

王　琦　庄丽伟　郭丽萌
王　轩　黄少红　廖云开

丛书总序

为了高水平推进区域课程治理现代化，深圳市坪山区立足"创新坪山、未来之城"的建设，唱响"深圳坪山，无限可能"的口号，相信每一所学校的力量，相信每一位教师的力量，相信每一个学生的力量，深化区域课程教学改革，推进课程治理机制创新，深化育人重点领域和关键环节改革，提升课程智治水平，转变育人方式，高水平推进深圳东部中心课程治理现代化。

坪山区确定了课程治理现代化的总体目标：完善课程治理机制，优化课程治理方式，创新课程治理载体，提升课程治理效能，形成国家主导、区域统筹、学校实施、社会参与和学生选择的课程治理新局面，开辟高水平推进区域课程治理现代化新赛道，争当深圳市课程治理现代化先行者，努力成为全面展现中国特色社会主义教育制度优越性的示范窗口和典型样板。在此基础上，形成了区域课程治理现代化的具体目标。

1. 完善课程治理机制。构建上下联动、问题倒逼、试点推广和协同推进等课程治理新机制，持续深化基础教育课程改革；广泛吸纳各种力量参与，通过由学校引导机制、师生参与机制、专家干预机制和社会力量融入机制等组成的复合型机制，促进课程资源高质量供给，有效达成课程改革的多重目标。

2. 优化课程治理方式。采用文化治理与依法治理相结合、内部治理与外部治理相结合、全面治理与专项治理相结合、横向治理与纵向治理相结合的多维课程治理方式，实现课程治理方式的优化组合。根据治理的问题难度、治理的主体组合和治理的过程情况，灵活采取一种或多种治理方式，实现课程治理最优化。

3. 创新课程治理载体。进一步理清政府、社会、学校及教师的课程治理权限，强化课程治理的国家意志，把握课程政策走向，理解课程标准，设计课程计划，研制课程规划，优化课程设计，推进课程审议，落实课程研修，开展课程视导，寻求技术赋能，创建多元协同课程治理共同体，不断创新课程治理载体。

4. 提升课程治理效能。培育一批深入实施新课程的先进学校，提升教师课程治理能力,促进学生个性全面发展;总结发现一批课程育人成效显著的典型案例,形成一套更加完善的,有时代特征、坪山特点、中国特色的课程治理制度体系,为率先实现高水平课程治理现代化提供坚实保障,奠定坪山区教育现代化的制度基石。

如何高水平推进区域课程治理现代化?深圳市坪山区把握以下几条原则。

一是坚持正确方向,强化课程治理的国家意志。课程治理是国家事权,要坚持正确方向,充分体现课程治理的国家意志,确保社会主义办学方向,坚持立德树人,服务国家战略需求,将社会主义核心价值观融入课程体系之中。

二是坚持问题导向,破解课程治理的系列难题。围绕着课程理念难更新、课程逻辑难理顺、课程实施难深入、课程资源难协调、课程研究难深化、课程治理体系不配套等突出问题,深化体制机制改革,着力破解课程治理的系列难题,助力学生健康成长。

三是坚持守正创新,把握课程治理的内在逻辑。加强学校课程顶层设计,总结课程改革成功经验,着眼于课程制度建设,坚持守正创新,鼓励各校深入探索、勇于创新、不断完善,把握课程治理的内在逻辑,持续激发学校课程治理活力,讲好坪山课程故事,传递中国课程话语。

四是坚持放管结合,构建课程治理的协同机制。处理好政府办学主体责任和学校办学主体地位之间的关系,遵循多元治理原则,明确政府、社会、学校和教师的治理权限,发挥自上而下与自下而上相结合的课程改革动力作用,坚持顶层设计与分步推进相结合的课程改革方法论,构建课程治理的协同机制,深化基础教育课程改革。

五是坚持有序推进,完善课程治理的路径选择。强化党委统筹、政府依托和各方参与间的协调配合,坚持渐进调适与全面深化相结合的课程治理路径选择,注重从实际出发,加强分类指导,因校制宜,积极稳妥推进,处理好改革、发展、稳定三者的关系,切实增强课程治理的针对性、协调性和有效性。

高水平推进区域课程治理现代化,深圳市坪山区注重系统性,避免零打碎敲;注重渐进性,实现平稳过渡;注重协同性,实现点面结合,全面建设高品质课程体系。深圳市坪山区主要围绕六大任务推进区域课程治理现代化。

第一大任务:健全立德树人落实机制

1. 价值引领机制。以课程规划为抓手,建立健全德智体美劳全面发展的人才培养体系。在坚定理想信念、厚植爱国主义情怀、加强品德修养、增长知识见识、培养奋斗精神、增强综合素质上下功夫,建构坪山区"5T"课程目标观,着力培养有思想(thinking)、有才干(talented)、有韧性(temper)、会合作(teamwork)、可信赖(trusty)的新时代坪山学子,使学生有理想、有本领、有担当,培养德智体美劳全面发展的社会主义建设者和接班人。

2. 系统衔接机制。完善中小幼一体化德育课程体系,大力培育和践行社会主义核心价值观,推进各学段纵向衔接、各学科横向融通、课内外深度融合。提高智育水平,培养关键能力,激发创新意识。完善体质健康教育,增强师生审美能力。加强劳动教育,完善家庭、学校、社会教育体系。实现不同学段、不同环境中的课程思政的前后贯通和优势互补。

3. 动力形成机制。以评价改革为纽带,通过设计和推进适用于政府、学校、社区和教师等不同主体的立德树人评价标准,探索多样化的适合师生需要的激励方式,增强不同教育主体立德树人的动力,不断激发课程育人的积极性、主动性和创造性。

4. 能力提升机制。以学科育人为重点,通过加深教师对学科课程哲学和育人价值的理解,通过对各学科课程目标、结构、内容、实施方法和评价要求的把握,发挥好立德树人主渠道的作用,不断提升课程育人能力。

5. 力量汇聚机制。以供给侧改革为统领,通过对人、财、物、时间、空间五大要素的优化整合与合理配置,构建社会支持、机构指导、协会自治、联盟推进、家校共育的合作体系,形成学校全面开放、家长深度参与、社会共同支持的力量汇聚机制,形成立德树人合力,不断提高课程育人成效。

第二大任务:建设高质量课程体系

高质量课程体系建设要突出课程育人属性,面向全体学生,因材施教,通过多主体协作、多资源统整、多场域协同,研制学校课程规划,优化学校课程结构,形成学校课程特色,满足学生多元发展需求。

1. 研制学校课程规划。坚持"一校一策",把国家统一制定的育人"蓝图"细化为学校的个性化育人"施工图"。学校要立足实际,分析资源条件,确立学校课程哲学,厘定培养目标,细化课程目标,因校制宜规划学校整体课程,以育人方式和学习方式变革为重点,创造性设计课程实施方案,激活学校课程管理,提升课程的文化内涵,彰显课程的逻辑力量。

2. 优化学校课程结构。以促进学生个性全面发展为目标,设计刚需课程、普需课程和特需课程,高质量落实体现国家课程刚性要求的刚需课程,建设体现学生兴趣爱好的普需课程,设计基于学生个性发展的特需课程,将课程理念、原则要求转化为具体的育人实践活动,满足学生多样化发展需要。

3. 形成学校课程特色。学前教育阶段按照幼儿学习与发展五大领域的要求,注重共同课程与特色课程的全面建构;义务教育阶段确保全面落实国家课程,注重与地方课程和校本课程的统筹实施;普通高中在保证开齐开好必修课程的基础上,注重适应学生特长优势和发展需要,提供分层分类、丰富多样的选修课程,形成体现学校办学特色的课程育人体系。

第三大任务:开发高品质课程内容

积极回应社会发展的新要求和育人实践的新挑战,把握课程迭代发展要求,构建以国家课程为主体、地方课程和校本课程为重要拓展和有益补充的课程内容体系,促进课程资源的高质量供给。

1. 推动学科课程群建设。以学科课程标准为依据,立足学校实际,培育优势学科和特色学科,基于学生发展需求,从学科课程哲学、学科课程目标、学科课程框架、学科课程思路、学科课程实施和学科课程管理等方面研制学科课程群建设方案,推动学科课程群建设,形成学科教学特色,优化学科教学过程,落实学科核心素养,严格学科常规管理,抓实学科教研活动,促进学科教研组建设,打造一批特色学科建设示范学校,实现优质均衡发展。

2. 落实科学素养提升行动。立足科技发展前沿,深化科学教育改革,开齐开足科学课程,强化做中学、用中学、创中学,推进跨学科综合教学。加强科学教育实践活动,持续深入开展科普教育,激发青少年好奇心、想象力、探求欲,提升学生解决实际问题的能力,发展学生科学素养。继续推进STREAM课程、创客教育课程、大师进校园课程和人工智能课程,关注未来社会,传播未来思想,增强未来意识,建立未来观念,探索未来教育课程体系,增强课程摄入的主动性。

3. 推进综合素养课程建设。继续推进家校共育"燃"课程、阳光阅读"亮"课程、底色艺术"炫"课程、悦动体育"嗨"课程、劳动教育"润"课程和生涯教育"导"课程,积极融入时代潮流,充分彰显课程的时代内涵,提升学生的综合素养。

第四大任务:提升课程实施质量

立足课程标准,通过试点先行和示范引领机制,探索单元整体课程设计,推进教学方式深度变革,提高作业设计水平,着力解决课程改革重难点问题,全面提高课程实施质量。

1. 探索单元整体课程设计。聚焦核心素养培育,基于学科课程标准,以学科大概念为核心,从明确单元课程理念、分析单元课程情境、厘定单元课程目标、研发单元课程内容、激活单元课程实施和设计单元课程评价等方面入手，探索单元整体课程设计，实现标准要求与目标设计、课程设计与教学设计、内容设计与学习设计、任务设计与活动设计、教学设计与评价设计的有机统一，提升学科课程育人价值。

2. 推进教学方式深度变革。根据核心素养形成规律，依据学生学习发生的基本途径，在学习、交往、实践和反思的基础上，逐步把间接学习和直接学习，知识学习与问题解决，形式训练与任务完成，课堂学习与实践活动，课内外、校内外、家庭学校社会结合起来，多主体协同、多途径融合、多情境转换，课程实施路径与学生学习方式紧密结合，注重学科实践和跨学科学习，让学生通过亲身体验丰富学习的直接经验，促进经验之间的转化和融合。加强课程学习与综合实践、社会生活的联系，建立以学习为中心的课程连续体，丰富学生的学习情感态度，体验学习过程与方法，促进学生核心素养的形成。

3. 全面提高作业设计水平。在用好基础性作业的基础上，多维度引导教师提高作业设计水平，鼓励教师设计探究性作业和实践性作业，探索设计情境性跨学科综合作业；广泛开展优质作业设计展示交流，加强作业设计培训。

第五大任务：创新课程评价方式

课程评价是课程建设质量的根本保证，对高品质课程建设具有激励、监督和调控作用。

1. 课程发展的文本评价。系统考查学校课程规划、学校课程指南、学科课程群建设方案、跨学科课程创意设计、校本课程纲要、单元整体课程设计等课程文本是否齐备，查看相关内容要素是否完整、表述是否科学、设计是否规范。

2. 课程建设的主体评价。课程建设的主体评价主要包括校长、教师和学生。其中，评价校长的课程领导力，主要从价值理解力、逻辑建构力、目标厘定力、框架设计力、课程开发力、实施推进力、评价激励力和资源保障力角度进行；评价教师的课程执行力，最主要看教师对所教课程的理念理解度和目标达成度；评价学生的课程学习，最主要是看通过课程的学习，学生的行为模式和学业成绩的提升效果，即学校育人目标的达成度。此外，外部因素对于课程实施的影响，比如政府机构的支持力度，相关社会力量诸如社会团体、社区资源以及学生家长的支持和理解等，也是课程实施过程评价需关注的内容。

3. 课程实施的效果评价。从以下三个维度进行评价：一是学生的学习结果，包括学生在课程学习过程中的表现、学生对课程学习的态度、学生核心素养的培养、学生对不同学习方式的运用、学生对课程的满意程度;二是教师的专业发展,包括教师课程领导力的提升、教师参与课程设计能力的提升、教师进行评价能力的提升、教师共同体的成长、教师对课程方案的满意程度等;三是学校的发展成效,包括课程建设是否促进学校的发展、是否为学校发展带来新的契机,家长对学校课程的满意程度,课程评价结果对于学校课程发展的价值等。

第六大任务:提高课程智治水平

课程治理现代化是在信息化、数字化、智能化背景下,通过创新教育模式、优化课程体系、推进课程实施、加强课程管理,全面提升课程品质的过程。升级课程资源数据库,构建课程智治长效发展机制,全面提高课程智治水平,是课程治理现代化的重要任务。

1. 加快课程数字化转型。充分利用人工智能和大数据技术,建设泛在学习环境,推进课程数据库建设,实现课程供给的个性化精准服务和资源多元融合,推进课程数字化转型,发展终身学习体系。

2. 推进数字化赋能教学。充分利用数字化赋能基础教育,推动数字化在拓展教学时空、共享优质资源、优化课程内容与教学过程、优化学生学习方式、精准开展教学评价等方面的广泛应用,基于大数据开展信息技术与教育教学的深度融合,推进个性化精准教学,促进教学更好地适应知识创新、素养形成发展等新要求,构建数字化背景下的新型教与学模式,助力提高教学效率和质量。

3. 建立课程反馈改进机制。完善课程管理规范体系,建立学习数据隐私保护机制。统筹推进课程数据无感采集、深度挖掘和开放共享,建立贯通的课程大数据归集和分析系统,形成课程反馈改进机制,为有效推进课程实施提供参考依据。

为了落实上述六大任务,深圳市坪山区变革传统教研方式,以问题为导向,在区域层面推进科研、教研、师训、信息四大研究部门贯通与融合,整合各类资源,建立健全协同研究机制。联合教科研机构、高校及培训、电教、装备等部门,充分发挥外部专业力量与内生力量的共同作用。探索课程备案与审议制度,强化专业引领,促进课程品质的整体提升。同时,构建课程督导机制,强化政府履行教育职责,提升政府对课程改革的保障能力,优化课程资源配置,优化区域课程改革环境。推进课程视导,落实课程专项督导制度,提升课程专项督导水平。引入第三方课程视导机制,合理运用视导结果,将结果作为资源配置的重要依据。

五年来,坪山区推进课程治理现代化取得了丰硕的成果,抢占了时代制高点,找准了理想落脚点,突出了现实结合点,把握了根本着力点,形成了常态落实点,积累了独具特色的坪山课程改革经验。

张秋来　王　琦　杨四耕
2024年6月7日

目录 | contents

前言　　　学生成为研究者　　　　　　　　　　　　　　　1

第一章　　问题探究式调查学习　　　　　　　　　　　　　1

问题探究式调查学习强调学生在真实情境中主动探索和发现知识。学生通过提出问题、自主制定研究计划、设计调查活动、收集和整理信息，并对调查数据和证据进行分析获得结论，最终形成自己的见解，实现知识的内化与应用。这种学习方式促进学生的参与感和积极性的提升，发展学生独立思考、团队合作、与他人沟通交往的能力。

案例报告1-1　中小学生废旧中性笔回收与利用的调查报告　　　　　　　　　　　　　　　　　　　　　　　11
案例报告1-2　用数学方法调查"商品促销"现象　　　　15
案例报告1-3　小学生对二胎的态度调查　　　　　　　28
案例报告1-4　改进学校大课间运动方式议案　　　　　38

第二章　　问题探究式跨学科学习　　　　　　　　　　　47

问题探究式跨学科学习是一种创新的学习方法，基于真实情境中问题的解决，增强学习者的综合素养与跨学科能力。它强调学生自主提出问题、制定研究计划和策略，通过多领域的知识整合与团队合作进行深入探讨，使学习探究过程更加生动、有趣，在跨学科问题解决过程中发展批判性思维和解决问题的能力，培养创新意识和实践能力，以更好地应对现实生活中的复杂挑战。

  案例报告 2-1 健康、美味又好玩的饼干品牌开发 57
  案例报告 2-2 给小狗建一个"房子" 67
  案例报告 2-3 蜂窝结构的研究 74
  案例报告 2-4 语音和红外控制的卫生电梯 86

第三章　问题探究式实验学习　　95

  问题探究式实验学习是学生基于生活中感兴趣的现象提出假设，设计实验，收集和分析数据，从而深入理解科学原理和概念的学习方式。学生通过真实的实验探索和解决问题的实践探究将理论与实际相结合，培养批判性思维和独立解决问题的能力。问题探究式实验学习为学生提供了一个探索科学的有效途径，促进其综合素养的发展。

  案例报告 3-1 不同光照时间对凤仙花生长情况的影响 110
  案例报告 3-2 金鱼真的会吃撑死吗？ 120
  案例报告 3-3 探究环保酵素滤液 125
  案例报告 3-4 土豆发芽后能不能吃？ 141

第四章　问题探究式创客学习　　153

  问题探究式创客学习是一种融合创造力与实践的教育模式，旨在通过实际问题的解决，激发学生的创新意识和动手能力。在这一过程中，学生以项目为基础，运用各种工具和技术进行探索和制作，通过设计思维解决真实世界中的挑战。创客学习强调团队合作与跨学科知识的应用,使学生在实践中学习如何思考、解决问题和创造新颖的产品。

  案例报告4-1 "超级结构"的设计与制作 165
  案例报告4-2 "无碳小车"的设计与制作 173
  案例报告4-3 机器人行走圆形轨迹路线设计 177
  案例报告4-4 制作可自动浇水的苔藓墙 185

第五章 问题探究式体验学习 191

  问题探究式体验学习通过真实的学习情境,激发学生对问题的主动探索和深刻理解。学生作为体验学习的主体,识别问题、制订探究计划,通过观察、实验和反思等亲身体验,进行总结和经验提炼,加深对复杂概念的理解,增强沟通能力和社会适应力,培养批判性思维和解决问题的能力。

  案例报告5-1 航海模型探究 202
  案例报告5-2 人工孵化小鸡的探究 208
  案例报告5-3 有趣的黄金分割探究 222
  案例报告5-4 影响影子长度变化的因素及其规律探究 229

后 记 236

前 言

学生成为研究者

在当今教育改革的背景下,培养学生的创新能力和实践能力已成为各级教育机构的重要任务。随着《国家中长期教育改革和发展规划纲要(2010—2020年)》及新课程方案和标准的推进,"以学生为主体"的教学理念逐渐深入人心,强调通过探究式学习激发学生的主动性和创造性。本书《小课题探究:激活学习方式》应运而生,旨在为教育工作者提供富有操作性的理论指导和实践案例,助力课堂教学的变革。

本书结合国家教育政策和地方实践,深入探讨问题探究式学习的多样性和有效性,遴选了深圳市坪山区内近年来取得的学生研究性学习的优秀成果。作者团队以五个章节分别阐述五种关键的学习方式的内涵、特征及方式:"问题探究式调查学习""问题探究式跨学科学习""问题探究式实验学习""问题探究式创客学习""问题探究式体验学习"。并以典型案例报告介绍每一种学习方式的学生小课题研究缘起与目的、研究的问题与思路、研究的过程与方法、研究的结果或收获、研究的反思与体会等,通过理论与实践相结合的编著思路,展现了坪山区在推进研究性学习方面的丰富经验,也呈现出以下四方面特点。

一是彰显课程政策的引领性。通过国家和地方教育政策的全面引导,我国基础教育逐步推进素质教育,特别是2014年颁布的《教育部关于全面深化课程改革落实立德树人根本任务的意见》中,明确提出"加强学科间的相互配合,发挥综合育人功能,不断提高学生综合运用知识解决实际问题的能力"。这一要求为坪山区开展探究式学习提供了政策依据和理论支持。在这一要求指引下,坪山区教育局秉持积极开放的态度,鼓励学校探索多元化的教学模式,特别是中小学阶段的研究性学习。通过推动学生探索感兴趣的问题、培养自主学习的能力,坪山区的教育实践成果逐步凸显,展现出独特的地方特色。

二是激活学习方式的持续性。随着信息技术的飞速发展,知识的获取方式发生了深刻的变化。学生不再是知识的被动接受者,而是积极的探究者和创造者。国家的教育政策积极倡导"以学生为中心"的教学理念,强调培养学生的批判性思维、解决问题能力和团队合作精神。在这一背景下,坪山区在过去十年中立项并实施了1000项区级以上的学生探究小课题,形成了一套独特的实践模式。这些小课题不仅关注学科知识的学习,更关注学生的兴趣与自主学习的能力。这样的实践促进了学校教学方式的变革,使学习不仅仅局限于课堂,而是延伸到了社会和生活的各个领域。在本书中,我们将看到学生如何在真实的学习情境中,通过探索、实验和合作,激发出对知识的热情与探究的欲望。

三是汇聚实践案例的典范性。在各个章节中,我们精心选择了坪山区在省市级研究性学习优秀成果评选中脱颖而出的优秀案例,以期为理论提供实证性的支持。这些案例展示了学生在各个领域的探究成果,充分体现了五种问题探究学习方式的应用与成效。例如,在"问题探究式跨学科学习"中,学生通过跨学科的合作,解决了具体的环境问题,展现出了综合运用知识的能力;而在"问题探究式创客学习"中,学生通过制作和改进自己的作品,锻炼了实践能力和创新意识。这些成功的案例不仅为其他学校提供了借鉴,更为教师在实施问题探究式教学时提供了宝贵的经验与启示。我们希望本书能够帮助教育工作者更好地理解和实施相关教学策略,提高教学质量,培养学生的创新精神与实践能力。

四是凸显学习主体的新颖性。本书的书名"小课题探究:激活学习方式"强调学生的主体性。每个章节不仅论述了不同学习方式的理论依据,还结合区内获得省市级奖项的研究成果展示了学生如何从兴趣出发,自主设计和实施小课题。这种"我想知道"的主动探究欲,调动了学生的好奇心和创新精神,激活了他们的学习方式。随着教育改革的推进,学生的学习方式已从传统的"灌输式"转向"探究式"。在探究式的小课题中,学生主动参与,从课题的选择、方案的设计到最终的成果汇报,整个过程不仅提升了他们的信息整合能力和实践动手能力,更重要的是培养了问题意识和创新思维。这样的变革充分体现了教育的本质:培养具有独立思考能力和实践能力的人。在探究性小课题项目中,学生以学习主体的崭新视角,掌握了学习的主动权、生活的观察权、问题的解决权、社会事务的参与权,去发现和聚焦问题、去分析和解决问题,基于问题解决,强调学习的问题性、实践性、探究性、综合性、联结性,关注正确的情感、态度、价值观的发展,具有深远的意义和价值,这也是本书所着重强调的关键。

"小课题探究"以学习兴趣为出发点。鼓励学生选择自己感兴趣的问题进行研究。这种自主选择的过程能够有效激发学生的学习热情,使他们在探索中感受到学习的乐趣,从而提高学习的主动性和积极性。

"小课题探究"以自主学习为关键点。学生在研究过程中需要独立思考、制定计划、收集数据和分析结果。这一系列自主学习的过程不仅提升了他们的信息获取和处理能力,还培养了他们的自我管理和自我反思能力,为终身学习奠定了基础。

"小课题探究"以知识整合为支撑点。探究性小课题往往涉及多个学科的知识,学生在研究过程中需要综合运用不同学科的理论和方法。这种跨学科的学习方式不仅拓宽了学生的知识面,还增强了他们的综合思维能力,使他们能够从多角度分析和解决问题。

"小课题探究"以实践创新为突破点。在探究性小课题中,学生通过实践活动进行研究,锻炼了他们的动手能力和实践技能。同时,面对真实问题的解决,学生需要进行创新思考,寻找新的解决方案,从而提升了他们的创新意识和能力。

"小课题探究"以团队合作为发展点。探究性小课题需要学生以小组形式进行研究。在这一过程中,学生需要相互协作、沟通和分享,培养了团队合作精神和社交能力。这种合作学习的方式不仅增强了学生之间的联系,也提高了他们的集体意识。

"小课题探究"以批判思维为触摸点。探究性小课题要求学生对所研究的问题进行深入分析和批判性思考。在这一过程中,学生学会了质疑和反思,培养了批判性思维能力,能够更好地评估信息的真实性和有效性。

"小课题探究"以未来发展为追求点。在快速变化的社会中,具备创新能力、实践能力和综合素质的人才更受欢迎。探究性小课题的实施,能够帮助学生适应未来社会的需求,培养他们成为具有竞争力的综合性人才。

随着教育改革的不断深入,我们相信问题探究式学习将在未来的教学中发挥越来越重要的作用。在坪山区的实践中,我们看到了学生的成长与变化。从更高位的视角和更广泛的领域出发,培养学生的核心素养和适应未来生活的能力的育人策略应当是多维度的,涵盖跨文化理解、批判性思维、数字素养、终身学习、社会责任感、个性化学习及情感与社交技能等方面,为学生的全面发展和未来适应奠定坚实的基础。也期待未来有更多的创新思维和实践成果的涌现。希望本书能够吸引更多的教育者关注问题探究式学习,激发学生的学习动力,引导他们在探索与创新的道路上不断前行。

王 琦
2024 年 10 月

第一章

问题探究式调查学习

问题探究式调查学习强调学生在真实情境中主动探索和发现知识。学生通过提出问题、自主制定研究计划、设计调查活动、收集和整理信息,并对调查数据和证据进行分析获得结论,最终形成自己的见解,实现知识的内化与应用。这种学习方式促进学生的参与感和积极性的提升,发展学生独立思考、团队合作、与他人沟通交往的能力。

问题探究式调查学习,是源于学生身边的兴趣问题的探究学习,具有灵活可实现性。学生在教师的引导下,学习调查探究的方法、调查推进的流程,它是问题探究式学习的重要方式。

中小学传统学习是在课堂上的,是基于学科教材的知识传授式学习。学生通过师生共同建构学习情境,通过课堂上师生间的相互行动,积累学科基础知识,提升学科解题能力,最终建构起学科知识体系和能力素养体系。学科教材的知识学习呈现出一定的重复性、封闭性和单调性,使得学生在解决基于个人兴趣的学习问题、生活问题、环境问题等时,没有思考、实践的空间。事实上,中小学生更热切希望走出封闭的课堂、封闭的校园,开展多样化的开放性调查学习活动,渴望在问题探究过程中挖掘现象背后的原因或问题,对切实解决感兴趣的真实情境中的问题充满期待。深圳市坪山区的问题探究式学习方式实践表明,开展基于中小学周边的调查学习活动,是打开学生的思考视野、解决学生的学习和生活困惑、丰富学生的生活实践知识的重要方式。

问题探究式调查学习蕴藏怎样的内涵、怎样的学习特征、怎样的实践流程和运用策略呢?

一 调查学习的定义

调查学习的主要内涵表现为四个关键词:感兴趣的问题、现场调查、获取调查信息、感性认知。通俗地说,调查学习就是基于学生感兴趣的问题开展的以调查为主的感性学习方式。

问题探究式调查学习中,中小学生需要深入特定的调查现场,借助观察、实验、访谈和调查问卷等学习方式获取感兴趣的问题的相关信息。这种调查学习是中小学生对感兴趣的问题开展的探究性学习的方式之一,是感性地、初步地认识事物、理解问题、提出策略的途径和方式。

对于中小学问题探究式学习方式变革来说,调查学习有利于开阔学生的问题探究式学习视野,寻找问题产生的多元因素,从而促进学生接触社会现实,深入认知问题存在的普遍性和问题解决的迫切性。例如,深圳市坪山区坪山实验学校的学生对客家年例风俗文化产生了浓浓的兴趣:"客家"这一称谓从哪来的?客家年例有哪些习俗,到现在还保留着哪些?不同地方的客家年例是否一样?为什么说"年例大过年"?为了找寻问题的答案,罗萱和小伙伴们组成了"年例探究小分队",开启了客家年例民俗文化活动探究。显然,这样的问题探究式调查学习,促进了学生走向社会、走近客家人,从而更加深刻地认识到传承民俗文化的重要性和迫切性。

二 调查学习的特征

问题探究式调查学习,是以学生的兴趣问题为主的探究学习方式。这种学习方式不同于课堂学习,有着问题性、现场性、合作性、建设性这些鲜明的学习特征。

(一) 问题性

深圳坪山实验学校的小课题《关于零花钱使用的调查研究》就有鲜明的问题针对性。课题小组基于三个问题展开调查学习。这三个要调查的问题是:

> 坪山实验学校的小学生零花钱的来源及使用情况怎样?
> 小学生零花钱的使用是否合理,有什么影响?
> 如何形成正确的零花钱的使用对策?

鲜明而直接的问题或者问题情境,是开展问题探究式调查学习的前提。问题性是问题探究式调查学习最重要的特征。中小学开展基于问题探究的学习活动时,在选择问题时要遵守四条原则:兴趣性——符合中小学生的爱好兴趣,是学生希望迫切探究的;普遍性——在调查对象中普遍存在的、具有共同取向的;适合性——学生能够开展研究,适合学生的学习心理特点和学习水平、学习经验;拓宽性——探究的问题有利于拓宽学生的认知视野和学习素养。

(二) 现场性

问题探究式调查学习所具有的鲜明的元素包括现场观察、现场调查、现场设计、现场操作、现场变革和现场评价等。现场性是问题探究式调查学习最鲜明的特征。这也是问题探究式调查学习区别于传统课堂学习最大的不同之处。在问题探究的现场,学生的思想最活跃,学生的视野最开阔,学生的个性探究最鲜明,学生的探究发现最丰富。下面是深圳市坪山区中山中学的《马峦山郊野公园旅游现状调查》小课题组置身现场的考察学习:

> 探究小组集体前往马峦山郊野公园实地调查。我们带上问卷、相机爬了两次山。两次爬山和家人爬山最大的不同,就是我们在现场开展了问卷调查、采访和拍照取证。在实地走访中,我们的调查任务有了很大进展,确切地感受到了马峦山郊野公园的旅游现状。
>
> 在调查过程中我们发现,马峦山郊野公园竟有影响景区形象的现象:依稀可见的垃圾,食品小摊小贩占道,物品杂乱摆放,树皮被小刀刻字,等等。

置身于调查学习的现场,学生的学习视野才真正得以开阔,学生才能将多学科知识自然应用于现实问题的真正解决中,从而体现问题探究式学习的本质,学生也将生成校园学习的使命感、社会调查的责任感。

(三) 合作性

合作性是问题探究式学习重要的特点,也是调查学习重要的特征。基于问题探究的学习活动离不开学生间、师生间的合作学习、合作探究。学生在调查学习中,有了合作探究的品质,其创造性品质、合作共赢的理念才得以深化。调查学习中,合作分工常常使得任务明确,有利于研究的深入和问题的解决。事实上,在问题探究中,除了小组合作探究问题的解决,还有许多日常的"事务"需要组员分工分头去做,客观上需要合作形式的存在。比如,深圳市坪山实验学校的《关于零花钱使用的调查研究》的研究小组为了提高活动效率,根据各自特长进行了初步分工:

> 成员1:撰写开题报告。
> 成员2:制作调查问卷。
> 小组整体:发放、回收问卷,统计调查结果。
> 成员3:进行个案访谈并整理分析。
> 成员4:收集有关小学生零花钱的资料,制作《正确使用零花钱倡议书》。
> 成员5:汇总材料,完成结题工作。

合作性是问题探究式调查学习重要的品质。合作学习是新课程的重要理念，也是深化课堂教学的重要方式。在问题探究式调查学习中，学生实现了同伴间的合作观察、合作分析、合作设计、合作实施、合作评价。问题解决过程中，学生实现了生成性学习，调查学习常常因合作性的存在而大放异彩。

（四）建设性

问题探究式调查学习最大的特征是建设性。问题探究式调查学习除了能开阔学生的学习视野，丰富学生的课余生活，还对校园生活、社会生活具有建设意义——可以促进现实生活的转变或者影响社会现实生活。小课题研究最大意义在于其关注社会现实生活，关注家乡建设，关注校园文化建设。《马峦山郊野公园旅游现状调查》小课题组的探究目的就是希望通过调查研究，为当地郊野旅游提出发展对策，更好地通过政府治理、社会宣导，改善马峦山郊野公园的管理。

问题探究式调查学习中，学生的研究成果、建设性意见等，一旦得到学校采纳或者社会采纳，课题研究的意义就显现出来了。同时学生服务社会、奉献社会的责任与情怀潜滋暗长。

三 调查学习的流程

基于问题解决的调查学习，具有鲜明的流程样式。如深圳坪山高级中学的《剪纸中融入新疆美术元素的探究》的研究过程就分为两个阶段：

> 一是准备阶段，即开展问卷、座谈等调查形式，了解学生对该研究课题内容的认识，对学校环境、社会环境、资源等进行客观分析。同时，组织成员学习，明确课题研究的意义，确定分工。
>
> 二是实施阶段，内容是研究比较新疆民间剪纸和本地剪纸的区别；结合新疆、本地文化传统实例分析新疆和本地民间美术的特征；分析新疆、本地剪纸中的基本元素和符号；实践将新疆的剪纸元素和本地剪纸相融合。

一般来说，调查学习流程分为三个阶段：调查学习启动阶段、调查学习执行阶段、调查学习深化阶段。这三个阶段层层递进、逐渐深入，分别有以下这些内容。

(一) 调查学习启动阶段

调查学习的启动阶段主要包括两项内容:一是提出调查问题,形成小课题研究思路;二是组建小课题组,明确任务分工。前者是从校园生活、社会现实生活中发现有研究价值、有研究意义的问题或现象,初步建构调查学习的实施方案,明确小课题研究的基本思路。在此基础上,吸纳调查学习的同伴组建课题研究小组,课题研究小组进一步学习调查学习的实施方案,初步完成任务分工,为调查学习活动奠定良好的基础。

(二) 调查学习执行阶段

调查学习执行阶段的主要内容是:文献资料查找,开展基于调查项目的问卷调查,并据此调整调查学习方案;按照课题实施方案开展调查学习活动,完成课题研究规定的两三个子课题或者调查研究项目任务,形成调查学习的丰富体验,努力生成调查学习成果。在这个阶段,最富有挑战性的活动是开展问卷调查工作。问卷调查是以问题回答的形式,由课题组成员自主收集调查探究对象信息的调查学习行动方式。问卷设计是调查询问和探究分析的关键。优秀的调查问卷具备两个特征:一是将问题真实传达给被调查者,二是被调查者乐于参与回答。因此,在这个阶段,最重要的活动项目是问卷设计、问卷调查、问卷分析和问题解决的探究。其中,问卷设计要遵循六条原则:一是主题明确,重点突出;二是先易后难,排列合理;三是语言通俗,一目了然;四是设题合理,避免暗示;五是数量可控,答问易操作;六是便于校验、整理和统计。

(三) 调查学习深化阶段

调查学习深化阶段的主要内容是:全面总结调查学习项目的整个进程,提炼调查学习的成果,撰写调查学习报告,开展调查学习的自主反思;同时,在结题阶段,制作PPT宣讲内容,积极宣传调查学习的成果和探究意义,不断扩大调查学习的现实影响,丰厚独特而有个性的校园探究文化。在调查学习深化阶段,最重要的活动项目是撰写调查报告。撰写调查报告,要掌握调查报告的基本格式、基本环节。我们看深圳市坪山区六联小学的《小学生睡眠状况调查》的基本结构:

> 研究缘起和目的,调查方法和过程——研究方法、调查问卷设计、研究过程,调查分析与结论,对策建议、反思体会等。

一般来说,调查报告的主要内容有:调查学习的主要内容和要解决的问题,对象资料的网络收集、文字整理和技术分析,调研数据及其分析,对调查学习项目的观点和看法,形成观点和看法的基本理由,解决问题的建议、方案和步骤,调查学习反思。

四 调查学习的方法

在问题探究式调查学习中,中小学生会用到许多与开展调查学习相关的方法,比如网络信息搜集、实验观察、实地访谈、实地收集资料、专家访谈、问卷调查、对比分析、案例分析、行动研究、心得体会、倡议书、调查报告、成果展示等。

《关于零花钱使用的调查研究》研究小组使用的调查方法比较丰富。课题组通过查阅网络及文献书籍,了解了有关小学生零花钱的来源及使用的相关信息;通过实地调查、发放问卷了解了本校小学生零花钱的来源及使用的相关信息;通过问卷调查、调查报告、心得体会、倡议书等,呼吁小学生合理使用零花钱,学会理性消费,提倡节俭。在该研究中,问卷调查、个案访谈及实地调查收集资料成了调查学习的主要方式。

中小学问题探究式调查学习主要的方法是问卷调查法和数据分析法。在调查学习中,使用问卷调查法和数据分析法要注意哪些问题呢?

(一) 问卷调查法

一是要做好问卷设计。要把握问卷的目的和内容,研究问卷设计所包含的信息内容。这就要求小课题主持者充分地了解问卷调研为的是什么,怎样设计问卷,怎样开展问卷调查与分析……弄清这些问题,开展问卷调查、数据分析,才有充分的思想准备。

二是要上网搜集相关信息和资料,扩大问题思考的视野。做好问卷设计要深入地思考课题中的主要概念、主要内涵、主要调查对象及研究的相关范围、相关历史等。调查学习中,调查对象的群体差异越大,就越难设计适合复杂群体的问卷。要想把调查问卷设计得科学完美,就要认真做好文献资料的搜集工作。上网搜集相关信息和资料的益处是小课题组能加深对所调查研究问题的认识,丰富问卷设计的问题素材和问题呈现方式,形成小课题研究的清楚目标、清晰思路。

三是要确定调查方式和内容。问题探究式调查学习中完整的调查问卷结构包含标题、说明、主体问题、编码号、致谢语和实验记录等。"问卷"的方式有三种:一种是当面问卷,一种是电话问卷,一种是邮寄问卷。不同类型的问卷方式对问卷设计是有影响的。中小学问题探究式调查学习中,以当面问卷为主。当面问卷的被调查者可以看到问卷的问题,并可与调查者当面交谈,询问复杂的疑难的卷面问题。确定了问卷类型后,就要确定问卷的答问内容了。要反复斟酌问题的价值性、答案的开放性。要突出问答题的必要性、贡献性,即问卷中的每个问答题必须为课题研究服务,对课题研究产生影响,对完成课题有所贡献。同时,要注意问题的封闭性(提供选择项)、开放性(不提供选择项)的比例;排列好问题的顺序,设计好问卷的格式和版面等。

四是要讲究问卷问题的表达艺术。问卷问题的表达要有鲜明的措辞追求,一般要做到这八个方面:(1)问题围绕小课题的核心词汇展开;(2)选项问题讲究单一性、单纯性;(3)关键问题讲究设问的技巧;(4)防止出现诱导语、暗示语;(5)选项讲究区分度;(6)问题呈现讲究逻辑顺序;(7)用语通俗,简洁易懂,不产生歧义;(8)避免多个概念设问、多重否定用语。

深圳市坪山新区龙田小学开展题为《小学生与家长关系的调查》的问卷调查,发出850份问卷,收回850份,回收率达100%;其中有效问卷712份,有效问卷率达83.8%。其中问卷的主要问题有:

> 请问您和父母的关系如何?
> 请问您赞同您父母对您的教育理念吗?
> 请问您父母是否有不良行为习惯并对您造成影响?
> 请问您父母是否会因为性别问题而疏远您?(女生回答)
> 您父母会因为您做了某件事而打您吗?
> 请问您会向您父母如实报告学校发生的事吗?
> 请问您父母和您沟通一般聊些什么话题?

《小学生与家长关系的调查》中,问卷问题的设计就紧扣小课题主题,层层深入,渐渐"逼近"调查的核心词与重点。关键问题的设计,讲究设问技巧。比如"请问您""请问您会",就是一种和蔼商量的语气,极容易触发学生的问题思考心理。因此,优秀的问卷调查含有高超的设问艺术。

(二) 数据分析法

问卷调查是为数据分析做准备的,数据分析法是调查学习的重要方法。

问卷调查完成后要及时开展问卷数据的处理。中小学小课题研究中,现场的问卷调查一旦结束,就应该立刻整理调查问卷,开展数据的读取、编辑、整理和分析,为小课题研究提供翔实的学习信息,为课题研究中的"建议和策略"的提出提供现实依据和科学分析。

数据分析法要结合调查项目逐项统计,在数据统计的基础上计算占比,建构各种数据图表;然后,结合数据开展样本分析,从而形成调查问卷分析。深圳市坪山高级中学探究性小课题《音乐术科生如何科学有效练习钢琴》在第一阶段探究中也采用了问卷调查法。课题组成员对40名音乐高考生开展问卷调查,以找出练琴过程中出现的具体问题,并开展具体的问题分析,以在后期练琴素养提升上"对症下药"。他们发出了40份问卷。问卷调查内容、数据统计和问题分析见表1-0-1。

表1-0-1 问卷调查的数据分析

顺序	具体问题	人数	占总人数比率	分析原因
1	曲子完整性达不到,总是会断。	33人	82.5%	不熟练,技巧段落的难点没有挑出来重点解决。
2	练习时不喜欢单手练,基本都是双手练习。	30人	75%	没有单手练习,解决不了左右手的技术问题。
3	曲子学完后,总喜欢快速练习,不看谱练习。	26人	65%	不愿意慢速按节拍器练习,导致节奏不稳,手指基本功不扎实。
4	背谱慢,考试时会断片。	23人	57.5%	背谱全靠肌肉记忆惯性演奏,不是真正背熟旋律、分析旋律。

五 调查学习的成果呈现

问题探究式调查学习充满实践性、挑战性和建设性,因而极容易形成调查学习成果。调查学习成果一般从不同层面分析原因,揭示事情的本质或问题的真相,提出发展性的建议意见。无论是原因分析,还是本质揭示,或者是提出发展性的建议意见,一般都要分条撰写。在撰写过程中,一定要尊重调查、尊重事实、客观理性。在呈现方式上,主要成果放在前面,次要的放在后面;急需要解决的问题放在前面,后期发展性的建议放在后面。

比如,《马峦山郊野公园旅游现状调查》小课题组同学在研究过程中,从景区宣传力度、景区规划设计、景区配套服务、景区交通建设等层面对开发马峦山郊野公园旅游提出了良好的发展建议,形成了调查学习的成果。具体呈现为:

1. 景区宣传力度

加强马峦山郊野公园的宣传,扩大知名度。在景点的宣传上,我们提出了四条建议。一是创意要新颖独特,要能够吸引周边游客的眼球,要让游客看了后产生前往一游的冲动。二是要有乡间特色,要挖掘乡村特色、乡土风情,让游客感受到乡村景点的独特之美。三是要多元宣传,广播、电视、报刊、网站等公共媒体宣传要多管齐下,充分利用多种媒体宣传手段,提升景点的知名度。四是建立"乡间游"AI平台,通过AI积极开设旅游栏目,加大AI宣传力度。

2. 景区规划设计

一是不破坏马峦山郊野公园的定位,建设和整体环境相适应的配套设施;二是丰富旅游体验,可以规划好旅游路线,如上山过程中以自然风景为主,下山过程中途经主要的人文景点。

3. 景区配套服务

建设旅游道路、景区停车场、旅游景区介绍栏和路线图、游客服务中心、旅游安全及资源环境保护等基础设施。实施旅游厕所改扩建工程,提高景区的接待能力。

4. 景区交通建设

加强主要景区连接交通干线的旅游公路建设,公交服务网络要逐步延伸到周边主要景区和乡村旅游点,公路服务区要拓展旅游服务功能,加开市区到马峦山郊野公园的公交线路,尤其是快线。且公园还需进一步完善自驾车旅游服务体系。

案例报告 1-1
中小学生废旧中性笔回收与利用的调查报告

课题主持人：饶思宇
课题组成员：贺子妙、何思晴、李霖远、邹梓豪、赖俊霖、杨喆、刘志伟、周鹭希、薛乐言
指导教师：王丽聪、钟秋平、廖泽娜
所在学校：深圳市坪山区中山小学

一 调查缘起和目的

（一）调查缘起

做着作业，笔突然没墨了，看着笔筒里越来越多的废旧中性笔，我想："这些没墨的中性笔是不是会被妈妈直接扔进垃圾桶呢？它们还有其他价值吗？"出于好奇，我询问老师、上网查找资料，才发现，中性笔由于使用方便、设计新颖多样等特点，逐渐成为书写领域的主角。目前，我国超过两亿的中小学生中，有90%的学生在使用中性笔，每年消耗的中性笔在50亿支以上。再加上无法统计的各类企业、机关和行政单位，这个数字之庞大已经难以得出确切统计数据。每年产生的废弃笔杆、笔芯等难以收集清理的垃圾更是高达数十万吨。万一这些废旧中性笔没有得到正确的处理，会造成多么严重的环境污染啊！因此，我们想要调查了解身边中小学生废旧中性笔回收与利用的现状。

（二）调查目的

本课题旨在调查了解身边中小学生使用中性笔的现状，并试图探索出恰当处理废旧中性笔的可行性方案。为了准确了解废旧中性笔带来的各种遗留问题，在老师的带领下，我们将深入调查、系统分析，科学研究解决方案，并探索出恰当处理废旧中性笔的可行性方案，实现废旧中性笔的二次利用。同时，在调查研究的过程中，我们将不断提高自身的环保意识，养成正确处理废旧中性笔和其他废旧资源的良好习惯。

针对本课题，我们主要从以下六个方面开展研究：全面认识中性笔；全方位调查、走访；采集、统计及分析数据；研究废旧笔芯的危害；综合分析问题；研究应对方案。

二 调查方法及过程

(一) 调查方法

问卷调查法。

(二) 调查实施

1. 研制设计问卷

主要围绕中性笔芯使用后的处理情况、学生对再利用的态度、每生每月的使用数量、学生对中性笔材料的了解情况及利用情况设计调查问题。

2. 开展问卷调查

面向本校和周边学校随机发放问卷,了解学生对于中性笔的使用习惯和对于废旧中性笔的处理方式;收集分析数据,科学分析中小学生对于废旧中性笔的回收与利用现状。

三 调查分析及结论

我们共发放370份调查问卷,回收369份,有效问卷322份,问卷有效率为87.26%。此调查有效。

在对废旧中性笔的处理中,会扔掉的学生占39.50%,而用来做手工的学生占59%,还有1.5%的学生采取了其他方式。由此可以看出较大一部分同学在"垃圾不落地"的氛围之下,养成了废弃物不随意扔的习惯,且会合理地再利用。

在每月使用中性笔的情况中,每月使用1~3支笔芯的学生占45.7%,每月用4~6支笔芯的学生占45.1%,每月用7~9支笔芯的学生占7.1%。

对于用完的笔芯,直接把笔扔掉的学生占24.1%,更换笔芯后继续使用的学生占54.5%,选其他处理方式的学生占21.4%。由此可以看出较大一部分同学还是较为环保的,不是直接扔掉,而是更换笔芯后继续使用。

在对于笔芯的材料及用完笔芯后的正确处理方式的调查中,48%的学生不清楚被扔掉的中性笔笔芯是怎么处理的,27%和25%的学生清楚或清楚一点废旧中性笔是怎么处理的。48.80%的学生不了解笔芯的制作材料,18.2%和33%的学生了解或了解一点笔芯的制作材料。由此可以看出大部分学生并不清楚废旧中性笔处理不当会有什么后果，所以需要对中小学生进行相关的普及教育。

在对废弃中性笔芯回收利用的态度调查中，79%的学生认为废旧中性笔回收利用是环保的，21%的学生认为废旧中性笔回收利用是不环保的。由此可以看出大部分学生还是赞同废旧中性笔的回收与再利用的。

四 对策和建议

通过调查研究，我们认为，可以从以下几个方面改善废旧中性笔目前的处理方式。

1. 提倡使用钢笔，少使用或不使用中性笔芯

与中性笔相比较，钢笔的使用不仅不会造成环境污染，而且具有较明显的价格优势。据测算，一瓶墨水的量相当于40~50支一次性使用的中性笔。中性笔的零售价约2~5元，笔芯的价格约1~2元。中性笔的花费至少是钢笔的15倍。另外，使用钢笔对同学们的书法是有帮助的，这与我们学校的习性教育理念是相吻合的。总之，使用钢笔是功在当代、利在千秋的事情。为了我们赖以生存的地球，保护我们的环境，我们应当重新拿起钢笔，减少使用一次性中性笔芯。

2. 设立专门的废弃笔芯回收点

废弃笔芯被丢弃到自然界时，很难自行降解，除非实行严格垃圾分类或进行焚化处理。然而，焚烧所带来的环境污染亦不容乐观。因此，设立专门的废弃笔芯回收点具有重要意义。废弃中性笔芯回收点应当设立在使用中性笔芯使用量较多的地点，比如教室、办公室、写字楼、会议室等。该项措施可以以学校为单位设立废弃中性笔芯回收试点，继而逐步在全市、全省、全国推广。

3. 中性笔芯循环使用

笔芯由油墨、管件和笔头三部分组成，当前导致中性笔芯被丢弃的原因主要是管件内油墨耗完。为此，可以仿照注射针管的原理，发明再注入式笔芯管件，反复注入油墨，使笔芯循环使用。也可以对废弃中性笔及笔芯进行再利用，制作手工和饰品，如图1-1-1。

4. 政府部门出台配套的政策、措施

到目前为止，国家仍未出台相应的法律措施来解决中性笔芯所造成的环境污染，这导致中性笔芯带来的环境污染越来越严重，出台合理有效的处理废弃笔芯方案已刻

图 1-1-1　中性笔回收手工制作

不容缓。政府部门既要借鉴"限塑令"成功的经验，又要反思其带来的新问题，加大工作宣传力度，提高全体民众的节能减排意识，强制企业实施回收利用的措施，大力推广多支废弃中性笔芯换取新笔芯等切实有效的政策。

5. 使用生物降解塑料或纸作为中性笔芯的材料

生物降解塑料是指一类由自然界存在的微生物，如细菌、霉菌（真菌）和藻类的作用而引起降解的塑料。生物降解材料可以实现环境的零污染，因此相关企业应加大对制作中性笔材料的研究实验，使用生物降解塑料替代制作中性笔的现有材料（聚苯乙烯或改性聚苯乙烯）。这样一来丢弃的中性笔芯可以被分解，从而减少对环境的污染。

反思与体会

饶思宇：在我们小组调查废旧中性笔回收时，我发现许多人都会丢弃废旧中性笔笔芯。我们认为，可以将废旧中性笔笔芯做成小饰品或笔筒等装饰物和储存物品，这样既可回收中性笔，又能增强动手能力和心性。我还发现有些人将笔芯里面剩余的笔水，在桶里和水混合后当颜料再利用。在调查探究中，我们从一开始的放不开，到后来的自信大方；为了统计数据和分析数据，我们投入了时间和精力，学会了以用促学。经过这次探究活动，我们丰富了经历，也有许多问题和发现。我们对废旧笔芯对环境带来的危害有了一定的认识，也了解到人们对这一问题的重视还不够。希望能在学校及社会上大力宣传废旧笔芯的危害，并将环保付诸实际行动。与此同时，我们还学会了如何将所学的环境保护知识与生活实际相联系，树立创新、节约、发展的时代观念。

案例报告1-2
用数学方法调查"商品促销"现象

课题主持人:吴鹏宇
课题组成员:蒋彦君、赵雅淳、余琪杰、梅毓珂、刘振宇、刘渲睿、张天昊、刘志锋、肖祁
指导教师:曾金荣、程俊杰、束小辉
所在学校:深圳市坪山区同心外国语学校(四年级)

一 调查缘起和目的

(一)调查缘起

我们在与家人、朋友一起购物时总是希望买到物美价廉的商品,而在实体超市和电商平台上我们总能看到各种各样的商品促销宣传——打折、返券、抽奖、赠送等。这些商品促销的方式究竟有多大的优惠呢?它们各有什么不同?在不同的季节有什么特征?对消费者有哪些吸引力?我们在消费时要注意什么?这些问题使我们想到了用数学的方法针对"商品促销"的方式进行调查,通过运算和分析,较为深入地了解"商品促销"这一普遍现象。

(二)调查目的

(1)了解实体商店和电商分别有哪些商品促销方式,如何计算每一种促销方式给消费者带来的具体实惠。

(2)在实践中应用数学知识与方法,例如调查、统计、运算、推理等,逐渐学会用数学的眼光看生活,在生活中发现数学问题。

(3)通过我们的研究给同学和家人提供消费建议,倡导理性消费。

(4)在调查和研究中,学会团队分工合作,学会与商场工作人员等社会人群沟通交流,学会感恩与服务。

二　调查方法与过程

（一）调查方法

1. 实地调查

我们深入实体超市（主要是大亚湾的沃尔玛商场和坪山的人人乐商场）进行实体店促销方式调查，访问当下流行的电商平台（主要是淘宝、天猫和京东）进行网店促销方式的调查，采用纸笔记录、现场采访、数学运算分析、多向对比等方法开展研究。

2. 访谈调查

在实地调查中采访售货员、收银员或者顾客。为了系统了解商品促销的"秘密"，我们邀请了坪山区嘉邻中心人人乐商场的销售主管曾新棠叔叔和天猫店主波哥进行专家讲座与访谈。

3. 问卷调查

我们通过"问卷星"精心制定了调查问卷推送到家长群和教师群，调查普通消费者对商品促销的了解情况和喜好情况。

（二）调查过程

1. 第一阶段：实地调查

我们分成了三个小组，多次分别进入大亚湾沃尔玛商场和坪山区人人乐商场进行现场调查，并在网上做调查，共调查了家用电器类、粮油类、生活用品类等类别的数百种商品，分别记录促销方式，尝试用数学方法计算相关优惠。调查计划见图1-2-1。

"商品促销"现象实地调查计划书

一、团队分工：吴鹏宇（计算实惠价格）、肖祁（写调查记录）、刘渲睿（咨询工作人员）、赵雅淳（拍照）

二、调查内容：调查生活用品、粮油、生鲜蔬菜、家用电器的代表物品价值，经常打折的牙膏、牛奶等的成本价、零售价，商场打折促销类型及营销情况

三、调查地点：沃尔玛、人人乐

四、调查结果：形成调查报告

图1-2-1　调查计划

2. 第二阶段:访谈销售专家、实地再调查与问卷调查

(1) 邀请人人乐商场销售主管曾新棠叔叔和天猫电商波哥为同学们进行了两场专业讲座《销售专家揭秘"促销"现象》。曾叔叔和波哥分别站在实体店和网店经销商的立场详细梳理了商品促销方式的种类。接下来,同学们就本次调查的问题进行咨询。

(2) 实地再调查。专题讲座后,调查小组再次走进了人人乐商场,在曾叔叔的带领下进行了专业的调查,我们调查了蔬菜类、油米类、电器类等多款商品的促销情况,然后再与网店进行对比,我们倾听、记录、计算、对比、讨论、采访、拍照、录像……十八般武艺齐上阵,并对促销现象进行精准分析。

(3) 问卷调查。我们根据前期的现场调研情况,围绕消费者对"商品促销"现象的敏感程度、接受程度和实际购物行为,精心设计了"关于消费者对'商品促销'现象的认识"的调查问卷,并通过"问卷星"推送给老师和家长进行调查,详见表1-2-1。

表1-2-1 "关于消费者对'商品促销'现象的认识"的调查问卷

序号	题目	选项(单选)
1	在日常购物中,您会特别关注"促销"的商品吗?	A. 会 B. 不会
2	在购买一些相对贵重的物品,如电器类时,您会货比三家吗?	A. 会 B. 不会
3	在购物时,以下哪种情况容易引发您的冲动消费?	A. 促销特卖 B. 商品特别 C. 从不冲动消费
4	今年的"双十一",您在网上购物了吗?	A. 消费了1000元以上 B. 消费不满1000元 C. 没有消费
5	您会持续跟踪一件想买的商品,等待它做促销活动时再购买吗?	A. 经常会 B. 偶尔会 C. 不会
6	在选购商品时,同种商品不同规格的价格差距甚远时,如选购1千克与3千克的洗衣液,您会怎么做?	A. 运用数学方法计算哪种划算后再购买 B. 不计算,选熟悉的商品购买即可
7	请问您知道超市针对生鲜类产品的打折促销在哪个时间段最优惠?	A. 早市 B. 中市 C. 晚市 D. 不知道有这回事

(续表)

序号	题目	选项(单选)
8	在选购同种商品不同品牌时,您的选购原则首先注重的是?	A. 价格优惠度　B. 商品性能度　C. 商品更新度　D. 品牌效应度
9	请问您购买大型电器类产品时一般选择什么时间购买?	A. 当季促销活动时购买　B. 反季清仓时购买　C. 需要时购买　D. 留意品牌商家促销时间购买
10	请问下面哪种促销方式是您最容易接受并选择购买的?	A. 直接降价促销　B. 赠送式促销　C. 抽奖式促销　D. 买满直减促销

以上问卷从不同侧面了解消费者的消费理念、消费习惯(如第1、2题等),特别是商品促销对消费者的消费心理的影响(如第10题),同时了解消费者对商品促销知识的认识情况(如第7题)。

3. 第三阶段:研究成果展示

(1) 制作数学绘本《商品促销的秘密》。以课题组成员的趣味对话、绘本与读者的问与思为线索,生动形象地将各种商品促销方式呈现出来,吸引更多同学参与。

(2) 举办模拟促销活动。结合新年游园会举办模拟促销活动,邀请小学部同学参加。在活动中,课题组成员表演了数学情景剧《商品促销的秘密》,通过表演发布成果,其他同学手持购物清单,通过"秒杀商品""促销抢购"等方式参与活动,通过算一算、比一比、说一说,让同学们不仅能了解促销,更能运用数学知识,在参与中获得积分兑换奖品。同时,我们通过网络直播的方式,推广我们的研究成果。

(3) 撰写调研报告。每一位同学撰写研究心得体会。

三　调查分析和结论

(一) 实体店与网店促销方式的实地调查分析和结论

对调查实体店和网店获取到的上百种商品的促销方式进行分类,梳理出了商品促销的五大方式,应用数学运算对商品的原价、售价、折扣、优惠价格进行计算,并在几种数量间进行转换,详见表1-2-2。

表1-2-2 商品促销方式调查统计表

序号	促销方式	图例	售价(元)	折扣
1	定价促销		原价79.9元,现价69.9元(已知)	69.9÷79.9≈87%（八七折）
2	打折式促销（直接打折）		(以原价300元为例)300×68%=204	最低六八折（已知）
2	打折式促销（如1元换1.5倍）		(以原价300元为例)300×67%=201	六七折(已知)
3	赠送式促销（如买一送一正品）		花59.8元购到两瓶一样的洗衣液,每瓶价59.8÷2=29.9	29.9÷59.8=50%（五折）
3	赠送式促销（买就送礼物）		买3999元的冰箱送三件礼物(10年压缩机延保＋电烤箱＋紫砂电炖锅)	要看赠品的价值
3	赠送式促销（如满100元送价值50元的现金券,下次满100元可用）		花100元得了100元的商品或服务,而下一次出50元可得100元商品或服务(即花150元得200元)	150÷200=75%（七五折）

第一章 问题探究式调查学习 / 19

(续表)

序号	促销方式	图例	售价(元)	折扣
4	满减促销（直接减）		1899－300＝1699(元)	1699÷1899≈89%（八九折）
	满减促销（如满60元减10元）		139÷60≈2(用去尾法保留整数) 10×2＝20元 139－20＝119元	119÷139≈86%（八六折）
5	多种方式组合促销		原价5 199元,采用定价促销4 199元,再用券满3 000减300促销,售价3 899元,外加买送促销、加钱购促销吸引二次消费	忽略赠送 3899÷5199≈75%（七五折）

以上促销方式中,第1、2、4种方式基本上是针对单品用单一的促销方式,顾客买到的是目标商品,得到的是最直接的实惠;第3、5种顾客买到的大多不是单一的目标商品,而是附带着其他商品,如果这些商品也是顾客所希望买到的,那也是双赢的事情,但如果不是顾客所需要的目标商品,则有可能造成不必要的消费。

在实地调查中,我们还发现了商品促销中的一些特别的"秘密"。比如,超市每天早市和晚市的蔬菜会比上午和下午时段优惠,采用的是限时特价促销的方式。举例来说,同一天,人人乐超市的西兰花早上9:30前的价格是4.99元/斤,早上9:30后的价格是5.99元/斤。早市促销方式为限时限价优惠,折扣计算方法为现价÷原价＝折扣,即4.99÷5.99≈83%（八三折）,优惠幅度为100%－83%＝17%。在调查中我们突然发现一个问题:9:30前已打秤定价的蔬菜到9:30以后再去买单是按早市的优惠价收,还是按现价收呢?我们马上去采访了收银员,答案就是按早市的优惠价收。

再如,同一款商品在不同的卖场也存在售价不一样的现象。我们选择了多款商品,在人人乐商场、沃尔玛商场和网络平台上进行了比价,发现促销方式和售价各不相同。这就告诉我们购物时要货比三家。如表1－2－3。

表1-2-3 同一款商品网店与实体店价格及折扣方式统计表

序号	商品名称	规格型号	单位	数量	网上零售价	网络店	网络店折扣方式	实体店零售价	实体店折扣价	折扣方式	半时日销量	折扣日销量
1	广州酒家利口福栗子咸肉粽	240 g(120 g×2)	袋	1	22.00	京东商城		22.9	13.9	六一折		
2	盐津铺子传统风味豆干	500 g	斤	1	21.50	京东商城	满300元减30元	27.9	27.9	满25元送纸巾		
3	蒙牛纯甄风味酸牛奶	200 g×12盒	箱	1	49.90	天猫		66	49.9	打折		
4	金龙鱼玉米油5 L玉米胚芽油	5 L	瓶	1	68.90	天猫	无门槛5元	69.9	69.9	赠送700 mL装稻米油		
5	九阳JYF-40T2电饭煲	JYF-40T2	个	1	1299.00	天猫	满300元减30元	2199	1779	满300立减60元		

通过表格分析,我们可以得知,第一款商品利口福栗子咸肉粽,它在实体店的原价为22.9元,折扣价为13.9元,打六一折,优惠了39%;它在网上售价为22元,所以这款商品在实体店更便宜。第二款商品盐津铺子传统风味豆干,它在实体店的原价是27.9元,它的促销方式是满25元送纸巾一包(凭小票领取);它在网上的价格为21.5元,所以这款商品在网上买便宜。第三款商品蒙牛纯甄风味酸牛奶,它在实体店的原价是66元,折扣价是49.9元,打七六折;它在网上的价格为49.9元,这款商品在网上与实体店同价。

通过调查探究,我们感受到"促销"的无穷威力。以2018年天猫"双十一"为例,开场2分5秒,总交易额超100亿元;1小时47分,总成交额超1000亿元;15小时49分39秒,总成交额超1680亿元,超过2017年"双十一"全天成交额;22时28分37秒,总成交额超2000亿。2018年天猫"双十一"总成交额为2135亿。2018年"双十一"当天全国网络零售交易额突破3000亿元,再创历史新高。"促销"真是威力无穷啊。

(二) 对销售专家揭秘商品促销的分析和结论

我们邀请了人人乐商场销售主管曾新棠叔叔和天猫店主波哥就"实体店和电商分别有哪些促销方式?促销活动有什么作用?商品促销有哪些季节性特征?"这三个主要问题为我们做了详细的分析,见表1-2-4和表1-2-5。

表1-2-4 曾新棠主管对实体店促销方式分析梳理

序号	促销方式	说明
1	降价促销	将商品低于正常售价出售,如库存清仓、每日特价促销,一般在适当的时机(节庆日、换季时打折,以低于商品正常价格的售价出售以便消费者获得实惠)。
2	打折式优惠	店内设定折扣区陈列折扣商品,以折扣形式降低价格销售。适用于新店开业、逢年过节或者周末,以便短期提升销售。其次优惠卡优惠,即向顾客赠送或者出售优惠卡,顾客凭卡享受特别折扣(一般会员卡或者购物卡消费有折扣)。
3	赠送式促销	向消费者赠送一种或者几种商品。此促销方式能迅速向顾客介绍和推广商品,以提升短期销售。
4	有奖式促销	开展抽奖促销的活动,抽奖活动一定会有一大堆奖品,如电视、冰箱等这样的奖项来吸引顾客,此种促销极易激起消费者的参与兴趣,大大提升和宣传活动主题,可在短时间内对促销产生显著效果。

(续表)

序号	促销方式	说 明
5	竞赛式促销	集动感性和参与性为一体的促销活动,由比赛来突出主题或介绍商品,既可以打响商品知名度又可以增加销售量(比如喝啤酒比赛、包粽子比赛、包汤圆比赛等)。
6	联展式促销	联合商家共同举行商品展销会,形成规模和声势,一般用于节日套餐销售,最常用促销方式是内购会销售,此促销一般用于较大型的促销活动。

表1-2-5 天猫店主波哥对电商促销方式分析梳理

序号	促销方式	说 明
1	定价促销	满减促销(如满400减50、买即送99元礼包)
		特价促销(如9.9元包邮)
		区间促销(外面只显示最低价)
2	限定式促销	限时促销(如京东秒杀)
		限量促销(如淘抢购)
		单品促销(只卖一款)
3	组合促销	搭配促销("主件+配件"一起买更优惠)
		捆绑式促销(买A送B)
4	奖励促销	互动式促销(收藏有礼、关注有礼)
		优惠券促销(优惠券、抵价券、现金券)
		抽奖式促销(如购买就抽奖)
5	时令促销	清仓促销(夏末清仓、季中清仓、反季清仓)
		季节性促销(夏装热卖、秋冬装热卖)
6	主题促销	平台活动促销(如聚划算、淘抢购)

1. 商品促销方式的对比分析

我们对以上两位分享人所列举的众多促销方式进行对比和例证,发现实体店和电商的促销方式基本相同,在所统计的促销方式中有5种是常见的优惠措施,我们可以直接通过运算计算出商品的折扣和售价等。其余的都是商家所采用的营销形式,这些营销可以很好地吸引消费者,在实际销售过程中都可以转化为5种优惠措施来运算,详见表1-2-6。

表1-2-6 商品促销方式及说明统计表

序号	促销方式	促销说明	备注
1	定价促销	特价促销,即直接标注一个低于原价的价格进行销售	这5种是常见的优惠措施,我们可直接通过运算计算出商品的折扣率、售价等
2	打折式促销	1. 直接打折,如打八折、七折销售等 2. 倍数折算,如1元换1.5倍,实际上就是打六七折销售	
3	赠送式促销	1. 买一件商品就赠送一件同款正品 2. 买一件商品就赠送一件或多件礼物 3. 满一定金额就赠送现金券、低价券、优惠券,可用于下一次购物使用	
4	买减促销	1. 只要买就减去一定金额 2. 买满一定金额就减去一部分金额	
5	组合式促销	可以是多样商品组合,也可以是套餐价格组合	
6	有奖式促销	1. 购买抽奖(通常有少量奖品吸引人) 2. 互动式奖励促销(如电商的收藏有礼、关注有礼等)	这8种是商家经常用的营销形式,在这些营销形式中采用上述5种优惠措施,达到拉动消费的目的
7	竞赛式促销	由比赛来突出主题或介绍商品,既可以打响商品知名度又可以增加销售量(比如喝啤酒比赛、包粽子比赛、包汤圆比赛等)	
8	限定式促销	1. 限时促销(如京东秒杀) 2. 限量促销(限定抢购的数量) 3. 单品促销(只卖一款)	
9	组合式促销	搭配促销(如"电脑主机+配件"一起买更优惠)	
10	时令促销	1. 季末清仓、季中清仓、反季清仓 2. 季节性促销(如夏装热卖、秋冬装热卖等)	
11	主题促销	1. 电商的平台活动促销(如聚划算、淘抢购) 2. "双十一"购物节、"黑色星期五"等	
12	联展式促销	联合商家共同举行商品展销会	
13	区间价促销	电商中常见,首页只显示最低价,打开后发现还有一个价格区间,如15.85—35.85元	

2. 许多商品的促销呈现出明显的季节性特征

(1) 单峰型促销特征

这种季节性产品在一个销售周期内只有一次达到销售高峰。它又可以分为三种:

第一种是产品在销售高峰期时价格上涨,在销售低谷期时价格下降,如服装;第二种是产品在销售高峰期时价格下降,在销售低谷期时价格上涨,如蔬菜、瓜果;第三种是产品在销售高峰期和销售低谷期时,价格无变化,如雪糕、冷饮。

(2) 双峰型促销特征

这种季节性产品在一个销售周期内有两次达到销售高峰。如空调,在冬季和夏季是销售高峰,春季和秋季是销售低谷。

3. 商品促销的作用分析

(1) 激发消费者的购买欲,增加现有消费群体的消费量。

(2) 扩大消费群体。

(3) 快速消化库存商品。

(4) 提高品牌的知名度。

(三) 问卷调查的分析和结论

我们利用"问卷星"系统精心设计了十道题,将答题二维码推送给坪外的教师和家长,一共回收了162份有效答卷。通过统计,得到以下数据,我们对此进行了分析。

答卷显示,75.93%的消费者会特别关注商品促销信息;71.37%的消费者有过跟踪一件商品促销信息,等待商品有促销活动时再购买的经历;51.85%的消费者会因为商品促销而引发冲动消费;在今年的"双十一"中有66.05%的人在网上购物了。这些数据都说明商品促销是激活消费动力的重要因素之一,对人们的消费动力、消费水平都发挥着巨大的影响力。96.3%的人会货比三家,62.35%的人会更加关注商品性能,82.1%的人更容易接受直接降价促销。

从以上调查结论看,促销是激活消费动力的重要因素之一,大多数成年消费者在购买贵重商品时会货比三家,大部分的消费者都喜欢直接降价促销的方式。这与我们在调查中发现的特征是比较一致的,但商家还总是喜欢用组合促销方式吸引更多消费者,让消费者感觉到多重优惠或者多购买更优惠,或者吸引消费者进行二次消费、循环消费等。

四 对策建议

1. 购买自己真正需要的,理性消费

很多人购物总是会贪图小便宜,看到原价和折扣后的价钱相差很多总是会忍不住有购买的欲望,想着之后会用得着,但买回来之后很多都是摆在一边很久都没有用上,所以应想清楚自己真正需要购买的再购买。

2. 在促销活动之前多关注产品价格,跟促销时做对比,同时要货比三家

遇到一些很诱人的优惠方式时,应先算好优惠的价格。购买比较贵重的商品时,要货比三家,比价、比性能、比售后等。

3. 选择促销时段购买更省钱

一天中,超市一般会在早市和晚市对蔬菜、水果等做降价处理以卖出更多产品。一年中,商场、超市会在店庆、节日、会员日对部分商品进行促销活动。某些商品自带季节性属性,一般在换季时,商家为不积压商品会进行大幅度降价促销。

4. 网购时不随意跟风,多看差评

网上会列出很多购买量比较高的物品,显示有很多好评之类的,你看着图片不错,评价不错,当然价格也合适,也就有种想买的冲动。这个时候一定要冷静,看看是不是有差评,是不是合适自己。

5. 选择自己比较熟悉的商家进行购买

一是能预防被骗,像商品质量、价格之类的;二是让自己放心,真正能得到优惠。

反思与体会

吴鹏宇:在实体店的促销调查中,我们懂得了文明调查——在不影响其他消费者购物的情况下,有秩序地开展调查。因为不仅我们代表着学校形象,还体现着现代小公民的素养呢!在网购调查中,我们懂得了合作学习——统一目标,分工合作——否则连结论都写不好。这几次调查活动对我的生活和学习也带来了帮助,现在我已经对商品促销了如指掌,每看到一个促销活动,脑海中就会浮现折扣力度计算公式,还能分析不同的促销方式呢!以前做报告时,我还只会用信息课上教的知识,需要家长帮助。现在,我已经可以独立写报告,并插入文本框、图片等信息了。为了向更多人推广我们的成果,我们创新了表达方式,制作了妙趣横生的数学绘本,原创,原创的哟!

赵雅淳:这次的活动让我难以忘怀,也让我懂得了很多课本上难以学习到的知识和难以感受到的道理。调研过程中我们召开了启动会、中期总结会、专家讲座、结题成果发布等多个全员性会议和活动。每一次调研前我们

都会写好计划、做好分工,调研中还要访谈、拍照、记录,调查之后要讨论、上网查阅资料、整理成果。做了这些努力之后,我学到了许多打折的方式和运算方法,也知道了数学与生活之间的重要关系。

肖祁:这次商品促销调查的活动,让我学会了许多许多关于商品促销的知识。原来,我并不知道直接降价式促销和打折式促销的区别。经过这次商品促销调查,我明白了:直接降价是让商品以更便宜的价格卖出去,打折也是同样的,但还是需要去仔细计算,才能更便宜地买到自己所需要的东西。我认为我应该胆子大一点,才能更好地采访工作人员和顾客。

案例报告 1-3
小学生对二胎的态度调查

课题主持人:孙艺铭
课题组成员:李雨霏、费林裕、高荣信、钟琦锋、杜彬、谭思蔓、谢心怡
指导老师:颜秀慧、赵家涛、钟海燕
所在学校:坪山区六联小学

一 调查缘起和目的

(一)调查缘起

小区里大肚子的妈妈多起来了,学校里怀孕的老师也越来越多。班里同学有的家里多了弟弟,有的多了妹妹,和弟弟妹妹相处的事情成了我们课间的话题。有的同学觉得弟弟妹妹很小很可爱,但也有的同学觉得弟弟妹妹很烦人,还有的同学觉得爸爸妈妈最近就顾着照顾小的,都没时间管自己了。我们很想了解同学们有了弟弟妹妹后是什么感觉,想知道他们心里是怎么想的。

(二)调查目的

了解同学们内心对二胎的真实想法,形成一个报告,并在校园里展示宣传,让全校的同学知道我们学校的同学对二胎是怎么想的。把报告给家长们看看,把我们心底的声音说给爸爸妈妈听,让爸爸妈妈可以更知道我们心里在想什么。

二 调查方法和过程

(一)调查方法

1. 问卷调查法

设计问卷调查,搜集同学意见。

2. 访谈调查法

访谈典型样本,了解其真实想法。

（二）调查问卷设计说明

为保障调查的科学性，我们把问卷设计成了面向独生子女和面向非独生子女两类。因为我们推测，是否有过兄弟姐妹的体验，会影响同学们选择是否支持二胎政策。两者各自选择自己的观点——支持、不支持、不确定，再往下细分原因。最后还设置了一道问答题，让同学们畅所欲言，帮助我们了解同学们的真实想法。

（三）调查过程

1. 准备阶段

我们一开始把问题想得很简单，想把每一个同学都询问一遍，再整理我们收集的资料就好了。但是，全校那么多同学，每个人都有自己的想法，我们要花费太多时间和精力去完成这个调查。在老师的建议下，我们决定采用问卷调查法。

经过小组讨论，我们认为大家对二胎的态度有可能是：支持、不支持或者不确定。支持有支持的原因，不支持有不支持的原因，不确定也会有不确定的原因。那我们怎么来设置这些原因呢？光是我们几个的想法，不能代替所有人的想法呀。

我们必须先进行一次前期调查。怎样选择调查的对象呢？我们咨询了老师的意见，决定每个年级的同学都应该选取几个，而且男生女生都应该有。我们两人一组，兵分几路，一个人访谈，一个人记录，每个年级调查两个男生、两个女生。

根据调查的结果，我们把支持的原因分为"拥有陪伴""小孩子很可爱""是一种锻炼""可以共同帮助父母"和"其他"；不支持的原因分为"小孩很麻烦""会分走爱和其他东西""父母年龄大了""我和弟弟或妹妹的年龄差距大"和"其他"。在调查中我们发现，有的同学是独生子女，有的已经是二胎家庭了。经过反复讨论，我们决定把问卷分成面向独生子女和面向非独生子女两种类型。

最后，我们成功制定了"小学生二胎态度"调查问卷。

2. 实施阶段

我们在学校科研室的帮助下，利用午读的时间把问卷发到每个班级进行问卷调查。我们在老师的指导下，明确了要怎么去分类问卷。我们先把回收的问卷按照年级分类，再分组：先分为独生子女和非独生子女，再对独生子女和非独生子女态度中的支持、不支持和不确定的情况进行分类、标清序号，进行数据统计。录入数据以后，我们重新检查问卷的分类，在检查的同时，我们也选择了一些特别的回答叠起来，做好标记,对这些同学进行访谈。

3. 总结阶段

总结研究成果,完成课题报告;在校园中展示研究报告,并分享给家长。

三 调查分析与结论

我们学校一共有28个班,共计1443人。我们发下了1440张问卷,一共收上来了1426张,当中有效的问卷有1347张,问卷有效率为94.5%。

(一)总体分析

从调查的数据来看,选择"支持"二胎的有967人,占71.8%。证明大家还是很支持二胎的。

我们统计了支持父母生二胎的主要原因,分别是"拥有陪伴""小孩子很可爱"及"可以共同帮助父母"。其中"拥有陪伴"是最主要因素。支持的同学认为,有一个弟弟或者妹妹会给我们带来很多快乐。兄弟姐妹在我们成长中可能会起到很大的作用,比如有助于发展社会生活能力。在家庭中,年龄稍大的哥哥姐姐,总有协助父母照料、教导弟弟妹妹的机会和责任,他们会获得成就感,具有更多的安全感和归属感。兄弟姐妹之间年龄相近,心理特点大体相似,在一起相处时彼此依靠,有比与父母以外的其他人接触更多的安全感。而且他们不仅有共同的语言、兴趣和爱好,在一起还可以得到精神上的满足和无限的乐趣。如图1-3-1所示。

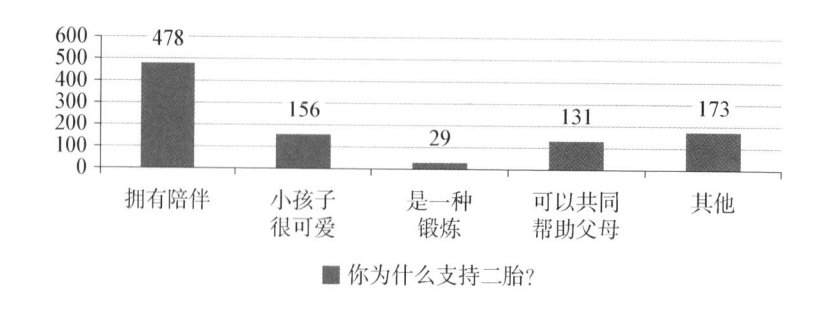

图1-3-1 我校同学支持二胎的原因

不支持二胎的原因主要是觉得小孩子很麻烦和体谅父母,觉得父母年龄大了。同学们觉得小孩子有的时候没事就喜欢哭,有时候吃饭吃得到处都是,有的还会在自己写作业的时候一直在旁边吵来吵去,还乱画作业本,太烦人了。由于小孩子可能还不懂事,身体还没有发育好,会影响哥哥姐姐,所以部分同学不支持二胎。也有的同学因为看到爸爸妈妈工作太辛苦了,家里也没有太多多余的钱,所以他们不支持二胎。如图1-3-2所示。

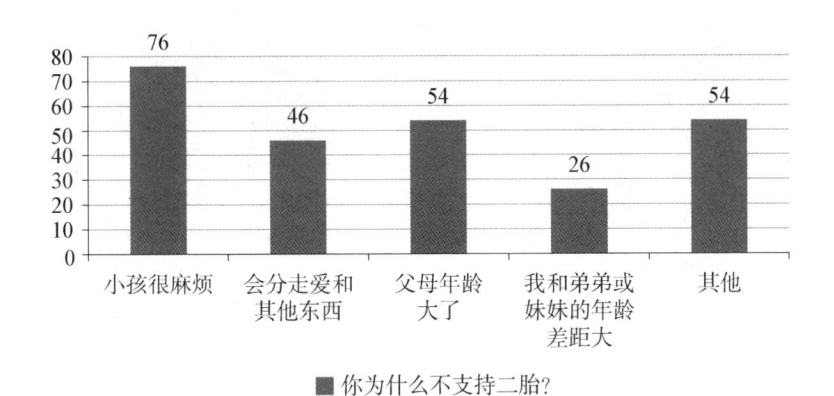

图1-3-2 我校同学不支持二胎的原因

(二) 独生子女、非独生子女对二胎的态度分析

独生子女和非独生子女对于二胎的态度会有差异吗?我们进行了探究。

首先,我们统计了学校独生子女和非独生子女的人数,发现非独生子女远远多于独生子女,占总人数的80%,如图1-3-3所示。

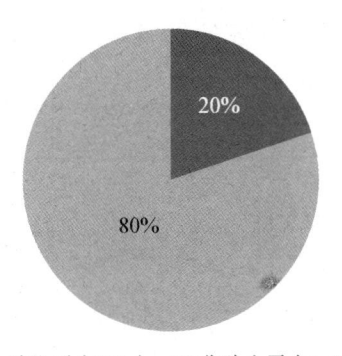

图1-3-3 我校参加问卷的学生中独生子女与非独生子女情况

其次，我们统计了独生子女和非独生子对父母生二胎的支持情况。数据表明，大多支持父母生二胎，分别占有各自总人数的 67% 和 73%。如果爸爸妈妈问我们生二胎的意见，大部分的同学是会同意的。如图 1-3-4 所示。

独生子女对二胎的态度　　　　　非独生子女对二胎的态度

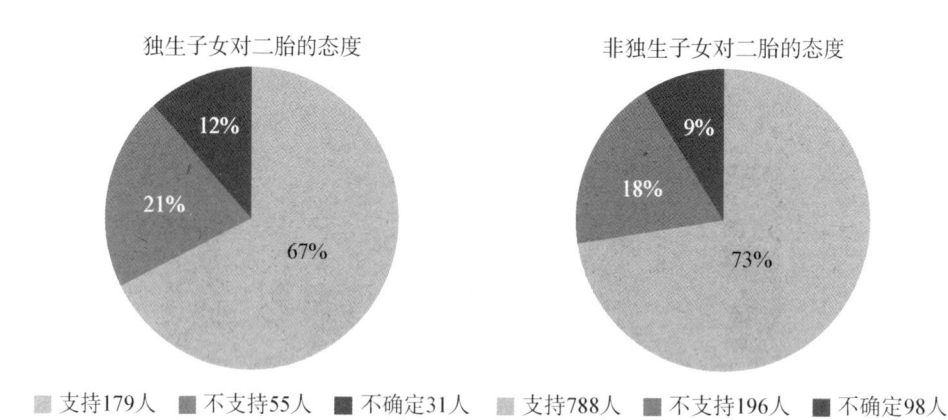

■ 支持179人　■ 不支持55人　■ 不确定31人　■ 支持788人　■ 不支持196人　■ 不确定98人

图 1-3-4　问卷中独生子女与非独生子女对二胎的态度情况

值得关注的是，非独生子女选择支持二胎"其他"这一选项的有 163 人，居于支持二胎原因第二位。问卷中的问答题表明，他们当中很多人有着自己的看法，如"这样妈妈就不会只管我一个人了"，这说明这位同学的爸爸妈妈平时给这位同学太多的关注了，过度的关爱已经给他带来了压力和反抗；再如，"爸爸妈妈想要是他们自己的事，我肯定支持"，这说明这位同学比较独立，懂得尊重爸爸妈妈的想法；或者是多选了，认为前面的几种原因都符合自己的想法。说明支持的原因不一定是单一的，有可能是多种原因的结合。详见图 1-3-5。

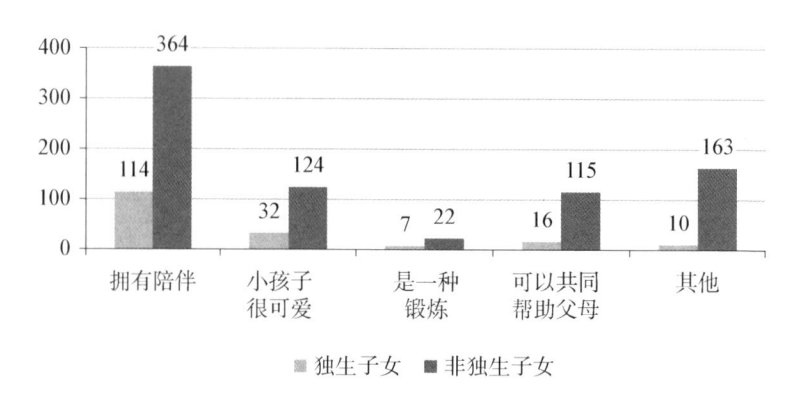

图 1-3-5　我校学生支持二胎的原因统计

再来看看不支持的原因有哪些。受"小孩很麻烦""会分走爱和其他东西""我和弟弟或妹妹的年龄差距大"等因素的影响,同学们反对爸爸妈妈生二胎。其中"小孩很麻烦"是非独生子女不支持二胎的最主要因素。

独生子女不支持二胎的原因主要是"其他""会分走爱和其他东西""父母年龄大了"。根据问卷,我们发现有9人都是选了A、B两项。所以,独生子女选择"B会分走爱和其他东西"共有22人,这是他们不支持二胎最主要的原因。这说明他们的内心很害怕弟弟妹妹会分走父母对他们的爱,也很害怕弟弟妹妹会占有自己的玩具、图书、玩偶等东西。他们的内心有很大的不安全感,所以他们不支持爸爸妈妈生二胎。如图1-3-6所示。

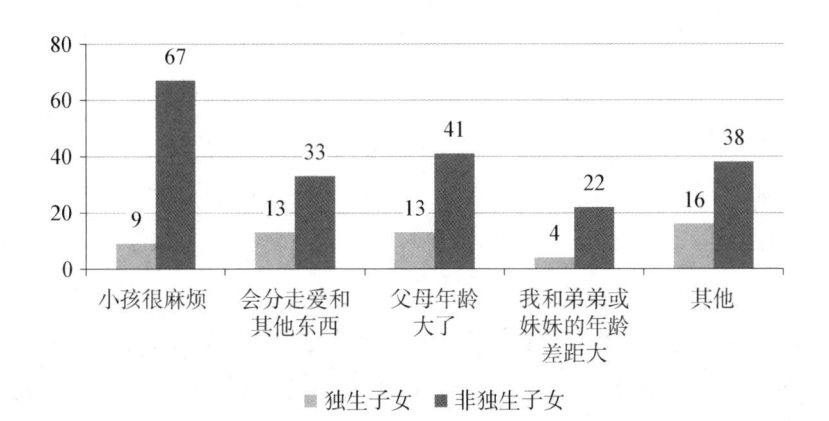

图1-3-6 我校学生不支持二胎的原因统计

(三) 各年级分析

随着年级的变化,同学们对于二胎的态度会有差异吗?我们继续进行分析与探究。

一至四年级的支持人数基本上是上升的,这说明中低年级的同学,随着年级的升高,他们支持二胎的人数越来越多。四年级支持二胎的人数最多,共186人。而五、六年级同学的心态有一个明显的变化,五年级下降至133人,六年级有所上升,共144人。高年级同学作业比较多,他们更多的是把心思放在学习上;同时,很多哥哥姐姐也开始有了自己的个性,想要自己独立的空间。所以支持的人数有所下降。各年级不支持人数基本是一样的,没有明显变化。如图1-3-7所示。

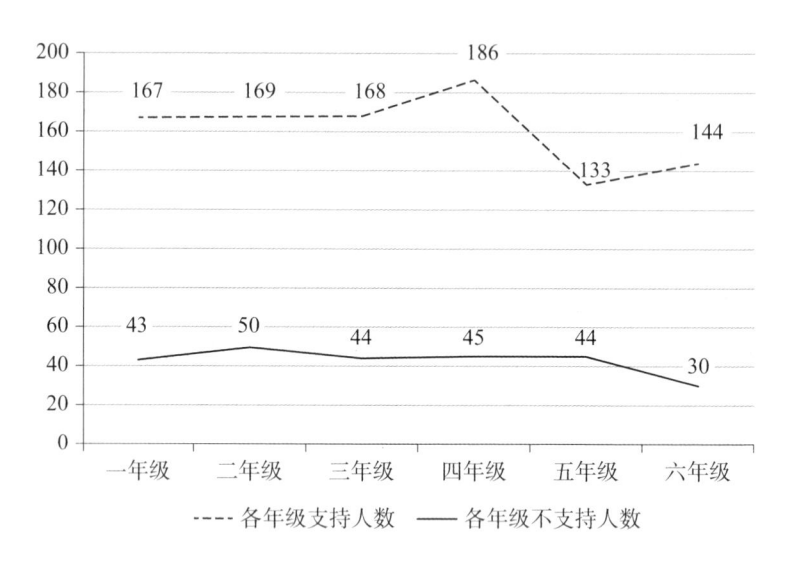

图1-3-7 我校各年级对二胎支持与不支持的人数统计

(四)综合分析

结合独生子女、非独生子女因素,我们对各年级同学对于二胎的态度进行分析与探究。

统计显示,独生子女支持父母生二胎的人数随着年级的升高基本呈下降趋势,表明学生随着年龄的增长,支持父母生二胎的人数逐渐减少。原因是,随着时间过去,他们当中有的已经开始有了弟弟妹妹,变成了非独生子女。也有的觉得自己已经有了一些朋友,可以从朋友那里得到陪伴和快乐,自己也已经长大了,不一定需要弟弟妹妹了。如图1-3-8所示。

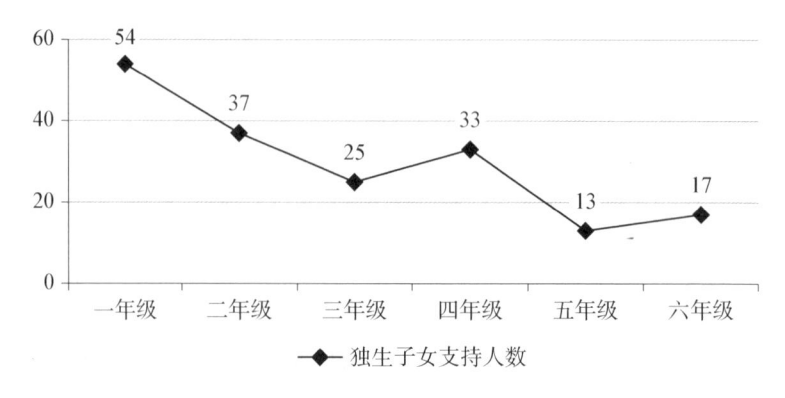

图1-3-8 各年级独生子女支持二胎的人数统计

为什么一年级独生子女的支持人数最多？我们分析他们问卷选择"支持"的原因。结合选项和问答题，我们知道"拥有陪伴"是一年级独生子女支持父母生二胎的主要原因。一年级的同学年纪小，心理还不够成熟，每天都想着要玩，需要大量的陪伴。如图1-3-9所示。

非独生子女支持父母生二胎的人数从一至四年级基本上是上升的，说明随着年级的升高，非独生子女支持父母生二胎的人数基本是越来越多的。因为他们当中大部分的人都觉得拥有弟弟妹妹是快乐的，所以他们选择支持。

□ 拥有陪伴　■ 小孩子很可爱　■ 是一种锻炼
▨ 可以共同帮助父母　■ 其他

图1-3-9　一年级独生子女支持二胎的原因

但五年级下降至133人和六年级上升至144人，说明到了高年级，他们逐渐形成了自己的个性，想要更加独立一些，做一些自己喜欢的事情，不要被打扰，所以有时候弟弟妹妹会烦到他们，所以他们支持的人少了一些。

为什么非独生子女四年级的选择"支持"人数最多？我们从四年级总体人数和其选择"支持"的原因进行分析。

首先，一至六年级非独生子女人数分别是168、183、185、201、175、170人，独生子女人数分别是75、50、36、46、25、33人，四年级总人数最多，统计基数大。

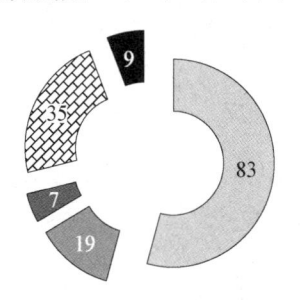

其次，支持原因分析。"拥有陪伴"是四年级非独生子女支持父母生二胎的主要原因。如图1-3-10所示。

根据四年级非独生子女支持二胎的问卷的问答题，我们发现他们觉得自己一个人很孤独，想要弟弟妹妹的陪伴。爸爸妈妈觉得自己长大了，很多事情已经学会了，有时候去工作就让他们一个人在家看看书，写写作业。因为爸爸妈妈陪伴的减少，他们对弟弟妹妹陪伴的需要增加了。有可能是玩耍上的陪伴，也可能是通过帮助弟弟妹妹来获得成就感。

□ 拥有陪伴　■ 小孩子很可爱　■ 是一种锻炼
▨ 可以共同帮助父母　■ 其他

图1-3-10　四年级非独生子女支持二胎的原因

结合独生子女、非独生子女因素,我们对各年级同学不支持二胎进行统计分析。独生子女一至六年级不支持的人数基本是一样的,没有太大的变化。非独生子女一至六年级不支持的人数是波动下降的。如图1-3-11所示。

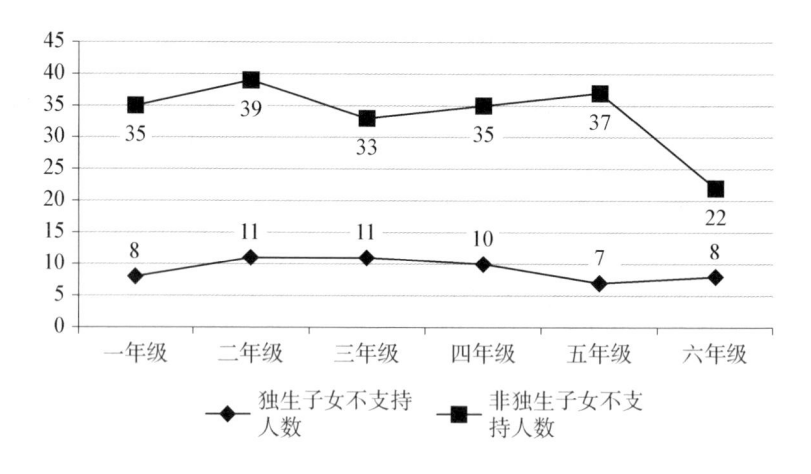

图1-3-11 我校各年级不支持二胎的人数

通过访谈发现,不支持的同学多是因为越长大越有自己独立的想法,想要一些自己的空间和时间,也更加懂得体谅父母的辛苦。而到了六年级非独生子女不支持的人数明显减少,究其原因,首先是一至六年级非独生子女人数分别是168、183、185、201、175、170人,六年级统计基数小。其次,选择人数最多的原因是"其他",表现出他们复杂的心情,填写的原因有:我妈很烦;多选A、B两项;已经有弟弟了;未选择。如图1-3-12所示。

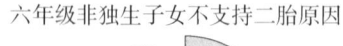

图1-3-12 六年级非独生子女不支持二胎原因

四 对策建议

从以上的调查研究中可以看出,小学生想要二胎的主要原因是想拥有陪伴;也有部分同学的父母在有了二胎后开始忽略对一胎的关注。我们课题小组对同学们提出以下建议。

1. 调整自己,开心地面对一切

无论是支持二胎或者不支持二胎、家里有兄弟姐妹或者没有兄弟姐妹的同学,面对弟弟妹妹的存在或到来都要欣然接受,懂得包容,开心地面对一家人的决定,快乐地过好每一天。

2. 多交朋友,找到自己的乐趣

三人行,必有我师焉。很多时候我们的陪伴可以是同学、朋友、小区里的邻居……我们要学会交朋友,敢于和新认识的人打交道,和朋友一起做我们自己喜欢的事。

3. 打开心扉,和爸爸妈妈聊天

多和爸爸妈妈说说我们心里的感受,让他们知道我们心中的想法,有的时候他们不知道,我们也没有给他们机会知道。

我们也对家长们建议:一是关注孩子的内心感受,有了二胎后,也要关注大孩的想法,不要忽略大孩;二是在考虑要二胎的时候,可以和孩子一起交流决定,了解一下孩子的意见。

反思与体会

谭思蔓:在这次研究中,我学会了很多。印象最深的就是第一次去随机调查学校的同学,我都不敢走进他们的教室去问。后来在老师的鼓励和组长的带头下,我终于迈出了勇敢的第一步,后来的一切都变得顺利起来。万事开头难,只要行动了,就会有收获。

杜彬:在这次课题研究中,我学会了调查的方法,还有与同伴的相处之道。在问卷分类的时候,我没有听清楚组长的安排,没有先分出支持和不支持,直接分了各个原因,所以在录入数据的时候其他年级组都有两个数据,我们组只有一个。还好,我发现了错误,及时改正了。一开始一个小时都分不完一个年级,后来我们大家一起合作,三十分钟就分好了。团结力量大。

案例报告 1-4
改进学校大课间运动方式议案

课题主持人：罗晓渝
课题组成员：侯斯铨、潘俊毅、肖金浩、简凡焯、程莉欣、黎欣昕
指导教师：苏洁彬、黎建雄
所在学校：深圳市坪山区坪山实验学校

一 研究缘起和目的

（一）研究缘起

有一天，几个同学在走廊上讨论着大课间的相关问题，引起了我的思考。是啊，自打我们进入学校以来，每天的大课间都是在重复做着广播体操或者跑操，毫无变化。如果能在大课间做一些我们喜欢的运动那该多好呀。老师说我们是学校的小主人，那我们就向老师提议，让大课间好玩起来。在老师的帮助下我和小伙伴们组成了改进学校大课间运动方式议案的课题探究小组，准备做这个既有趣又有意义的事。

（二）研究目的

形式多变的大课间项目本应受到大家的喜爱，可学校仍停留于枯燥的课间操形式，日复一日、周而复始地机械进行，同学们便失去了热情和耐心。我们希望通过这个研究，给大课间提出议案，改变现状，让同学们主动参与大课间。

二 研究问题和思路

（一）研究问题

（1）现阶段学校大课间的运动方式有哪些？有哪些不足？
（2）什么样的大课间形式才能深受同学们的喜欢，让同学们主动参与到大课间运动中去？

(二) 研究思路

课题组成员首先各自分工了解大课间的形式及研究的意义,通过信息手段查找文献和资料,对同学们进行问卷调查和访谈,了解现阶段大课间存在的不足及改进的方向等,然后通过观摩其他学校的大课间形式及社区中同学们喜欢的运动来设计相关的运动项目供同学们体验,最后根据学校的实际情况设计各年级的大课间活动安排表。

三 研究方法和过程

(一) 研究方法

1. 文献资料法

查阅书籍及网络资料,了解大课间及校内外大众体育运动项目的相关资料。

2. 问卷调查法

设计调查问卷,搜集同学们对大课间的感受及想法。

3. 对比研究法

观摩其他学校的大课间运动方式及社区中的运动形式并进行对比,了解更多的大课间运动,进一步加强或及时调整研究的方式、内容。

4. 行动研究法

设计一些体育项目供同学们体验,了解同学们的喜好,便于设计更适合同学们的大课间运动议案。

(二) 研究过程

1. 制定计划,分工合作

根据课题组每个人的特长及兴趣爱好,我们制定了计划,进行了分工。

2. 搜集资料,调查访谈

(1) 搜集文字资料和网上查阅。我们利用课余时间查阅书籍及网络资料,收集大课间及校内外大众体育运动项目的相关资料。我们在查阅资料的过程中了解到中小学大课间的内容有体操、舞蹈、身体素质练习、趣味游戏、特色活动、球类活动六大类。各校阳光体育大课间活动形式要多样化,内容的安排要按照当地和学校的实际情况,要符合学生的性别、年龄、生理、心理等特点,符合学生的认知规律,要科学地安排好活动内容的顺序及活动量。

（2）制定、发放调查问卷。结合查阅的资料和课题组成员想了解的相关信息，我们集中讨论制定了调查问卷，并对本校各个年段的学生进行问卷调查，了解同学们对大课间的感受及想法，完成课题设计。本次的调查问卷在本校的每一个年级进行分发。

调查问卷的数据只是研究本课题的要素之一，我们想要真实了解同学们的感受就必须深入同学们的课余生活中，对部分同学进行访谈，一起探讨同学们最真实的想法。通过访谈的方法，我们不仅可以了解大课间活动存在的弊端，也能更深入地了解到大课间对同学们的影响。我们的调查数据结合访谈内容能反映最真实现状，课题探究才更真实和有效。

3. 实地观摩，对比研究

借着坪山区进行学校阳光体育情况检查活动，苏老师带领课题组成员到部分学校观摩大课间活动。在这次观摩中，有简单枯燥的广播操和跑操练习，也有部分学校结合自身特色，加入了一些有趣味性或者专业性的技术，有充满活力的啦啦操，还有传统文化的太极拳和太极扇，这不仅让同学们得到锻炼，同时也是对我国传统文化进行传承。

4. 结合实际，设计项目

同学们对大课间活动感到枯燥的原因是多方面的，不仅仅是器材的安排和老师的引导，更多的是需要设计者根据每一个阶段同学们的身心特点和兴趣爱好，科学合理地设计多元的运动项目，低年级还可以增加游戏化运动项目，给同学们一个选择的权利，让同学们能够在自己喜欢的项目中"大展身手"，既能够锻炼身体又可以掌握一技之长。

5. 梳理过程，汇总结果

2018年11月，指导教师告诉我们，要对研究资料归纳整理了。于是我们就开始分工整理，对本次学校大课间运动存在的问题进行分析，并撰写改进建议报告。罗晓渝负责写课题研究报告；侯斯铨和潘俊毅探讨设计大课间运动方式的安排表；黎欣昕、程莉欣整理整个课题研究访谈笔记及调查问卷；简凡焯整理网上及书本资料；肖金浩制作整个课题组研究的汇报PPT。课题组对研究过程进行总结、分析，得出研究结论，共同完成研究报告及大课间活动安排表初稿，在指导教师的指导下进行修改。

四 研究结果及分析

(一) 调查数据统计分析

我们共发放 120 份调查问卷,回收 118 份,有效问卷 112 份,有效率 94.9%。此调查有效。

从图 1-4-1 可以看出,对于现在的大课间,43% 的同学觉得一般,有 20% 和 9% 的同学认为特别无聊与枯燥,由此可以看出,现在的大课间并不能让大部分同学喜欢,难怪大部分同学每天出操都是无精打采的。只有 28% 的同学认为有趣,而选择这一项的大部分是一、二年级的小同学,很难保证他们以后是否会继续喜欢和积极参与。

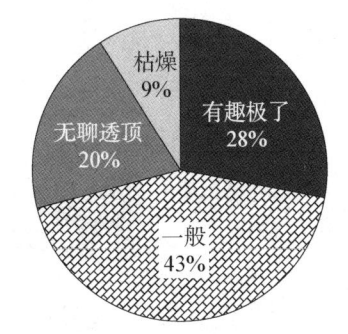

从图 1-4-2 和图 1-4-3 可以看出,在学校大课间开展过的项目当中,有 59% 的同学喜欢花样跳绳操,其主要原因是这个项目比较有趣,有挑战性;只有 9% 的同学选择了广播操,说明这个项目的不受欢迎度。由此可以看出较多的同学还是喜欢选择自己爱好的体育项目或者形式多样有趣的运动项目。

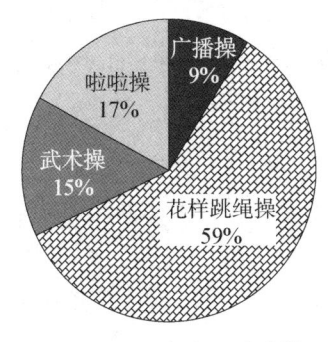

图 1-4-1 我校同学对现在大课间的态度

图 1-4-2 我校同学喜欢的大课间内容

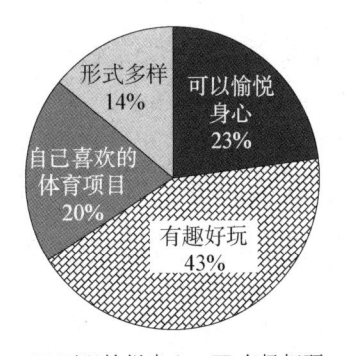

图 1-4-3 我校同学喜欢该项目的原因

从图 1-4-4 可以看出,有 37% 的同学不喜欢广播操,16% 的同学不喜欢跑步,因为这两项运动都比较枯燥无味,相反其他带器材的运动还是比较受欢迎的,其原因是动作比较多变,具有挑战性和趣味性。

同学们觉得大课间枯燥的主要原因还是集中在内容的乏味与枯燥,以及场地与器材的限制。由此看来同学们不喜欢上一题中的广播操、跑步是有原因的。

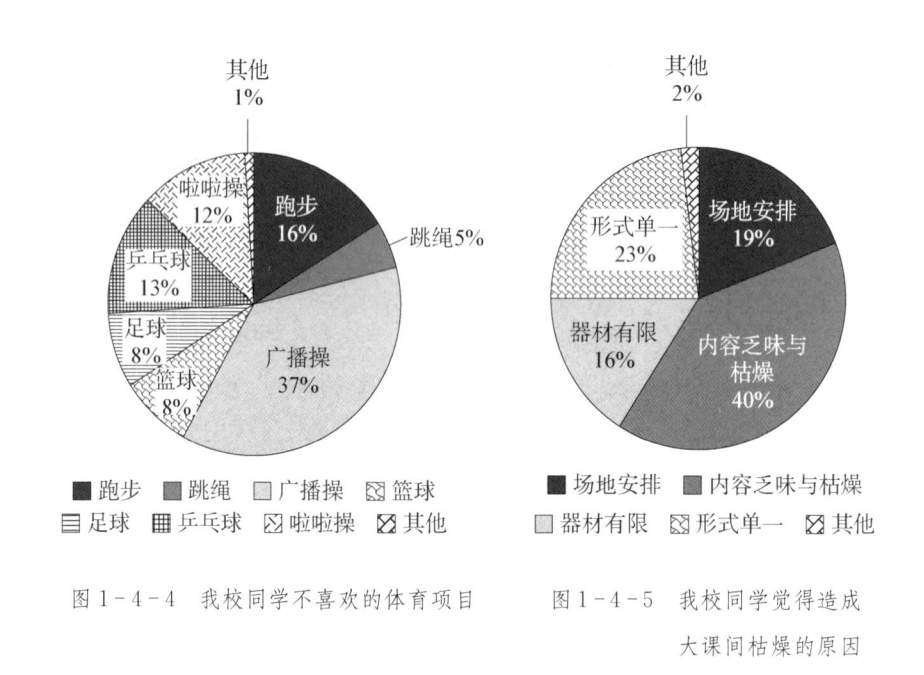

图 1-4-4　我校同学不喜欢的体育项目　　图 1-4-5　我校同学觉得造成大课间枯燥的原因

从图 1-4-6 中可以看出,41% 的同学认为现在的大课间达不到自己的运动要求,36% 的同学认为可以达到。认为达不到的同学大部分是觉得广播操已失去新意,应付一下就可以了。而认为能达到的同学则是没有养成体育锻炼的习惯,觉得稍微动一下就已经足够了。

从图 1-4-7 可以看出,有 31% 和 29% 的学生认为现在的大课间最需要改造的地方是项目及方式,不要每天一成不变地做着同样的动作、同样的流程,可以多点项目让同学自由选择参与。

从图 1-4-8 可以看出,缺乏体育特长与同伴并不是影响同学们参加大课间体育活动的主要原因,而学习时间紧与活动内容单调、形式单一是主要因素,由此提醒我们,要在时间及形式上做出调整。

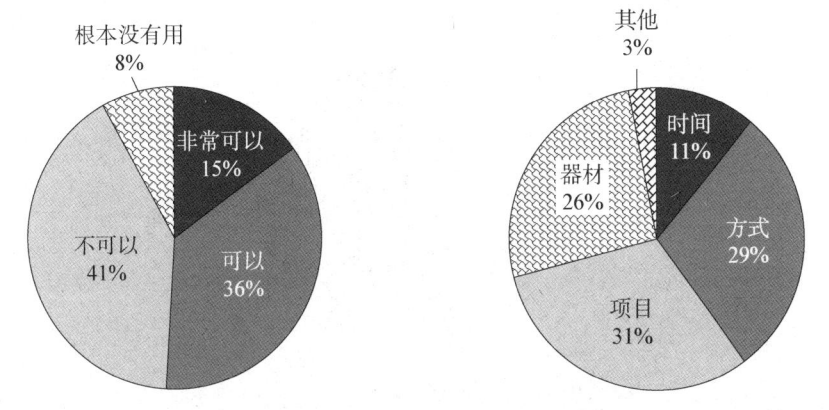

■ 非常可以　■ 可以　□ 不可以　▨ 根本没有用　■ 时间　■ 方式　□ 项目　▨ 器材　▩ 其他

图1-4-6　我校同学对现在大课间活动的强度的态度

图1-4-7　我校同学最想改造大课间的方面

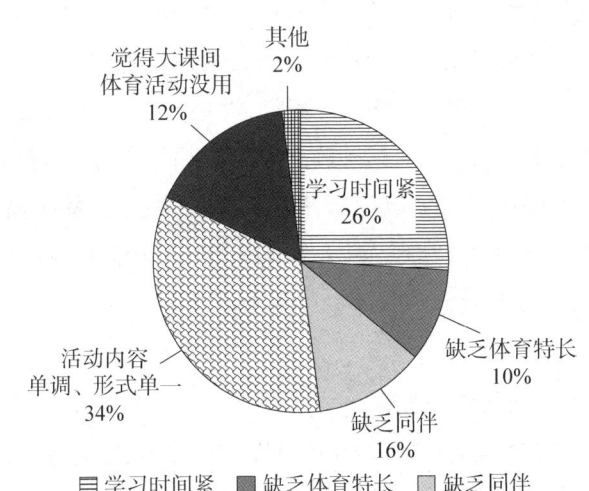

▤ 学习时间紧　■ 缺乏体育特长　□ 缺乏同伴
▨ 活动内容单调、形式单一　■ 觉得大课间体育活动没用　▦ 其他

图1-4-8　我校同学认为影响大课间参与度的情况

从图1-4-9可以看出,希望能有两种活动以上、自主选择参加的同学占了40%,希望能按照自身特长进行选择的占27%,由此可以看出,多点活动形式,可以根据自身的体育特长与爱好参与到大课间体育活动中是很多同学的期望。

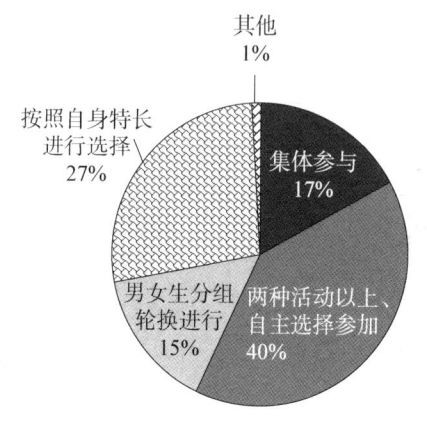

图 1-4-9 我校同学希望的大课间的方式

通过近一年的探索研究,我们了解了大课间体育活动是在原课间操基础上发展和演变形成的学校体育活动新形式,是学校体育活动的一部分,它对调节学生学习节奏、缓解学生学习疲劳、增强学生体质、增进学生健康及培养学生终身体育意识等有着重要的意义。

但通过我们在学校的体验及对其他学校的观摩来看,我们学校的大课间体育活动还只是以前的课间操模式,每天出操的体育活动就是单纯的广播体操或者跑操,并没有其他形式的体育活动,内容枯燥无味,大部分同学早已厌倦了这样的活动,甚至对大课间有了抵触的行为,往往敷衍了事,根本达不到运动的效果。

(二) 依据调查,设计大课间方案

结合前期调查研究及项目设计体验,我们从以下几个方面对我校大课间活动方式进行了优化:

(1) 通过大课间活动,改革学校大课间活动方式,优化大课间的时间、空间、形式和内容,使学生乐于参加,主动地掌握健身的方法并自觉锻炼。

(2) 大课间既要做到有规定的项目(眼保健操、系列广播操、跑操),又要有学校的特色项目(跳绳),也可以添加学生感兴趣的其他体育运动项目。

(3) 在内容安排上,要科学地安排好内容的顺序和运动量,符合人体运动的变化规律。

（4）充分利用学校现有的场地与器材，根据学校的实际情况及季节、气候情况来设置运动的方式及流程。

（5）大课间体育活动的内容要源于生活、贴近生活，选取与学生生活关系密切的体育活动作为内容，便于学生课后进行体育锻炼，对培养同学们的健康生活方式有重要意义。

基于以上几个方面因素，我们设计了学校大课间活动。见表1-4-1。

表1-4-1　深圳市坪山实验学校大课间活动项目设计

☆夏、春、秋季大课间活动时间安排表

顺序	时间	内容	备注
进场	8:00—8:05	学生走到指定场地	
做操	8:05—8:10	广播操《七彩阳光》	
分散活动	8:10—8:25	按照各年级项目活动	年级选择项目
退场	8:25—8:30	有序排队回教室	

☆冬季大课间活动时间安排表

顺序	时间	内容	备注
进场	8:50—8:55	学生走到指定场地	
做操	8:55—9:00	冬季长跑	配乐
分散活动	9:00—9:15	按照安排表内容活动	年级选择项目
退场	9:15—9:20	有序排队回教室	

☆雷雨天大课间活动时间安排表

顺序	时间	内容	备注
准备	8:50—8:55	教室集中	
做操	8:55—9:00	室内操	配歌
分散活动	9:00—9:15	室内游戏活动	年级选择项目
整理	9:15—9:20	放松整理	轻音乐

以一年级为例，每三周，以班级为单位依次轮换项目，一个学期后，进行新的项目

编排,见表1-4-2。

表1-4-2　一年级大课间活动项目设计

周次	班级	项目	活动地点	负责人
第一周	1~12班	队列队形	大阶梯教室前	体育教师
第二周	1~12班	队列队形	大阶梯教室前	体育教师
第三周	1~3班	跳绳	大阶梯教室前	班主任
	4~6班	羊角球接力		
	7~9班	跳方格		
	10~12班	拍球与运球		

(三) 提示说明,创建有序大课间

学校大课间活动每班每周按活动安排表进行实施,遇到实际情况可灵活微调。需要用到的活动器材由班主任指定学生代表或者搭班老师提前到体育器材室统一领取,领取器材人员登记,活动完毕主动归还,活动中爱护器材。如遇雷雨天,学生进行室内活动,参考室内活动案例,可以适当进行一些身体素质练习,或者开展棋类活动(学生自备),同一年级的各班级活动不重复,鼓励学生创造一些室内游戏。

反思与体会

罗晓渝:作为课题的主持人,我深知自己身上的重任。在研究中,我不仅学会了如何组织组员有计划地去实施研究流程,更学会了沟通与理解。作为一名学生,在学习任务紧张的情况下,还要研究这个课题,这让我学会了如何合理安排时间,大大小小的汇报工作也锻炼了我的胆量。感谢这次课题研究带给我的一切。

侯斯铨:回想这一年的探索研究,我们经历了许多的困难,从无从下手,到后面有计划去完成每一件事;从不知道如何去设计调查问卷,到回收问卷进行问卷数据分析;从不知道如何去设计安排各年级的运动项目,到最后我们形成对我们学校大课间活动的体育项目安排表。很庆幸我们都坚持下来了。

第二章

问题探究式跨学科学习

问题探究式跨学科学习是一种创新的学习方法,基于真实情境中问题的解决,增强学习者的综合素养与跨学科能力。它强调学生自主提出问题、制定研究计划和策略,通过多领域的知识整合与团队合作进行深入探讨,使学习探究过程更加生动、有趣,在跨学科问题解决过程中发展批判性思维和解决问题的能力,培养创新意识和实践能力,以更好地应对现实生活中的复杂挑战。

新课程倡导跨文化、跨媒介、跨学科的综合性学习,特别是在跨学科学习实践中开阔学生的视野,引导学生在更宽广的多学科选择空间中发展学科特长,开展个性化学习。跨学科学习主张引导学生综合运用多学科知识去发现学习问题、分析学习问题、解决学习问题,在这个过程中渐渐打破学科界限,开阔思维疆土,汇聚多元思维,调动集体探究问题的积极性。在新时代,跨学科学习关联了问题导向、跨文化、融合学习、自主合作、个性探究、创造性研究等综合因素,成了问题探究式学习的重要方式。

新时代开展跨学科学习活动,目的是赋能学生真实的学习活动,提升学生创造性解决问题的思维品质,为其未来高品质生活奠定良好的基础。跨学科学习给中小学教师设计探究式教育教学活动带来了挑战。作为学科教师,如何基于学习任务群的设计,在跨学科学习中发挥本学科优势?如何在跨学科学习中培育学生的合作探究、融合学习、集体创造等思维品质,使学生不断用多学科知识解决实际生活问题?在新课程背景下,跨学科学习的内涵和特点是怎样的,遵守着怎样的跨学科学习流程?有哪些跨学科学习的方法和典型案例?这些都是摆在问题探究式学习研究中要思考的实际问题。

一 跨学科学习的定义

新时代跨学科学习是现代课堂教学的重要方式,是开阔学生探究视野的重要手段。跨学科学习在中小学教育教学改革中有着巨大的实验空间。那么,跨学科学习的定义是怎样的呢?

首先要弄清什么叫"跨学科"。所谓"跨学科"是指问题解决打破了学科界限,或者跨越了学科界限。在问题探究式学习过程中,中小学生要解决的学习问题、生活问题、社会问题,常常不局限于语文或者数学学科、物理或者地理学科,而是综合地运用多学科知识。在这样的理念指导下,中小学生在学习过程中以多学科间共同问题情境为探究学习对象,运用多学科的知识体系和思维方法,通过小组合作、教师引领等方式探讨解决综合性学习问题,以促进多学科融合学习的深入。这样,中小学学习就进入了跨学科的状态或者境界。

所谓"跨学科学习",指在新课程理念的引领下,中小学课堂以两门或者两门以上学科学习为背景,建构具体的多学科学习问题情境,在多学科教师的现场指导下,学生集体或者学习小组运用多学科知识尝试解决学科间共同问题的学习方式。在跨学科学习中,教师保持着引领推动、评价促进等作用,学生则是问题探究、问题解决、学习体验的主体。在跨学科学习课堂上,学生的超越学科界限的多学科融合思维、多元解决问题的能力得到了长足的发展,探究品质、合作精神得到了进一步提升。因此,跨学科学习是问题探究式学习方式中最活跃的方式。中小学教师要积极组织基于解决学科间综合问题的跨学科学习探究。

二 跨学科学习的特征

跨学科学习超越现有的学科,走向学科交叉、融合,强调用多学科知识解决复杂问题。事实上,仅仅依靠单学科解决问题的时代早已过去。现代科学发展的突出特点是学科之间"你中有我,我中有你",即当下强调学科间"相互渗透、相互交叉、相互结合"。跨学科学习有哪些特征?

(一)打破学科目标界限

跨学科学习是综合性、实践性都较强的学习活动,最大的特点是打破了学科学习的目标界限。各学科在跨越学科学习中均要彰显本学科知识在学习过程中的意义和作用。以语文学科和历史学科来说,课堂上两门学科是怎样的和谐存在关系?如何融合学科智慧将跨学科学习推向深处?这是开展跨学科学习时,两个学科教师要思考的问题。

例如,高中语文学科基于《六国论》开展跨学科学习,在建构、实施富有综合性、实践性的跨学科学习场景时,就要建构"共同"的学科问题情境,语文学科和历史学科要根据彼此项目任务的特点开掘本学科的学习内涵,彰显本学科在跨学科学习中的地位和特色;同时,两门学科要打破学科目标边界,不断走向学科融合。这样才能以学科融合里的"知识存在",影响跨学科学习的策略、方向和进程。

对于语文学科来说,"《六国论》跨学科学习"中,在彰显语文核心素养追求的同时,要始终坚守好语文的"融合导向"。语文的"融合导向"是什么?就是在跨学科学习情境中,自觉、自主、及时地建构、融入语言实践活动,以让学生积累言语运用经验,"把握祖国语言文字的特点和运用规律",训练好学生运用祖国语言文字的能力;同时,学生通过跨学科问题的思考,分享不同学科"看问题"的视角,不断发展语文的思维能力和思维品质,不断积累丰富跨学科思考经验,形成跨学科的问题解决多样化智慧。而历史老师也要在课程教学过程中努力提升历史学科的核心素养,积极建构唯物史观和家国情怀,在时空转换、史料分析过程中做出科学的历史解释,从而让学生养成历史学科的核心素养。

《六国论》跨学科学习要求语文教师和历史教师在打破学科界限的同时,彰显学科间融合的鲜明特色。下面是这一跨学科学习的"教学目标"定位。

> 目标1:结合时代背景和教材内容,了解秦统一六国的过程。
> 目标2:整合文本,分析语文和历史中关于六国灭亡原因的表述,并做出理性而中肯的评价。
> 目标3:渗透语文与历史学科融合的理念,对秦灭六国原因做全面深入的分析。
> 目标4:探寻文史在实际生活中的影响。

这四个学习目标均彰显着学科融合的思想。"目标1"是两门学科开展跨学科学习要面对的共同历史背景——秦和六国共存的征战背景。其中隐含着这样的思考:两门学科在共同历史背景建构上存在差异。"目标2"是试图从《六国论》和"历史中"的"表述"层面分析六国灭亡原因,从而"做出理性而中肯的评价"。显然,"目标2"试图在"整合文本"中走向语文文本和"历史中"文本内容的融合,生成六国灭亡的新结论。"目标3"则更进一步,期望"渗透语文与历史学科融合理念",全面深入地分析秦灭六国的原因,辩证地审视《六国论》特别的创作意图。"目标4"则是《六国论》跨学科学习的"高峰"。在《六国论》学习的基础上,语文和历史教师要求学生从更加宏观的层面去"探寻文史在实际生活中的影响",比如探讨跨越学科界限的"界外"话题——影视作品对历史改编的"度"的问题。这四个学习目标,有着各自的学科价值追求,也有着共同的课堂教学追求;最大的特色无疑是在学科目标确定上打破了学科边界,强调语文与历史学科融合的理念。

(二) 打破学科教材的界限

不同学科建构的跨学科学习要求最大限度地打破学科教材的界限,努力引导学生基于共同的问题情境开展跨学科学习。如果跨学科学习是政治教师强调带上政治教材,地理教师强调带上地理教材,在开展跨学科学习时,政治讲政治教材上的内容,地理讲地理教材上的内容,这样的跨学科学习只不过是"形式"上的跨学科学习,只是空间里的跨学科学习。真正的跨学科学习主张打破教材内容的界限,运用多学科教材知识解决跨学科学习中共同的问题;在问题解决过程中,学生渐渐淡化学科教材,运用多学科融合的思维,努力探究并解决问题情境。

打破教材内容的界限才能为知识运用提供空间。如,高中语文跨学科学习《宇宙的边疆》中,课堂建构了两个学习追求:一是掌握有关宇宙的知识,强化图表的表达;二是掌握解说词的写作特点,写作并修改解说词。显然,前者指向地理学科的知识建构;而后者指向语文学科的表达任务完成。从目标关系来看,《宇宙的边疆》跨学科学习中,地理学科和语文学科的教学目标几乎是"并重"的存在,彼此似乎没有特别明显的差别。在开展教学中,语文教师和地理教师都没有主张学生"带着教材进教室",只是基于学科间共同知识情境,共同建构了跨学科学习课堂问题情境。教材在跨学科学习中渐渐远去,学生的任务是解决实际存在的共同问题:"学习这篇文章,大家试着布置设想中的学校天文教室。如果以视频展示设想中的学校天文教室,需要你们配一份解说词。两项任务,探究完成。"

在《宇宙的边疆》跨学科学习过程中,探究的"项目任务"从学科角度看,地理学科的目的是"试着布置设想中的学校天文教室";语文学科的目的是"为更好地完成这篇解说词"。两个学科均是"为此"而"整体认识这篇文章"的。从终极追求看,地理学科的"任务"在整个跨学科学习过程中似乎是"配角",是配合着语文学科"更好地完成这篇解说词"的。但地理学科的目的是融入文本阅读中的。学生们需要带上语文解说词写作的知识,带上地理学科中宇宙边疆的知识,共同完成"设想中的学校天文教室""这篇解说词"这两项任务。

跨学科学习中,带不带教材,并不重要。但这并不是说教材一定没有用,而是说跨学科学习主要是开展基于问题解决的探究式学习活动。如果需要查阅教材,甚至开展文献梳理、网络搜索,跨学科学习活动并不拒绝。跨学科学习需要学生不要有鲜明的"教材负担",而要有鲜明的问题解决意识。当语文学科要解决的问题"融入""融进"地理学科的思考中,而地理学科则在语文写作建构的过程中展现地理学科的魅力时,学生能不能自然地妥善地运用多学科知识体系解决问题,这才是最重要的。因此,要让《宇宙的边疆》跨学科学习走向问题探究学习的深处,就要努力打破学科界限,特别是打破学科教材界限,开展创造性思考。

(三) 问题解决多元化

跨学科学习最显著的特点就是问题解决多元化。跨学科学习不同于传统课堂的是,传统课堂只是用单一的学科知识解决学科内的问题,而跨学科学习则引导学生尝试用多学科知识思考问题解决。因此。跨学科学习中,问题解决就呈现多元化的特点。现实生活中,任何问题的解决都不依靠单一的学科知识。即便是为餐馆设计一块招牌,每每也打上跨学科的印痕。因此,学生能不能跨学科学习思考问题,能不能尝试跨学科多元解决问题,是观察学生创造性问题解决水平的重要指标。当建构了适宜不同学科审视的问题情境时,学科教师的主要任务就是引导学生基于多元知识、多元思路与多元智慧完成学科共同问题的解决。

以《宇宙的边疆》跨学科学习来说,对于同一问题的思考,语文与地理两个不同学科会形成两个不同的视角、生成不同的"答案"。而在达成学习目标的过程中,不同视角、不同思维、不同智慧又每每是彼此融入、彼此刺激的,从而共同促进问题情境的解决。在问题解决过程中,多学科视角、多元化思考会促进问题思考。《宇宙的边疆》跨学科学习中,学生整体认知了宇宙中心、本星系群、M31星系、银河系、恒星系等地理学科知识。在研究篇章艺术特点时,课堂生成了两个问题:"为什么不从地球写起,逐步写出人类探索的脚步?""为什么大尺度空间介绍得少,小尺度的太阳系地球却写得多而详细呢?"这是语文学科对文本特点的追问,也是地理学科对地理研究前沿问题的追问。

跨学科学习探究过程中,当学生自主探寻了"答案"后,地理学科和语文学科两位老师均从学科角度做出了"现场回答",形成多元评价的特点。地理老师认为:"从宇宙演化的顺序看,先有构成宇宙的原始物质,次有星系,再有恒星,又有行星,按照这样的顺序介绍宇宙构成,符合宇宙基本演化规律。空间尺度由大到小的顺序,让读者先从整体上认识宇宙,打破了一般读者往往从地球视角认识宇宙的习惯。"语文老师则认为:"由广袤的宇宙最终回到地球人类的家园,以此反观人类未来发展之路,表达了人类对宇宙的敬仰,探索宇宙的热情及'掌握我们自己命运'的情怀。这与人类的未来取决于我们对这个宇宙的了解程度的'人文思想'相契合。"两位教师的解释视角,不同于日常地理课或者语文课。而两种视角下形成的探究"答案",又会触发新的"碰撞"。学生在思考"为什么不从地球写起,逐步写出人类探索的脚步"时,就鲜明地体现了跨学科解释的多元视角。因此,在跨学科学习中,问题解决的多元化、不同学科视角的评价,最引人瞩目。

三 跨学科学习的流程

新课程十分重视跨学科学习实践的设计与尝试。以语文学科来说,高中语文课程标准多次强调使用跨学科学习方式。如"中国革命传统作品研习"学习任务群强调"通过实地考察、人物访谈等课外活动,获取真实资料,撰写读书笔记,整理采访记录,撰写学习体会和感想","与历史课、地理课结合,组织跨学科的学习活动"。在"选择性必修和选修课程学习要求"中强调指出,"注意在生活和跨学科的学习中学语文、用语文,在学习和运用的过程中提高表达、交流能力"。

新时代,中小学建构跨学科学习流程时要考虑好三个问题:一是跨学科学习任务是不是结合了学段学习要求,符不符合学生学习的心理特征;二是跨学科学习的主题任务有没有关注学生面临的真实问题;三是跨学科学习的问题情境契不契合当时学生的校园生活情境、境遇,有没有服务于学段的学习生活体验和创造思维培育的需要。满足了这三个条件,才能去考虑设计、建构实施跨学科学习活动。

跨学科学习的主要流程是怎样的?

(一)跨学科问题建构

问题探究式学习方式中,问题情境是引起学生探究兴趣的内驱动力。跨学科学习讲究问题建构的质量和问题建构的梯度。在跨学科教学设计中,问题脱离学生学习和思想的实际,探究不起来;问题简单、一思考就有答案,也产生不了探究价值。高品质的问题建构,才能引发高品质的跨学科学习情节。正是由于多学科之间值得关注、值得思考、值得探究的高品质的共同性问题,才引发了跨学科学习行动设计。

在跨学科学习流程中,跨学科学习问题建构是首要环节。在以语文学科《阿房宫赋》教学为主的跨学科学习问题建构中,历史、地理和语文学科共同建构的问题是"阿房宫考古挖掘和场景复原的可能",这个问题情境引发了学生极大的兴趣。学生在历史学科、地理学科和语文学科之间游走,充分探究了阿房宫场景复原的可能性。通过多学科探究和思考,学生认为场景复原的可能性不大,并给出了基于不同学科思考的多元答案。跨学科学习流程建构,需要不同的学科老师坐下来寻找学科间共同关心、共同关注、共有兴趣的问题。这是跨学科学习行动取得高质量的基础。在跨学科学习流程建设过程中,广大中小学幼儿园教师可以从新课程标准出发,寻找学科间有探究意义、探究价值的共同问题,然后再建构完整而周密的跨学科学习方案。

(二)跨学科问题探究

在跨学科学习中,围绕问题情境开展跨学科学习的分析、比较、考察、设计、修正等探究活动,是跨学科学习的关键环节、主要环节。跨学科学习是体验学习的一种方式,目的是让学生体验问题探究和解决的过程。在跨学科学习问题探究过程中,问题探究要有一定的坡度、一定的层次、一定的综合性,要突出学生的比较、辩证思考、体验,从而将跨学科学习的过程变成问题探究和解决的真实过程,从而积累解决复杂学科问题的经验。

在跨学科学习问题探究的过程中,广大中小学教师一定要突出问题探究的过程性,引导学生沉浸在问题探究的过程中,反复阅读,反复思考,反复讨论,从而把问题探究式学习引向深入。跨学科问题的探究不是一帆风顺的,常常会遇到挫折与迷惑。这时候就需要学科教师加强引领、加强指导,鼓励学生在自主、合作、探究中走向深入,培养学生不畏困难的勇气,增强多学科解决问题的信心。在未来社会生活中,任何问题的解决都基于多学科、多智慧、多层面的问题思考。能不能在跨学科学习问题探究过程中,培养学生的多学科视野、多学科思维、多学科角度的问题解决素养,是建构跨学科学习流程过程中应该重点思考的内容。

(三)跨学科总结评价

跨学科总结评价来自学生与教师,但主要来自教师一方。"教育就是一棵树摇动另一棵树,一朵云推动另一朵云,一个灵魂唤醒另一个灵魂。"跨学科学习过程中,总结评价是促进跨学科深入的重要手段和方式。无论是来自教师的总结评价,还是来自学生的总结评价,都"摇动"着跨学科学习过程中学生的兴趣、态度和进度。从心理学角度来看,积极的跨学科学习总结评价,能够不断激起学生解决问题的勇气和自信。在跨学科学习过程中,广大中小学教师一定要通过积极的总结评价,激起学生探究问题的勇气,不断向跨学科问题解决的良好境界迈进,从而培养其未来生活所需要的跨学科问题解决的能力。

跨学科学习总结评价是跨学科学习流程中的重要环节。无论是跨学科学习探究阶段，还是跨学科学习结束评估阶段，积极的跨学科总结评价，特别是来自不同学科教师的总结评价，对学生的问题探究式学习都有着积极的促进意义。因此，无论学生的跨学科问题解决到什么程度，无论学生能不能全面解决跨学科问题，教师都要通过积极的总结评价，使学生树立跨学科解决问题的信心，积累跨学科解决问题的经验。

四 跨学科学习的方法

（一）自主思辨

自主思辨是通过自己独立抽象的分析思考、推理论证、筛选确认得出结论的探究方式。自主思辨在学习中表现为分析条理清楚、设计准确科学、做事层次分明、论证简洁有力、选择恰到好处等。

跨学科学习中基于问题情境的学习，强调尊重学生的自主思辨。自主思辨是跨学科学习走向深入的起点。没有自主的跨学科学习思辨，就没有基于学科问题交流的碰撞与选择，就无法使跨学科学习问题解决走向深入。在跨学科学习中，学生自己能够解决的问题，一定要放手让学生自己动手解决——团队自己组建、解决方案自己设计、实施路径自己探寻、文献梳理自主完成、问题探究自己尝试。只有充分尊重学生的自主思辨，跨学科学习中的合作探究、互助推进、教师参与才能真正燃起创新思考的浪花。因此，自主思辨是跨学科学习起步的必选策略。

（二）比较探究

跨学科学习中，比较探究是重要的学习策略。面对复杂的问题情境和问题解决路径，能够引领中小学生"杀出重围"的便是比较探究的研究方法。在中小学探究课堂上，没有比较就没有选择，没有比较就没有发现，没有比较就没有探究的深入。其实比较的过程就是探究的过程，比较和探究是一对跨学科学习中的"姐妹"。跨学科学习中的比较探究可以是问题现象的比较探究，也可以是方法策略的比较探究；可以是探究路径的比较探究，也可以是探究成果的比较探究。事实上，只要进入跨学科学习的进程中，就离开不了比较探究。跨学科学习中，对多个原因、多种路径、多种工具、多条意见、多元设计的比较分析，可以加快跨学科学习探索和发现的历程。比较探究有助于学生更好地认识跨学科学习的进程状况;有助于学生在跨学科学习中收获新思考、新发现;有助于学生在跨学科学习中制定研究方案,选择研究路径;有助于学生认识跨学科学习问题解决的智慧和策略。

(三) 案例分析

案例分析训练的是学生的高品质跨学科认知能力。坪山区的跨学科学习实践表明,案例分析可以丰富中小学生的探究经验,开阔其跨学科学习的探究视野。案例分析中,师生通过阅读、比较、归纳、演绎等认知方式解读典型案例,丰富学科经验,开阔学科学习视野,优化具体问题解决的策略和路径,常常使得跨学科学习问题解决走向了新境界。跨学科学习中,适当地开展案例分析,"把案例的作用挖掘出来",有利于学生聚焦新问题的解决,形成新问题解决的模型。案例分析要真正产生应有的效果,就要注意五个方面:一要重视案例的数量,二要注意案例的真实性,三要注意案例的代表性,四要汲取有效的信息,五要看到案例的教训。

当然,案例分析要和实际要解决的问题情境"密切挂钩"。在案例分析过程中,要积累问题解决的经验和方法,还要激发学生对新探究问题的思考,寻找新问题的解决策略。这样,案例分析才不止于训练学生跨学科学习知识的拥有程度,还可以引导学生在他人案例的透视中走向对将要开始的探究生活的设计。因此,案例分析其实是为新案例的生成奠定良好的分析、理解、综合、运用和评价基础。

案例报告 2-1
健康、美味又好玩的饼干品牌开发

课题主持人：林睿婕
课题组成员：姚佳琪、于思远、黄倩然、蔡诗覃、王瀚、韩政霖、林睿婕、史恩郗、李奕菲、朱怡婷
指导教师：沈艺、黄素杏、李臻臻
所在学校：深圳市坪山区同心外国语学校

一 研究缘起和目的

（一）研究的缘起

上完科学课的课间休息的时候，我们都感到有点饿，有一个小伙伴偷偷地分享了一包奥利奥饼干。在享受着美食的时候，我们想到在课堂上刚好学习了《食物中的营养》这一课内容，就在想：我们吃的饼干给我们提供了什么成分？这些成分对我们的身体有害吗？爸爸妈妈为什么不允许我们多吃饼干呢？如果我们利用所学的知识开发一款健康又美味的饼干，爸爸妈妈是不是就会放心地让我们吃饼干，实现饼干自由呢？

（二）研究的目的

通过文献研究探索食品添加剂、食用香精香料等对人体健康的影响，研究在饼干制作中如何实现营养的均衡搭配，并适当选取生活中容易取得、价格便宜的物料进行配料的替换，利用正确的烘焙方法和 STEAM 实验室开发出一款健康、美味又好玩的饼干品牌，并进行宣传推广。

二 探究问题和思路

（一）探究问题

核心问题就是如何制作出健康、美味又好玩儿的饼干。基于此，我们围绕如何做

知识准备、为谁做设计、如何设计产品标准及影响因素有哪些,展开了子问题探讨。详见表 2-1-1。

表 2-1-1 "健康、美味又好玩的饼干"系列问题

问题	内容、定义
准备的知识是什么?	1. 饼干的成分和添加剂有哪些? 2. 饼干中哪些成分对健康存在隐患,可否用其他健康且美味的配料进行替换? 3. 团队设计的健康、美味的饼干的配方是什么,如何制作? 4. 团队的资金成本如何控制?
为谁而设计?	为我们的小伙伴、亲人。
目标用户如何影响设计?	小伙伴们作为儿童,更希望饼干外形有趣,与生活中的某些元素相结合;口味上更喜欢有甜味的,色泽上更喜欢颜色鲜艳的;另外青少年儿童处在生长发育期,对食品的健康要求更高。
产品的标准是什么?	1. 不含反式脂肪酸。 2. 不含蔗糖、葡萄糖和果糖,但有甜味。 3. 不加人工色素,采用天然色素,色泽鲜艳。 4. 不添加人工香精,含有天然香味。 5. 口感舒适、美味,能激起食欲。 6. 营养搭配均衡。 7. 形态有趣,有设计感,具有个性。
有哪些影响因素?	1. 学校能提供的材料:面粉、罗汉果糖、动物奶油、火龙果等。 2. 学校能提供的主要器具:家用烤箱、家用面包机、搅拌机、擀面杖、饼干模具、裱花枪等。 3. 每个组 300 元的基金。 4. 学校实验室条件:学校的 STEAM 实验室可提供 3D 打印机、激光切割机、电脑和设计软件、亚克力板等,允许在合适的时间使用该实验室查找资料、设计和加工产品。实验室还有专门的老师为学生使用这些仪器提供指导。

(二) 研究的思路

1. 查阅资料和调研市场,了解合理膳食与健康的关系

通过资料查阅和市场调研,了解饼干成分可能存在的健康安全隐患。通过图书馆、网络等途径查询相关的文献和资料,初步了解食品添加剂、食用香精香料的成分、

性能、在国内外食品市场上的应用。目的是了解这些配料在饼干制作中发挥的作用和对人体健康的影响。并以此为线索找出能替代这些配料发挥出应有的作用又不损害人体健康的其他配料。

2. 查阅色素的提取方法，研制出新的饼干配料表

鉴于火龙果、南瓜、紫薯、西柚、菠菜等食物具有颜色艳丽的特性，初步选取这几种食物进行色素提取，从中提取出既能吸引消费者的注意力，同时又不损害消费者的身体的健康天然色素。尝试将提取的色素和面粉、罗汉果糖等食材搭配，研制出新的饼干配料表。

3. 饼干制作实践，探究饼干销售等全套开发流程

利用网络初步学习饼干的制作，了解和面、烘烤流程并付诸实践。利用学校的 STEAM 实验室进行饼干盒的设计制作（包括饼干名字、品牌名称、盒身的外观、盒子的造型及内部的结构），并设计出广告宣传语，拍摄相关广告进行饼干的推广售卖。

(三) 任务分工

表 2-1-2 项目分工表

序号	具 体 任 务	成员分工
1	查阅相关文献	全体成员
2	撰写开题报告、组织和管理	姚佳琪
3	市场调查：了解现有饼干商品含有的食品添加剂、食用香料香精的种类	于思远、黄倩然
4	色素提取实验：寻找天然健康的食用色素	蔡诗覃、王瀚
5	研制饼干新配方	韩政霖、林睿婕、史恩郁
6	饼干形状设计与制作	全体成员
7	饼干包装设计和宣传售卖	李奕菲、朱怡婷
8	撰写结题报告	全体成员

三　研究方法和过程

(一) 研究方法

1. 市场调查法

通过去商场和网上进行饼干市场的调查。

2. 文献研究法

主要通过图书馆、网络等途径查询、搜集、整理相关的文献和资料。初步了解目前国内外饼干市场中食品添加剂和食用香精香料的利用情况；收集关于天然食品色素的提取方法及相关的宣传报道和研究，并加以整理；了解目前饼干市场的卖点。

3. 对比观察法

有目的、有计划地从各类食物中提取天然色素，对比不同天然色素、天然香精制作出来的饼干口感。

4. 工程设计法

利用STEAM实验室的电脑、3D打印机和激光切割机来进行饼干外形设计和饼干盒包装的设计和制作。

5. 经验总结法

(1) 研究资料，整理、撰写实验报告。

(2) 交流、评价，进行成果鉴定及推广研究。

(二) 研究的过程

1. 查阅资料：研究合理膳食与健康的关系

我们学习了合理膳食与健康的关系、食品安全的资料，了解到以下信息。人们通过食物的摄取来满足人体新陈代谢的需要，从而使人体处于健康状态。保持人体健康，就必须注意合理膳食。合理膳食的首要要求就是做到膳食平衡，满足人体工作、生活达到最佳状态所需要的能量和营养素。人体需要的营养素有：蛋白质、脂类、碳水化合物、矿物质、维生素、水、膳食纤维等。单一的食物不能满足人体的营养需要，只有将多种食物合理搭配、比例适当、摄入适度，才能使营养素平衡，保证人体健康。

2. 市场调研和资料查阅:研究饼干成分可能存在的安全隐患

团队分组到各大知名商场或者是网上商城对各种品牌的饼干进行调查,分析各类饼干的配料表,通过资料查阅和总结我们发现了各类饼干品牌在食品安全方面存在如下隐患:

(1) 大多数品牌的饼干含糖量高。饼干里含有大量糖分,经常食用多糖分饼干会产生饱腹感,消耗多种维生素和矿物质,影响人体对其他富含维生素、蛋白质、膳食纤维和矿物质的食品的摄入,造成缺钙、缺钾、缺乏维生素等营养问题。长此以往,会导致发育障碍、肥胖、营养缺乏等疾病。多吃甜食不利于血液循环,并会减弱免疫系统的防御功能,长期大量食用会使碳水化合物和脂肪的代谢紊乱,胰岛素分泌过多,引起人体内分泌失调,引发多种慢性疾病。营养学家推荐,糖分摄入量为每天不超过100克。

(2) 七成的饼干配料表里的"食用植物油"含一定量反式脂肪酸。氢化植物油中还含有非常多的饱和脂肪酸,虽然带着"植物"两个字,但它比猪油所含饱和脂肪酸还多。最近研究表明,反式脂肪酸对人体的危害比饱和脂肪酸更大。膳食中的反式脂肪酸每增加2%,人们患心脑血管疾病的风险就会上升25%。

(3) 很多饼干中添加了食用色素。食用色素有天然食用色素和合成食用色素两大类。天然食用色素是直接从动植物组织中提取的色素,对人体一般来说是无害的,如红曲、叶绿素、姜黄素、胡萝卜素、苋菜和糖等。人工合成食用色素,是用煤焦油中分离出来的苯胺染料为原料制成的,故又称煤焦油色素或苯胺色素,如合成苋菜红、胭脂红及柠檬黄等。这些人工合成的色素因易诱发中毒、泄泻甚至癌症,对人体有害,故不能多用或尽量不用。

3. 替代成分研究

针对饼干中糖分过多、反式脂肪酸超标和添加人工色素这些可能对健康造成危害的问题,我们通过资料查找和向老师求助,掌握了以下储备知识和确定了以下解决方案:

(1) 糖分过多的问题:有些植物如罗汉果、甜味菊等含有甜味的安全的非糖物质,可作为甜味剂(代糖产品),从而减少糖分含量。

(2) 存在反式脂肪酸的问题:不使用人造奶油,而加入奶粉、液体奶或动物奶油代替,以解决饼干中反式脂肪酸超标的问题,减少对心脑血管等造成多种慢性病的风险。

(3) 人工色素过多问题:一些植物如红苋菜、南瓜、紫薯、红萝卜中有颜色鲜艳的、比较稳定的天然色素,可以从中提取色素,用于饼干的调色,解决合成色素对人体有害的问题。

4. 色素提取实验

为了让饼干的颜色艳丽,我们决定采用天然色素对饼干进行着色。虽然,市场上有现成的天然色素产品,但好奇的我们还是决定在家庭条件下通过探究从常见的蔬果中提取天然色素。鉴于常见的火龙果、南瓜、紫薯、西柚、菠菜等食物具有颜色艳丽的特性,我们初步选取这几种食物进行色素提取。天然色素有多种提取方法,通过比较,我们选取了操作步骤简单易行,不需要萃取剂,设备简单的粉碎法进行色素的提取,经过多次实验,我们确立提取流程:原料分选→水洗→干燥粉碎→过滤分离→干燥→精制→成品。

在提取色素的过程中,由于经费有限我们并不能将各类色素进行大量的干燥和精制,所以色素成品很难收集。于是我们放弃了制作色素成品的想法,而采用鲜榨法来提取各种色素,再加入适量的温水以后马上进行饼干的制作。

5. 制作饼干实践

(1) 制作饼干程序。我们通过学习手册了解了STEAM的学习模式和工程设计的流程,依此确定饼干的烘烤程序:黄油→罗汉果糖→鸡蛋液→盐或碱液→全脂奶粉→和面→面团静置→擀面→成型→烘焙→冷却→饼干。

(2) 制作饼干操作。根据前面查询资料得到饼干制作步骤后,我们还请教了学校饭堂面点师傅关于各种饼干配料比的问题,进行了以下制作过程。

食材工具准备:黄油320 g,罗汉果2个,鸡蛋数个,低筋面粉600 g,烤箱1台,榨汁机1台,火龙果1个,菠菜若干,紫薯60 g,西柚60 g,牛奶450 mL,擀面杖1根,面板若干张。

操作步骤:①将黄油在室温下软化后,搅拌至呈淡黄色。②将鸡蛋加入黄油并充分融合。③加入过筛后的面粉并分成4碗,依次加入菠菜汁、火龙果汁、西柚汁、紫薯汁,搅拌均匀后分别加入罗汉果水若干,用手捏制成表面光滑的面团。④将每个面团用擀面杖擀成0.5 cm厚的面饼。⑤每个人用牙签做出各种饼干造型。⑥烤箱预热后,放入烤箱170℃烘烤30分钟。

第一次实践结果:三十分钟过后,我们打开烤箱,闻到了诱人的黄油味,每个人都满怀欢喜,恨不得马上吃上美味的饼干。但出炉后的饼干看起来没有平常饼干的蓬松感,结实得像石头。饼干坚硬无甜味,似乎还没有烤熟,满满的生面粉感,难以下咽,第一次饼干制作宣告失败!

失败原因分析：首先，我们用罗汉果浸泡液代替蔗糖，虽然饼干中含有罗汉果糖，但浓度太低，使饼干失去了甜美的味道。可以使用袋装的罗汉果糖粉代替罗汉果浸泡液，并加入牛奶。其次，饼干坚硬是由于没有充分发面。通过查阅资料发现，面团发酵后应静醒2个小时，使面团发酵更充分；烤箱需要提前预热，温度调至250℃。

饼干新配料：黄油100 g，面粉200 g，罗汉果糖粉50 g，蛋液25 g，牛奶15 g，鲜榨天然色素50 g。

以此配料，按照"黄油软化→加鸡蛋→加面粉和罗汉果糖粉→加鲜榨色素和牛奶→揉面→静置3小时→擀面→设计饼干造型→250℃烘烤30分钟"的程序进行第二次制作饼干实践。

第二次实践结果：30分钟一到，香味也渐渐浓郁了，我们迫不及待地要尝尝鲜。色泽艳丽，酥松香甜，轻轻一咬，嘎嘣脆！正是我们想要的那种饼干，真的太好吃啦！

6. 设计饼干形状

为了设计出好玩又有纪念意义的饼干造型，组员们在实践的基础上做了多次尝试，做了多种饼干造型的设计。我们经过小组讨论一致认为，一个饼干品牌的成功开发需要有特殊的饼干造型、引人垂涎的饼干口味，还要赋予饼干特殊的含义，而这些元素都要考虑到我们的饼干消费者的喜好。综上考虑，我们决定发挥自己的想象力和创造力，先头脑风暴，然后各自进行饼干形状的设计。

最后通过投票，我们选取了26个大写的英文字母作为形状模板来制作饼干，也符合我们外语学校的特质，具有纪念意义。再加上我们学校的标志"I♥PW"那真是再好不过了！我们一致同意把饼干品牌命名为"I♥PW字母饼"。

我们设计图稿并进行饼干制作。让我们秀出终极成果吧！新鲜出炉的字母饼来咯！

7. 饼干盒的设计

饼干的制作大功告成了，但我们明白，事情远远没完。要想把这种健康、美味又好玩的饼干推广开来，让更多的人知道并享受到，我们必须要做好饼干包装和宣传工作。

为了设计出具有特色和纪念意义的好玩的饼干盒子，我们先通过头脑风暴和讨论汇总到了关于饼干盒子外形设计的问题及对策，如表2-1-3所示。

表 2-1-3　饼干盒子外形设计的问题及对策

问题	解决问题的对策
饼干盒子包含哪些要素?	规格、造型、LOGO、名称、图案、配料表。
怎样的饼干盒子才会吸引到消费者?	包装有自己的 LOGO,符合接受者的特点。 外形设计独特,可以当作玩具、文具或艺术品。 外形独特,干净卫生,色彩插图吸引人。 能够完美展示我们饼干品牌的优点和特色。
它为谁设计?	我们的小伙伴、来学校访问的人。 所有追求营养搭配、健康生活的人。
希望这个盒子给消费者怎样的感受?	有趣、好玩。 里面的饼干很美味、健康,值得信赖等。
我们有什么条件限制?	产品设计的工具主要来自学校 STEAM 实验室,板材有限。

基于以上内容,我们小组成员各自进行了饼干盒子的设计,结合饼干品牌、LOGO 和广告词,组员纷纷画出了自己心目中的设计图。头脑风暴画好设计图初稿后,综合我们的饼干品牌、饼干特色,考虑了饼干盒子的制作成本等因素,我们集体讨论,最后综合大家的创意,重新画出大家都满意的设计图终稿。

随后,我们请教了 STEAM 实验室的老师,按照以下步骤完成了饼干盒子的制作:

① 选材:选用干净无味的木板作为原材料。

② 切割:使用激光切割的方法按照设计模板进行饼干盒子各个部分的切割。

③ 拼接:将各部分有序接好。

④ 打磨:使用砂纸等进行盒子的打磨抛光。

⑤ 插图绘制。

8. 广告宣传

饼干品牌的广告制作小组用"I ❤ PW"作为 LOGO,围绕饼干品牌定位和特色进行头脑风暴和讨论后,设计出了广告词:"美味、健康又好玩的'I ❤ PW'字母饼,宝宝爱吃,妈妈放心。"并确定了四款饼干口味:紫薯味、西柚味、火龙果味、蜂蜜味。这个特色,要在广告中重点突出来,吸引不同口味的人进行选择。于是我们重新设计了广告词:"坪外'I ❤ PW'多味字母饼,健康美味又好玩,宝宝爱吃,妈妈放心。"

另一个同学又想到一个主意,我们在装盒子的时候可以把 26 个英文字母装一盒,另外把"I❤PW"这几个造型的饼干放在上面,消费者买到的时候一定很开心,吃到幸运的饼干的时候心里一定也会很有爱。

我们最后总结了这些意见,把这些元素加入到广告的拍摄中。围绕广告词我们进行了明确的分工,分成了演员组、道具组、导演组、摄影组,还有背景组,最后完成了精彩的广告拍摄。

四 研究成果

1. 了解了饼干中某些成分对人体存在的危害

通过资料查询,了解到饼干中对人体健康造成威胁的主要有:饼干里含有的大量糖分会影响人体对其他营养物质的摄入,造成多种营养缺乏的同时,还会导致发育障碍、肥胖、营养缺乏等疾病;饼干中反式脂肪酸超标,果葡糖浆过量,增加多种慢性病风险;饼干中的合成色素具有毒性,会对人体造成不同程度的损害。

2. 成功提取了天然色素

通过资料查找和实验探究,我们选用生活中常见的几种水果蔬菜进行了色素的提取,考虑到成本和卫生的问题,采用的是鲜榨法提取天然的火龙果红色色素、紫薯紫色色素、葡萄柚淡黄色色素,而菠菜由于不易保鲜被摒弃,我们还采用了添加蜂蜜作为色素进行染色,都是鲜榨之后马上加入面粉团中。提取出来的天然色素色泽鲜艳,不仅能吸引到消费者的注意,满足其视觉审美,而且不易褪色,不含有毒成分。

3. 研制出了新款饼干配料秘方

经过多次实践和反复的失败,我们研制出了一款专属饼干配料秘方:各类自榨的天然色素、面粉、糖粉、鸡蛋、牛奶、蜂蜜按照一定的比例进行配制,并按色泽分成四个系列:紫薯味、蜂蜜味、西柚味、火龙果味。

4. 创造出了一种健康、美味又好玩的饼干品牌

通过个性化设计、头脑风暴、团队协作等,我们制作出了一款具有学校特色,能形成纪念意义,并且健康、美味又好玩的"I❤PW"字母饼干品牌。

5. 更好地锻炼了团队成员的各种能力

通过这一系列的流程,团队成员学会了如何发现和解决问题,学会了如何更好地协作,锻炼了我们的动手实践能力和思维能力,极大地提高了团队成员的自信心。

反思与体会

姚佳琪:小课题提高了我创造性解决问题的能力,获得了勇于探索的精神。第一次经历了一个完整的研究过程:从发现问题、提出问题、设计方案、解决问题到分析整理。通过这样的经历,我们知道了工程师是怎样工作的。工程师要大胆提出自己的创意和想法,即使是异想天开也不担心别人的嘲笑。因为创造本来就需要打破常规。我还懂得了在面对失败时,我们要勇敢面对,致力于寻找问题所在,打破刻板思维,转换角度,精益求精,那么我们就会收获更多。当看到和吃到我们自己做的饼干时,真是太自豪了。

林睿婕:通过这次小课题的研究,我学会了从多种角度看问题。以前在看到饼干的时候,我就只是觉得它们好吃而已,从来不会想到这里面的成分有可能对我们的身体产生一定的伤害,更加不能想象我们也可以通过实验、探究等方式来进行饼干成分的改良。这次研究活动让我明白了:一,要勇于发现问题,解决问题;二,要善于将生活中的事物联系起来。有时候我们遇到了好几个难题,当我们绞尽脑汁要把它们一一攻破时,或许它们就是同一个难题,用一个方法就可以搞定。

案例报告 2-2
给小狗建一个"房子"

课题主持人:黄子雯
课题组成员:班级全体同学
指导教师:尹筛利、孙洁、侯宇辉
所在学校:深圳市坪山区坪山实验学校(五年级)

一 研究缘起和目的

(一) 研究缘起

随着人们生活水平的提高,养宠物的人群不断扩大。很多家庭会养狗养猫,小狗或者小猫也需要有一个自己生存的空间,有属于自己的"房子"。本项目活动中,学生将用他们的实际行动来给小动物建一个"家"。

(二) 探究目的

以小狗为研究对象,利用木材和其他材料搭建狗舍解决实际问题,既要满足狗的生活需求,又需要考虑"房子"的基本结构,学习并运用设计思维解决问题,完成狗舍的搭建。学生在解决问题的过程中,学习合作,体会合作所带来的乐趣并学会关心周围幼小的生命。

我们将运用STEAM所学,进行实践。

① 科学方面:了解动物的身体结构特征和生活习性;在实践中体验科学探究的过程。

② 技术方面:应用常用木工工具探索常用的木材连接方法。

③ 工程方面:遵循工程设计的流程,利用有限的材料建造符合一定需求的小狗的"家",并设计不同的"房子"。

④ 数学方面:应用工具测量数据,加强小房子的结构设计和制作。

二 探究问题与思路

（一）探究问题
如何为小狗建造一个温暖的"房子"？

问题分解：
① 给狗建"房子"，需要思考满足狗的哪些需求。
② 狗的"家"如何与生活环境有机融合？
③ 给狗建"房子"，这个"房子"的基本结构、功能是怎么样的？
④ 建设"房子"需要哪些流程、技术、材料、工具和相关知识？
⑤ 建造多大的狗舍？如何测量狗的大小？

（二）探究思路
以小组合作的形式开展，学生利用真实的材料通过"问题驱动—头脑风暴—列举计划方案—创造设计—测试改进"等环节完成狗舍的搭建过程。小组成员分工合作，在限定的时间内利用有限的材料完成小组创意作品。

三 项目实施过程

（一）了解小狗的相关信息
① 上网查资料或者就近观察狗的生活现状。小组同学分工，每一位同学收集一个方面的内容。任务分工由小组长协调，收集到的资料要及时记录分析，培养团队合作意识。
② 收集资料：小组根据查找的资料进行汇总，列举出本小组收集到的有用信息。

（二）了解小狗的"房子"的结构
结构：由基础、框架和房顶等结构组成。
基础：承受建筑物的整体重量。

框架:支撑建筑物,包含横梁和墙壁。

房顶:防雨、遮阳、承重,就像带了把雨伞。

(三) 设计小狗的"房子"

1. 测量狗的大小,并进行数据记录。

A:自鼻尖至尾根部。

B:自前肘关节至地面。

C:头部最宽的两点间距。

D:自地面至耳尖或自地面至头顶,以较高者为准。详见测量示意图 2-2-1。

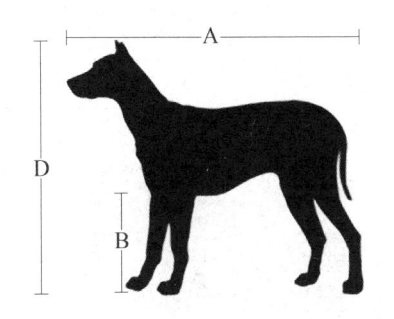

图 2-2-1　测量狗的大小

2. 数据应用

理解狗舍的长、宽、高的计算方法,计算狗舍大小。这时需思考实际生活中狗的生活状态,我们才能充分应用数学知识解决遇到的难题,同时学会利用测量工具进行测量。数据记录及应用见表 2-2-1。

3. 头脑风暴:为小狗设计一款什么样的"家"

我们根据在STEAM课堂上所学的设计思维的一般过程"问题—头脑风暴—计划—创造—改进"进行头脑风暴,并参考设计师为小狗设计的"家"的例子,来讨论其中最吸引人的地方和需要改进的地方,为确定我们设计小狗之"家"的样子打基础。几款设计师设计的小狗的"家"如图 2-2-2。

表2-2-1 测量数据记录及狗舍规格计算表

狗的尺寸：			
A(厘米)	B(厘米)	C(厘米)	D(厘米)
狗舍的尺寸： 长度＝A＋1/2B 宽度＝C×2 高度＝D			
长(厘米)		宽(厘米)	高(厘米)

图2-2-2 设计师设计的小狗的"家"

4. 动手设计方案,制作适合小狗使用的狗舍

(1) 小组成员设计草图,并写出所设计方案的优缺点。在设计草图时要考虑房子的主要结构、房子的尺寸,突出为防水防风做的专门设计。建造狗舍可以用到的材料有木条、防水布、瓦楞纸、防水材料。

(2) 展示设计方案。每个成员展示自己的设计方案,并能说出方案的优缺点。我们接触工程的机会不多,在方案设计方面的逻辑思维和空间想象能力比较有限,但是,大家也能说出自己设计方案的优点和缺点,并能虚心聆听别的小组的展示汇报。

(3)方案优化改进。成员互相对展示的设计方案提出改进意见和建议,同时也请教指导老师给出优化建议,根据意见和建议改进自己的设计方案。

5. 搭建创意狗舍

(1)注意事项:一是要掌握各种工具的使用方法和注意事项。认真学习锯子的正确使用方法,美工刀、榔头在使用时注意安全。二是要注意搭建时结构的稳固性,把三角形具有稳固性这一特点应用到结构当中。三是由于本项目活动中使用的钉子比较小,要特别注意安全钉钉子的方法,如用钉子夹夹住钉子再用榔头敲。四是要有安全意识,防止尖锐物体刺伤自己或者同学。五是要把废弃物按照垃圾分类要求投放到垃圾桶,每堂课结束要用洗手液洗手。

(2)基本工具:工具台布、钢锯、铁钳、锤子、剪刀、手套等。

(3)基本材料:木条、防水布、瓦楞纸、防水材料。

(4)按照设计图纸,施工制作。

(四)交流展示与性能检验

1. 作品展示

在展示前,小组在白板上列出展示的评价指标。从语言表达能力、作品美观程度、防雨性能、稳固性等几个方面进行互相评分,每项分值为 25 分。部分成员上台展示本组作品,同学们从狗舍的设计到制作过程、使用材料、存在问题等方面进行全方位讲解。

展示环节体现了同学们在制作过程的各个步骤中是如何开展的,遇到的问题是什么,是如何解决遇到的问题的。作品展示了成员的智慧,体现了小组成员的设计和制作能力,也锻炼了同学们的语言表达能力,增强了探究的自信心。

2. 作品检验

一是作品的稳固性,可以让其他小组成员进行承重检测,但是承重要在一定的限度内。二是作品是否防雨,通过现场演示,利用洒水壶从屋顶上方洒水,静置一会儿看狗舍里面是否有水。三是进行大小测试,用狗模型的尺寸比对测试。

(五)反思与拓展

小组成员根据展示和测试结果对作品进行二次设计和优化,改进不足的地方,改进之后再次设计项目海报,面向全校进行展示,主要是解释在制作的过程中是如何利用设计思维按步骤解决问题的。

四　探究成果

(一) 学生成果

1. 项目海报

STEAM 项目式活动成果只是展示活动的最终项目作品，很难体现我们整个活动的过程。项目海报能很好展示活动过程，尤其是思维整理、设计过程、团队协作情况等。因此，每一个作品都制作了一张 A3 规格的创意海报。

2. 项目成品

项目成品代表着我们在该项目活动中的设计思维、动手能力、合作能力及小组创意思维的强弱。

3. 小组评价

评价量规见表 2-2-2 至表 2-2-4。

表 2-2-2　组员评价表

	任务完成度 (满分 10 分)	团队配合程度 (满分 10 分)	你想对组员说的话(比如在这次项目中,成员表现的优点或缺点,或者鼓励的话)
组员 1			
组员 2			
组员 3			
组员 4			
组员 5			
组员 6			

表 2-2-3　组长评分表

组长具有良好的分配任务的能力, 发挥每个组员的长处(满分 10 分)	组长能够听取组员的 意见(满分 10 分)	组长具有良好的管理和 领导能力(满分 10 分)

(续表)

组长具有良好的分配任务的能力，发挥每个组员的长处(满分10分)	组长能够听取组员的意见(满分10分)	组长具有良好的管理和领导能力(满分10分)

表2-2-4　小组作品展示评价表

组别	作品美观度(25)	成员语言表达能力(25)	房屋稳固性(25)	防雨性能(25)
1				
2				
3				
4				
5				
6				
7				
8				

反思与体会

1. 我们在此次跨学科的项目探究中，理解了设计思维，更加清晰地知道要解决一个生活问题是需要一定的科学方法的。我们的动手能力和小组合作学习的能力提高了。活动小组成员普遍学会了使用各种工具，而且还能熟练使用，不伤害自己或者别人；在项目展示活动的语言表达方面及小组成员的配合度和默契度有所提升。我们学会了利用多学科知识解决真实情境中存在的问题，学会跨学科学习，提高了问题解决能力和批判性思维能力。

2. 项目探究是在有限的时间和使用相同材料的情况下开展项目。但是个别成员在开展活动的过程中任意添加其他材料，或者借助其他工具来制作，以后需要遵守活动契约。

案例报告 2-3
蜂窝结构的研究

课题主持人：刘思辰
课题组成员：叶子淇、戴梓朋、周佳瑞、张俊熙、黄雨彤、杨靖涵
指导老师：黄湘琳、黄碧燕、池永庭
所在学校：深圳市坪山区龙田小学

一 研究缘起和目的

（一）研究缘起

科学老师经常建议我们观察自然界中的动植物。有的同学选择了他家养的蜜蜂来观察，在班级分享时他告诉我们，他发现蜜蜂的窝是由六边形拼凑成的，而且非常规则，每个六边形都是一样的，所以蜜蜂又被誉为"大自然的工程师"。我们听了以后觉得很有趣：为什么蜜蜂选择了六边形而不是正方形、圆形或者其他的形状呢？而且，我们从动画片里面经常会看到蜂窝从树上掉下来都没有碎掉，是不是也跟它的结构有关系？我们发现身边有很多东西和蜂窝有点像，比如我们学校的一些摆设、深圳机场的顶部，就有六边形结构。六边形为什么受到大家的青睐？我们打算一探究竟，了解更多蜂窝结构的知识及在生活中的应用，探究出蜂窝结构的奥秘。

（二）研究目的

从图形结构的角度推理正六边形的特点，对比其他图形，分析正六边形的优点；通过对比实验探究蜂窝结构的吸音能力和抗撞击能力；提高我们的科学意识、探究能力和撰写实践报告的能力。

二 研究问题和思路

（一）研究的问题

我们跟老师讨论了以后，确定了研究任务，并且计划用不同的方法来完成。

（1）用数学方法分析蜂窝六边形的图形特点：我们计划用画图的办法来找到六边形与众不同的地方，看看蜜蜂为什么不用其他形状做蜂窝。

（2）从科学的角度了解蜂窝的作用：我们计划用对比实验法来证明蜂窝结构的其他特点，比如它们是否有吸收声音的功能和它们的抗撞击能力如何。

(二) 研究的思路

1. 观察和分析阶段

观察蜂窝结构，并通过画图法分析蜂窝结构的优势。

2. 实验探究阶段

用对比实验法来证明蜂窝结构的吸音能力和抗撞击能力。

3. 资料拓展阶段

通过书籍或者网络查找蜂窝结构的资料，了解蜂窝结构在生活中的运用。

4. 总结反思阶段

用我们研究和实验之后的结果来分析蜂窝六边形应用的例子，找到蜜蜂和工程师选择蜂窝结构的原因，并将我们的资料汇总成研究报告。

三 研究方法和过程

(一) 研究方法

1. 文献研究

通过书籍和网络找一些资料，了解蜂窝的结构特点，并且寻找一些好的实验方法，为我们的实验设计做准备。

2. 实验研究

用画图比较法发现六边形的图形特点；用对比实验法来测试蜂窝结构吸收声音的功能和抵抗撞击的能力。

3. 考察研究

观察一些跟蜂窝比较像的建筑并拍照收集资料，为制作图册做准备。

(二) 研究过程

通过观察我们知道，蜂窝结构的六边形显得非常规则，但是蜜蜂为什么不选择其他规则图形呢?

1. 观察分析

首先,我们从数学的角度对中心角结构进行观察和分析。我们尝试把多个相同的多边形拼凑在一起,发现只有三种图形可以组合成 360 度,它们分别是正三角形、正方形和正六边形,我们把图形分别画出来,具体见图 2-3-1。

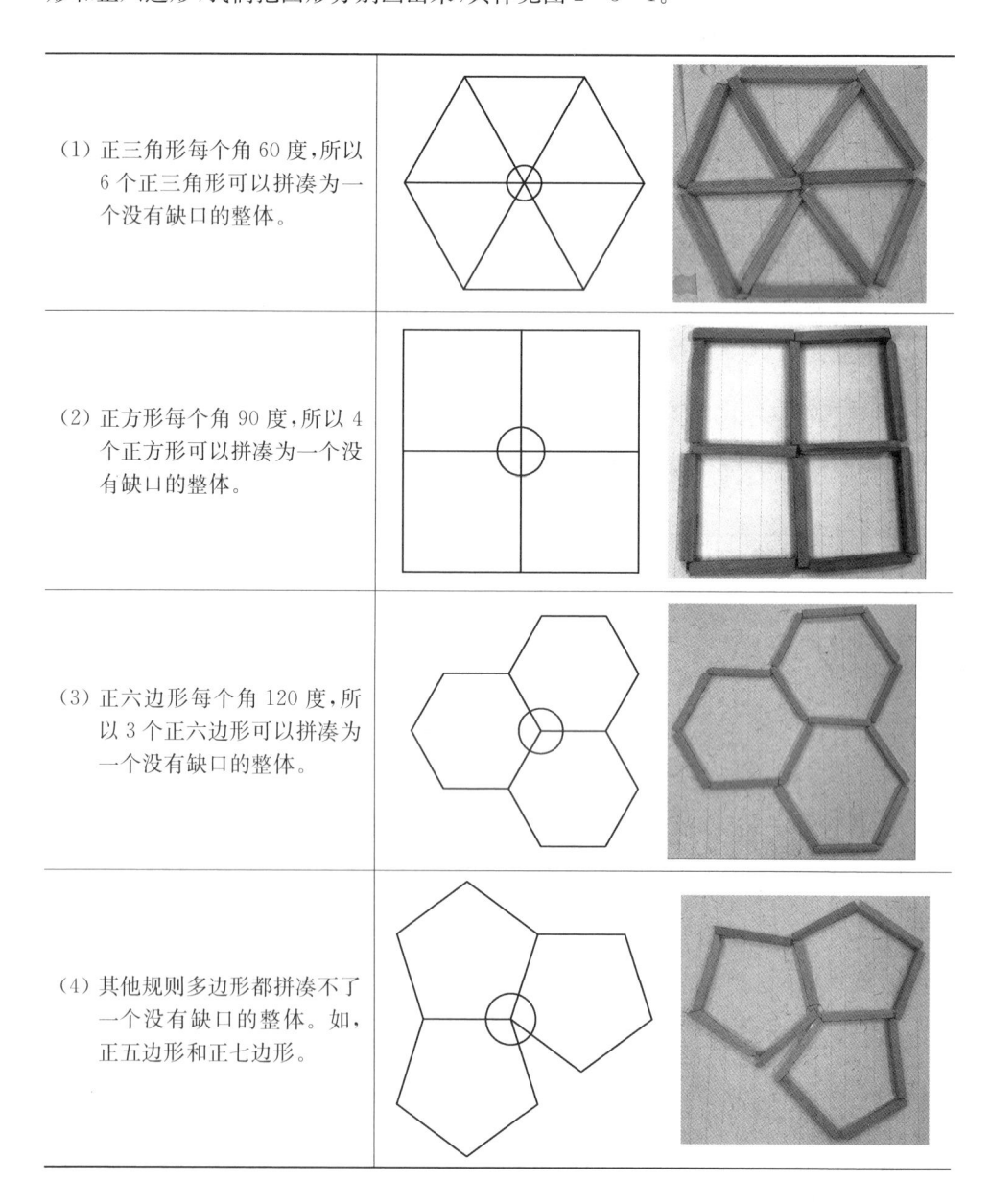

(1) 正三角形每个角 60 度,所以 6 个正三角形可以拼凑为一个没有缺口的整体。		
(2) 正方形每个角 90 度,所以 4 个正方形可以拼凑为一个没有缺口的整体。		
(3) 正六边形每个角 120 度,所以 3 个正六边形可以拼凑为一个没有缺口的整体。		
(4) 其他规则多边形都拼凑不了一个没有缺口的整体。如,正五边形和正七边形。		

76 / 小课题探究:激活学习方式

(续表)

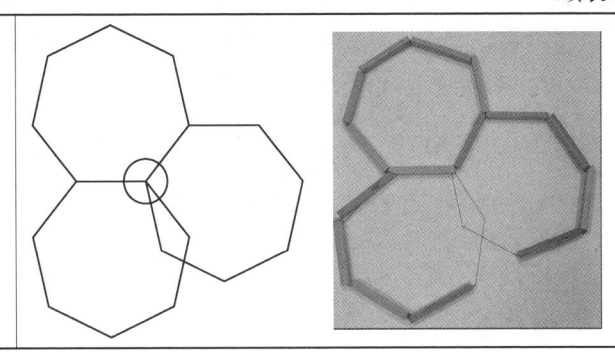

图 2-3-1　360 度中心角结构图形观察

分析小结：蜂窝要用来给蜜蜂居住和装蜂蜜，就像我们建房子一样，最好不浪费每一寸地方，这样空间的利用率才最大。我们知道规则多边形的各个内角相等，如果要尽可能地利用空间，那么拼凑出来的状态最好是没有缝隙或者缺口，也就是密铺，那就要求这种规则多边形的角能够拼凑成 360 度。

2. 画图比较

我们从数学的角度对图形面积进行观察和分析。除了最大程度地利用面积以外，蜜蜂还要考虑其他的因素：建蜂巢要怎么样更省力和节约材料？我们知道，在面积相等的情况下，圆形的周长是最短的，这样蜜蜂可以用最短的周长围出最大的"房子"，达到节约材料的目的，但圆形和圆形之间拼接的两种方式都有空隙，空间会有浪费的地方，就像图 2-3-2 的阴影部分的位置就被浪费了。

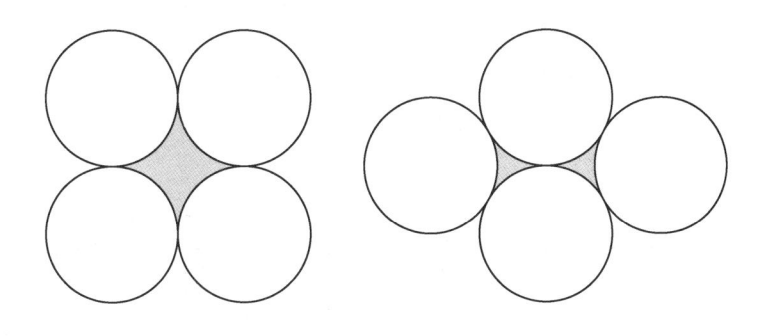

图 2-3-2　圆形拼图结构

为了比较正三角形、正方形和正六边形中,周长相同时,谁的面积最大,我们决定用数格子的方法来比较。我们在方格纸上分别画出周长为 36 cm 的正三角形、正方形和正六边形,并比较围出的格子的数量(满格当一格;不满格的,两个当一个格),如图 2-3-3。

(1) 正三角形,边长为 12 cm,面积约为 61 个格子,即 61 cm²。

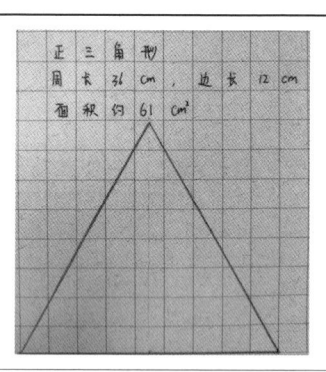

(2) 正方形,边长为 9 cm,面积为 81 个格子,即 81 cm²。

(3) 正六边形,边长为 6 cm,面积为 90 个格子,即 90 cm²。

图 2-3-3　周长相等图形面积的方格数量情况

我们发现:在周长相同的情况下,正六边形的面积是最大的。反过来可以知道,当面积相同时,正六边形需要"建"起来的周长是最短的。所以说,蜜蜂建立正六边形的蜂窝是三种形状中最省力也最节约"材料"的。详见表 2-3-1。

表 2-3-1　周长相同时不同图形面积大小比较

形状	周长/cm	边长/cm	面积/cm^2(格子数)	最好的选择
正三角形		12	61	
正方形	36	9	81	
正六边形		6	90	√

3. 模拟实验

我们在图书馆中查找书籍,在《蜜蜂的神奇世界》里面知道了一些关于蜂巢的知识。正六边形的结构除了利用率高、节省材料以外,它还有消除噪声的效果,并且还具有比较强的稳定性,非常坚固。所以我们打算测试一下吸收声音的能力和这个形状的稳定性。

(1) 吸音能力检测实验,我们是这样设计的:

实验目的:比较正三角形、正方形、正六边形的吸音能力。

实验材料:瓦楞纸、白乳胶、数显程式噪声计、音频播放器。

实验方法:

① 用瓦楞纸搭建正三角形、正方形、正六边形三种模拟蜂窝。详见图 2-3-4。

模拟正三角形蜂窝

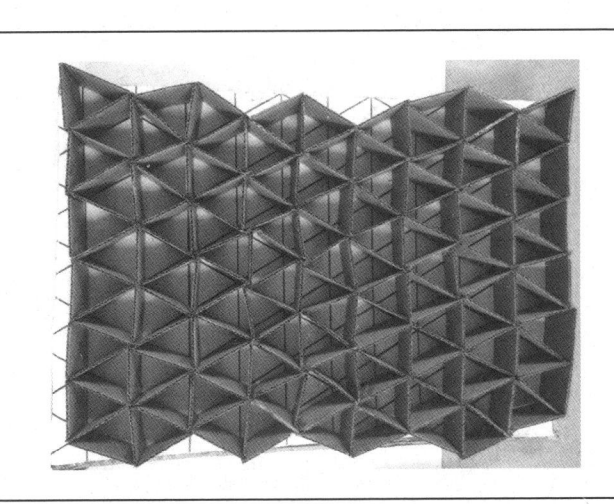

(续表)

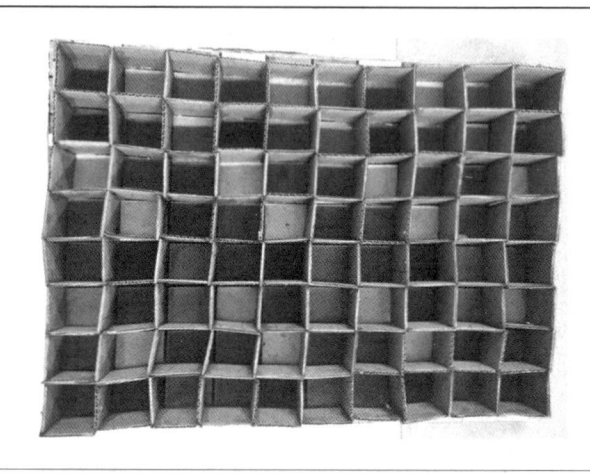

模拟正方形蜂窝	
模拟正六边形蜂窝	

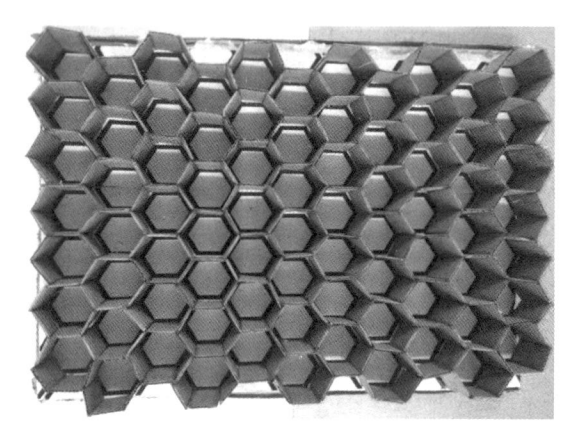

图 2-3-4 瓦楞纸模拟蜂窝搭建

② 用数显程式噪声计测出室内安静时候的分贝数。
③ 用音频播放器在固定位置播放固定分贝的音频。
④ 用数显程式噪声计分别记录无挡板、隔着普通纸板、三角形蜂窝模型、正方形蜂窝模型、正六边形蜂窝模型的音频分贝。

我们测试瓦楞纸模拟蜂窝的噪声结果见表 2-3-2。

表 2-3-2 瓦楞纸模拟蜂窝的噪声测试情况

	第一次/dB	第二次/dB	第三次/dB	平均值/dB
室内安静时分贝数	30	29.8	30.1	30
无挡板情况下音频分贝数	76	75	75.3	75.4
隔普通纸板分贝数	70.75	70.25	71	70.7
隔正三角形蜂窝模型分贝数	69.8	69.8	68.9	69.5
隔正方形蜂窝模型分贝数	68.9	69.1	69.3	69.1
隔正六边形蜂窝模型分贝数	68.7	67.5	67.5	67.9

为了方便大家观察和对比,我们做了折线图(图 2-3-5),从中就很容易可以看出:三种结构都具有降噪的效果,而且正六边形的降噪效果比正方形和正三角形的效果要好一点点,这样蜜蜂住在里面的时候,外面比较吵也不怕了。

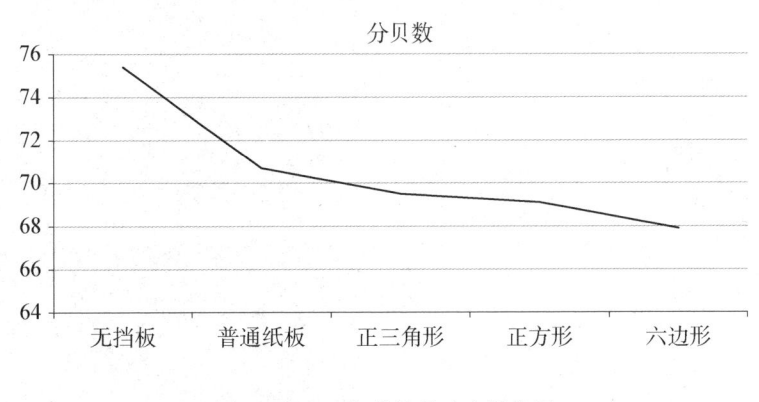

图 2-3-5 降噪效果对比折线图

(2)正六边形的承重能力和抗撞击能力测试实验。这个实验有点难,我们设计了两个实验才得到实验结论。

实验目的:比较正三角形、正方形、正六边形的承重能力。

实验材料:正三角形、正方形、正六边形三种模拟蜂窝,书,哑铃。

实验方法一:往蜂窝模型上放置大小、厚度相同的书本,比较正三角形、正方形、正六边形蜂窝模型能承受的最大书本数量。

实验结果：我们在这三个模型上面放了一百多本书，结果三个结构还是非常稳定，没有明显的变化，看来我们想用这个方法对正三角形、正方形、正六边形的承重能力进行比较是比较难的，所以我们更换了实验方法。

实验方法二：从距模型 1 m 高的地方把一个 20 kg 重的哑铃松手掉下来撞击模型，比较三个模型的变形程度。实验结果如图 2-3-6 所示。

正方形蜂窝模型变形最严重。	
三角形蜂窝模型整体变形不严重，但是部分区域"受灾"严重。	
六边形的蜂窝没有明显受损。	

图 2-3-6　瓦楞纸模拟蜂窝抗撞击情况对比图

从这个实验我们可以看到，正六边形蜂窝模型整体状况比较好，如果里面住了蜜蜂的话，在这样严重的撞击中也不容易受伤，或者蜂窝受到一些意外（例如台风天气等自然灾害），不小心从树上掉下来，应该也不会有事。而三角形因为其稳定性，比四边形的情况要好一些,四边形受损情况最明显。

4. 分享宣传阶段

为了让更多的同学知道蜜蜂选择六边形搭建蜂窝的原因,我们整理研究成果,并举办了一个小型的主题展示会,把知识分享给大家,让大家一起了解动物世界的神奇之处。

四　研究结论

蜜蜂的巢是令人惊叹的神奇天然建筑物,通过各种基本结构的比较,我们发现正六边形能在保证面积不被浪费的情况下节约材料,具有一定的吸音能力,受到撞击的时候也比较稳固,所以正六边形是最好的基本结构单元。既能好好利用资源,又能有消除噪声和保护小蜜蜂的作用,难怪蜜蜂会选择它呢!另外,我们也查了一下资料得知,人们发现六边形蜂窝结构的这些好处之后,将六边形广泛运用在生活中,比如建筑、运输、轮胎等。看了我们的研究报告,现在你知道蜂窝为什么要设计成六边形了吗?

由于时间原因,我们没有能够去外面参观一些六边形的建筑,有一点可惜,但我们在网络上找了一些关于蜂窝结构在生活中的运用的图片,我们一起来看一看吧。

1. 建筑设计中的应用

深圳机场将蜂窝结构用得淋漓尽致,到处都是六边形的孔,可以吸收飞机飞行时产生的噪声。如图 2-3-7。

图 2-3-7　深圳机场蜂窝结构应用图

2. 日常生活中的应用

蜂窝纸板,很稳固,抗弯曲能力很强,在包装运输的时候可以保护好易碎物品,例如:鸡蛋、圆形果品包装盒设计等。如图 2-3-8 所示。

3. 交通等各行业的应用

如,防爆炸、减震、稳固而且消除噪声的轮胎,如图 2-3-9 所示。

图 2-3-8　用于防摔物品的包装图　　　图 2-3-9　车轮结构设计

我们在这个研究过程中体会到了生活中处处是科学,科学知识源于自然、生产与生活,无论是自然现象还是科学知识都充满了无穷奥秘,需要我们去发现、去探究,以解决生活中的实际问题。我们切切实实地当了一回小研究员,也体会到科研人员的不容易。探究失败时,成员之间相互鼓励,老师也一直及时给予指导,我们不断调整自己的心态,想更多的办法,更换各种材料,设计一个又一个实验,到最后成功得到了实验

结果,这样的经历是很难得的,我们懂得了坚持的意义,也让我们对科研人员、科学家更加敬佩,我们也要像科学家一样去学习和思考。

反思与体会

　　刘思辰:作为蜂窝结构研究小课题的小主持人,在课题的进行过程中,我面临了很多考验,最开始的考验来自对于组员的协调,如果不能进行明确的分工,以及协调好组员之间的关系,整个实验过程会乱成一锅粥,因此我首先熟悉了每个组员,并且根据他们的兴趣和能力,明确了每个组员负责哪一部分。

　　我们想要研究蜜蜂为什么选用六边形来搭建蜂窝,但是怎样去研究,我完全一头雾水,因此我组织组员开了好几次讨论会,确定我们要怎样去研究,我们需要用到已经学过的数学知识及科学里面学习过的对比实验。我们先把想法记录下来,然后去找数学老师、科学老师、综合实践老师慢慢地改进我们的实验方案。

　　实验方案确定下来后,实施实验的过程也是一波三折,一次一次的失败,一次一次的组织讨论,然后再请教老师,中间有段时间我觉得太累了,组员不好沟通,实验不好做,我甚至和部分组员产生了很大的意见分歧,最后我们心平气和地沟通,并且积极寻求老师的帮助,完成了这个课题,这个过程真是太不容易了,但是我也获得了各个方面的成长。

　　在这个课题当中感到遗憾的是我们没有机会去外面实地考察一些特殊形状的建筑,我们都感到十分可惜。希望我们以后还有这样的机会可以研究更多来自大自然的知识,揭开大自然的神秘面纱。

案例报告 2-4
语音和红外控制的卫生电梯

课题主持人：赖思敏
课题成员：陈椿萍、郁恒、肖淑楠
指导教师：杨小杰
所在学校：深圳市坪山区马峦小学

一 研究缘起和目的

（一）研究缘起

我们在坐电梯时，看见电梯按钮上贴有定时更换的塑料薄膜并用酒精消毒，减少细菌和病毒等病原体交叉感染。虽然如此，但还是无法避免交叉接触，还是有很大交叉感染的风险。如图 2-4-1 所示。

图 2-4-1 电梯按钮防交叉接触简易措施

我们想，现在语音控制、红外感应控制的设备越来越多，也越来越先进，如果把语音控制技术或者红外感应控制技术应用在电梯运行上，就可以无接触控制电梯的升降，让我们安全到达相应楼层的同时避免交叉接触细菌和病毒等病原体所带来的疾病传播。

为了实现上面的想法，我们决定进行语音和红外控制的卫生电梯的研究。

(二) 研究目的

(1) 设计一种不用接触按键的电梯，减少因为乘坐电梯产生的交叉感染，让我们的生活更美好。

(2) 这种无接触语音电梯，不用手触摸电梯的按钮就可控制。

(3) 我们的设计中还有红外控制，不用手触摸电梯的按钮就可控制。

二 研究问题和思路

(一) 研究问题

(1) 如果不用手按电梯按键，那么有什么其他办法，卫生、环保而又不损害电梯，并能准确、卫生、安全、智能地控制电梯？

(2) 研究、制作出不用接触电梯按键，用语音和红外控制的电梯模型。

① 怎样实现准确语音控制，防杂音干扰？

② 怎样把红外控制系统安装到合适的位置，既美观又方便操作？

(二) 研究思路

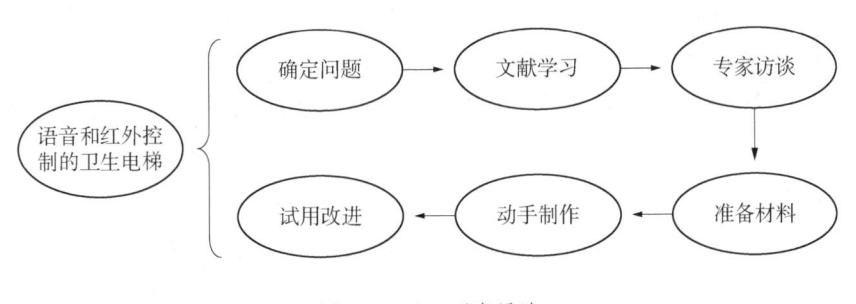

图 2-4-2 研究思路

三 研究方法和过程

(一) 研究方法

1. 文献资料法

我们查阅了前人研究语音和红外控制的卫生电梯的材料，以帮助我们设计语音和红外控制的卫生电梯。

2. 调查研究法

我们调查同学们在生活中碰到的问题,了解大家对发明语音和红外控制的卫生电梯有什么看法与建议。

3. 实验研究法

我们动手制作出语音和红外控制的卫生电梯模型,然后实验效果。

(二) 研究过程

1. 调查研究,确定研究问题

(1) 住在电梯洋房的人们是怎么样回家的?

① 我们采访了赖思敏同学的家长,他告诉我们:"我们大家的家都是高层建筑,所以不坐电梯出门或回家是不可能的。电梯作为传染细菌病毒等病原体的高发地,最危险的地方是人们接触较多的地方——电梯按键!因为平常人们使用电梯,一定要用手按按键才能达到效果。而手作为人使用最多的器官,接触的病原体也是最多的,当每个人都用手接触同一个地方,就容易造成病原体交叉感染。所以我们每天按电梯按键,一定要用物业准备好的纸巾!"

② 我们实地考察了赖思敏同学所住小区的电梯,发现:电梯上下楼的按键都用包装膜封住,在按键旁边挂有一包一次性纸巾,方便我们用纸按电梯按键。

(2) 小区电梯备有纸巾,帮助我们控制电梯到达相应的楼层。大家觉得这个方法安全吗?

赖思敏同学的家长告诉我们:"其实,就算是使用一次性纸巾,也存在一定的问题。例如:一些人可能不使用纸巾;一些人用纸巾之后,又把纸巾放回纸包里;用纸巾按电梯之后,人们又乱丢纸巾;纸巾的大量使用,又造成浪费……总之,使用纸巾的方法,还是有改进的空间。"

(3) 除了用纸巾按电梯按键这个方法,还有什么办法可以更好地,更准确、卫生、安全、智能地控制电梯上下?如果改为用语音和红外感应控制电梯,人们会喜欢吗?我们随机采访了20人,采访调查的结果详见表2-4-1。

表2-4-1 人们对电梯控制方式的态度调查表

	用纸巾,帮助我们控制电梯到达相应的楼层	占比(%)
不安全	18	90%
安全	2	10%
	是否需要无接触语音和红外控制电梯	占比(%)
需要	16	80%
不需要	4	20%

调查显示,使用纸巾帮助人们控制电梯到达相应的楼层,90%的采访者认为不安全;80%的采访者认为需要发明出语音和红外控制的卫生电梯。综合调查结果发现,除了使用纸巾外,还有人使用钥匙、手机等物品去控制电梯按钮。

人们认为使用纸巾帮助控制电梯到达相应的楼层的方法,浪费、不环保;用钥匙、手机等物品去控制电梯按钮会损坏电梯按钮,同时也不是很安全!大家都认为需要语音和红外控制的卫生电梯。

2.查阅资料

上网查阅了与我们发明有关的内容,结果如下。

(1)电梯里经常人员密集,是病毒最容易传播的地方。研究显示,电梯的按键也是小区最脏的部件,主要原因是电梯频繁地被公众接触,虽然细菌在电梯按钮上并不能长时间存活,但由于人员接触频次较高,细菌环境较为复杂,依然是比较高危的地方。

(2)人工智能模块是接受并执行人的指令,根据人的意愿去完成任务的集成电路。人工智能模块种类很多,语音模块就是其中一种。语音模块是含有语音识别技术的模块,人们可以方便地将该模块嵌入自己的产品中使用,实现语音交互的效果。

我们想,如果以语音识别模块为基础,结合喇叭、传动马达、楼层按钮、手指无接触红外感应器、锂电池,就可以组合发明出无接触语音电梯模型。

(3)我们利用拼多多、淘宝、天猫等购物网站搜索,发现市场上没有无接触语音电梯模型出售!

(4)我们搜索专利搜索平台,寻找关于无接触语音电梯模型的相关专利,也没有发现类似的资料。

综合以上研究,我们认为,我们计划发明的语音和红外控制的卫生电梯,值得深入研究。

3. 设计无接触语音和红外控制电梯

首先,喇叭的位置在哪里?其次,会不会有干扰,如何控制这些干扰?最后就是软件编程,这个市面上现在有很多类似的技术。

我们把这个想法和学校科技辅导员杨小杰老师沟通了,杨老师告诉我们:人们的安全卫生意识日益增强,而电梯存在病毒交叉感染的可能性大,所以人们一直对公用电梯存在不安全感。我们计划发明语音和红外控制的卫生电梯模型,能让人们理解卫生电梯的设计理念,是切实可行的。

语音控制与红外控制,都不需要接触电梯按键,其实就是利用人工智能模块达到无接触控制电梯的目的。而电梯模型,可以利用学校创客室的木板激光切割器来制作。

总之,大家敢想敢干,杨老师大力支持我们。

我们经过与杨老师反复讨论、研究了一段时间,达成了共识,形成了一个比较完整的方案。

(1) 我们一起讨论了语音和红外控制的卫生电梯的组成零部件:电梯模型、手指无接触红外感应器、楼层限位传感器、处理器、语音模块、喇叭、楼层按钮、锂电池等关键设备。

(2) 语音和红外控制的卫生电梯模型的工作原理:

① 语音模块用来识别乘客通过语音传达的乘坐信息。

② 利用手指无接触红外感应器,手指不用触碰按钮,只要挡住红外线,就能有效触发、控制相应楼层开关。

③ 限位传感器,用来识别电梯所在楼层和让电梯精准停在想要到达的楼层上。

④ 处理器用来执行控制各种设备。

⑤ 传动马达用来控制电梯的上下。

⑥ 我们的作品保留了按键控制楼层的基本功能,增加了语音控制,不仅可以按键控制还可以语音控制。

在反复实验的过程中,我们发现,如果人们在电梯里聊天,有时会说出一个数字,可能会干扰电梯的运行。为防止干扰,语音控制前需要说出唤醒词"智能电梯",然后再说出要去的楼层,例如"我要去3楼",此时电梯就会运行到3楼,这样就可以起到防乱的作用。

⑦ 我们把数字按钮设计得有点凹进去,它周边有红外线,只要把手伸进凹槽,接近

按钮停留三秒左右,就能发出指令。如要去5楼,手指靠近"5"字三秒,电梯就去5楼了。

4. 准备材料

(1) 我们用木板激光切割制作出电梯模型。

(2) 在指导老师的帮助下,采购了传感器、电梯导轨、处理器、语音模块、喇叭、传动马达、楼层按钮、锂电池等材料。

5. 具体制作

我们在指导老师的帮助下,一起组装了无接触语音电梯。图2-4-3为组装图解。

作品整体图:内置锂电池、传动马达、处理器、语音模块等 　　　电梯内部图片

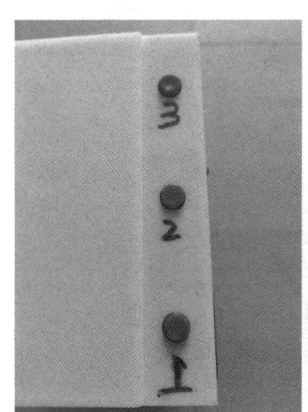

电梯楼层按钮 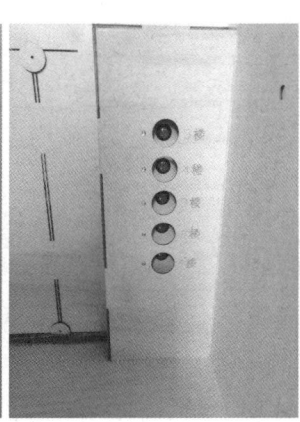　　　红外线感应器 　　　控制系统

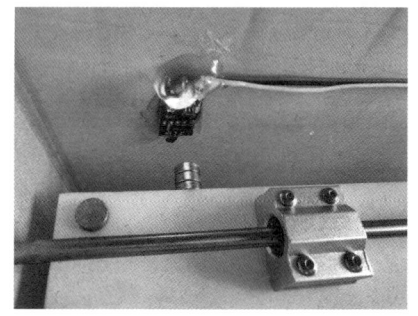

侧边安装有声音检测器、电源开关、充电口/安装在里面的楼层限位传感器

图2-4-3　无接触语音和红外控制电梯模型组装图解

6. 使用方法

（1）我们如果利用语音控制功能，需要先说出唤醒词"智能电梯"，然后再说出要去的楼层，例如"我要去3楼"，此时电梯就会运行到3楼。

（2）我们如果利用红外无接触感应功能，需要用手指靠近要到达的楼层数字并停留三秒左右，按键显示红色即表示控制成功，电梯就会运行到相应的楼层。

7. 分析测试及修改

制作出样品之后，我们与指导老师一起进行了测试，基本上达到了设计的目标。

四　研究成果

1. 产品性能

我们设计制作的语音和红外控制的卫生电梯，只要说出计划到达的楼层，或用手指靠近电梯按键数字，电梯就会带领人们到达该楼层，避免了使用纸巾等辅助工具（或直接用手按电楼按键），减少了病原体交叉感染的机会，非常卫生、安全、方便、实用。

2. 创新之处

（1）采用新颖的语音控制技术，只要用语音就可以控制电梯的上下运行，大大降低了使用电梯时病原体交叉感染的可能性。

（2）利用无接触红外感应技术，用手指靠近按键凹槽并停留三秒，就能控制电梯上下，同样能降低使用电梯时病原体交叉感染的可能性。

3. 作品展望

我们的发明,除了不影响正常使用外,主要采用了语音控制和红外线控制两种无接触控制方式让电梯上下运行,能大大减少交叉感染的可能性,提高公共电梯的卫生性、安全性!发明具有科学性、新颖性和实用性,一定会得到人们的青睐!

4. 获奖情况

我们的作品"语音和红外控制的卫生电梯",获深圳市学生研究性学习成果一等奖,并计划申请国家新型实用产品专利。

反思与体会

赖思敏:这一次研究活动中,我们在老师的指导下,学习了许多电学、机械学、控制系统、自动化系统和 AI 人工智能方面的知识。我们掌握了人工智能、简单编程等技能,这些知识与能力对我们以后的学习和成长起到一定的作用。经过组织这一次发明创作活动,我知道了生活中总会有一些问题,要善于发现问题,运用各学科知识去解决问题。我悟到了一个"缺点发明法",就是找到缺点,然后解决缺点的研究过程。

作为研究的组织者,我还体会到了,考虑活动要周详,每次集合前要有计划,要先想一下,谁干什么,谁做记录,这样到了真正活动的时候,才不会手忙脚乱。总之,我们在这次创新实践中得到了锻炼,提高了自主探究能力,培养了不断追求的科学精神。

陈椿萍:我们的发明方便、实用,解决了人们乘坐电梯时需要用手去按电梯键从而容易造成交叉感染的问题,提高了生活的卫生安全性,有推广价值!我原来以为发明创造,那是科学家们才能做的事。经过这一次活动,我知道了,只要用心发现,努力思考,我们也可以成为发明家。我体会到,只要越来越多地针对生活中的问题去研究,我们创造美好生活的目标就一定会实现。

第三章

问题探究式实验学习

问题探究式实验学习是学生基于生活中感兴趣的现象提出假设,设计实验,收集和分析数据,从而深入理解科学原理和概念的学习方式。学生通过真实的实验探索和解决问题的实践探究将理论与实际相结合,培养批判性思维和独立解决问题的能力。问题探究式实验学习为学生提供了一个探索科学的有效途径,促进其综合素养的发展。

在问题探究式学习方式中,实验学习是中小学教师经常设计并使用的学习方式之一。这种学习方式,基于理论知识生成原理,模拟知识生成过程,以实验设计、实验操作及实验探究验证的方式,引导广大中小学生探索物质世界的奥秘,开展深度学习体验,思考各种社会现象和自然现象。从某种程度上说,实验学习是体验学习的一种特殊的形式。实验学习强调动脑思考、动手设计、集体合作、体验知识生成过程、体验问题解决的智慧。以中学化学学科为例,化学学科是在原子、分子背景上研究自然物质的组成、结构、性质、转化和应用,学生要从微观层次认识物质,要以符号形式描述物质结构,要用物质转化过程描述各种化学反应,这样的学科特性决定了化学必须创设真实的化学问题情境,开展以化学实验设计、化学实验观察为主的探究活动,培养中学生的创新精神和实践能力。

根据坪山区的调查,基于问题探究的实验学习,特别是物理学科、生物学科和化学学科的日常实验教学活动,深受广大中小学生的欢迎。在日常问题探究式学习活动中,广大中小学生乐于设计实验学习,积极动手架设实验平台,主动参与实验学习探究活动;他们训练了双手,开阔了视野,丰富了知识,增强了问题探究能力。因此,在问题探究式学习方式中,多设计接近学生探究水平的各学科实验学习,多引导学生参与接近真实问题解决的实验学习活动,有利于更好地发展中小学生的实验素养,有利于更好地培养未来高品质的实验性人才。

在中小学新课程标准中,基于学科内容的学习一般要从问题和假设出发设计探究方案,鼓励学生动手设计开展"必做实验""自主实验",培育学生"四于"精神——"勤于实践,善于合作,敢于质疑,勇于创新"。在新课程背景下,广大中小学学科教师一定要认真研究实验学习的丰富内涵,理解实验学习的基本特征,掌握实验学习的基本流程。同时,在个性化的实验学习过程中,运用科学的方法、丰富的智慧指导学生开展基于问题探究的实验学习,开展实验调查和实验探究,真正通过实验学习提升中小学生的实验核心素养,培育未来社会需要的高品质的科技人才。

一　实验学习的定义

实验是自然科学研究物质世界的基本方法。科学家借助实验设计和专门的仪器设备，开展实验操作和实验观察，使事物（或过程）发生或再现，能够高度"还原"某一知识原理认识和发现的过程，再现人类获得新知识、新物质的场景。

中小学实验是学生在实验室或者教室内通过人为的"变革、控制或模拟"研究物质的变化、假设等，从而更加直观、自然地认识"自然现象、自然性质、自然规律"。中小学实验是在学科理论指导下，通过师生人工操作而实现"观察世界、认识世界"的科学方法。这种方法有利于中小学生解决日常生活中遇到的实际问题，有利于促进中小学生的创造性思维品质的形成。实验是科学研究的基本方法之一。中小学实验是在科学实验的基础上"抽象"出来，以促进课堂教学革命、促进学习方式转变的行动方式。

而建立在真实实验情境下的学习，就是实验学习。所谓实验学习，准确来说是基于中小学校园知识学习基础和生活实践经验而开展的以实验设计、实验操作、实验观察、动手制造等为主的学习方式。基于问题探究的实验学习，倡导学生在真实的实验场景中思考和解决遇到的各种问题，从而进入知识学习的新境界、新领域。在中小学学科学习过程中，丰富多样的实验学习既是教师重要的教学方式、教学方法，也是学生重要的学习方式、学习手段和学习环节。

在中小学动手做的实验过程中，实验学习是学生探索新知识、体验新知识的重要方式，也是学生运用已有知识解决生活和学习中遇到的问题的主要手段。在日常中小学教育教学活动中，大力开展实验学习，有利于丰富学生的实践智慧，培育学生的创造性思维品质，激发学生动手实验的创新潜质，有利于培养高素质的实验性、探索性人才。

一般来说，实验学习是建构中小学各学科理论知识体系的基础，是激发中小学生的学习兴趣、提升中小学生的实验素养的重要途径。实际上，从小学阶段学生就接触了大量的实验学习。比如伽利略的斜面滚球实验、拉瓦锡的空气组成证明实验、青蛙煮水实验、密立根的油滴实验、牛顿的色散实验、巴斯德的细菌分类鉴定实验，等等。丰富多彩的实验由于强烈的情境性，更容易引发中小学生热烈的学习兴趣，更容易让中小学生自然地走进科学实验的真实现场。新课程背景下，实验学习更加强调多元设计、动手操作，更加强调自主生成、独立探究，更加强调合作探究、深度体验，和传统的中小学实验教学有着质的不同。

传统意义上的实验教学，多是指中小学教师在物理、化学、生物等学科领域开展的以演示实验为主的学科教学。在课堂上，中小学教师借助演示实验，展示知识生成、规律发现的过程。而在中学理科学科的知识教学过程中，中学教师多是通过演示实验、随堂实验，演示给学生看，帮助学生理解知识教学的重点、难点，使其感受知识生成的细微过程。虽然有的教师鼓励学生结合演示实验归纳知识的生成，但是学生动手设计实验、亲自操作独立实验、观察实验和反思实验的机会较少。新课程背景下，基于问题探究的实验学习更多强调学生的自主设计、自主操作、自主观察、自主探究和自主评价。

事实上，动手设计、自主操作、自主反思与自主评价是实验学习的重要特征。以高中化学学科来说，学生要能够独立完成"必做实验"，并且能够从实验中总结、归纳出知识生成的具体过程。这样的实验要求，显然比传统的实验教学要高得多。实践表明，实验学习将知识探索、亲身感悟和创新制作等实践活动融为一体，是学生非常欢迎的学习形式和内容。在新课程背景下，开展问题探究式实验学习有利于增强学生的实践操作能力，有利于构建全面发展的学科核心素养。

从自然学科的建设角度看，中小学自然学科实验学习，更加强调问题提出和假设，强调设计方案和实施实验，强调自主获取实验证据，强调自主分析解释或建构知识模型等核心要素。在这样的实验学习中，学生要通过自主或者合作动手设计的方式，开展动眼观察、动手测量、亲身体验、亲自编程、动手建构与找寻——特别是与现实生活联系紧密的自主加工制作产品，亲自体验动物饲养和植物种植，到现场参观和调查等多种实验学习。这样做的目的，是有效地将传统实验教学和现代新兴科技有机融合，在促进中小学生学习方式改变的同时增强学习的体验性和创新性，从而使实验学习走向开放多元，走向融合综合。

二 实验学习的特征

从问题探究式学习层面看，实验学习是科学探究的重要途径，是研究和学习物质世界、探索物质世界奥秘的主要方式。因此，义务教育物理、化学、生物课程标准对中学生科学实验有着鲜明的规定，提出了测量类学生必做实验和探究类学生必做实验的内容。理科的实验学习是动手设计、动手操作、动眼观察的体验性学习方式。实验学习有着鲜明的情境性、验证性、直观性、体验性等学习特征。可以说,实验学习是将知识学习可视化的重要手段,是将知识学习活动化的重要窗口。因此,认真研究实验学习的基本特征,有利于开展基于问题解决的探究式实验学习。

(一) 情境性

问题探究式学习中,情境问题是引发探究兴致的重要内驱力。在实验学习中,问题情境是引领学生动脑筋思考、动手设计的重要学习资源。问题情境决定了实验学习的方向和深度。比如,当得知泰国的乐素昆博士发明环保酵素后,许多学生对于这种混合了糖和水的厨余(鲜垃圾)经厌氧发酵后产生的棕色液体产生了浓厚的兴趣。这种环保酵素,无论是在实验室还是家庭中相对简单易做。深圳市坪山区同心外国语学校的学生便基于环保酵素制作热潮,在探究式学习种子萌发与植物生长的过程中,提出《环保酵素对植物生长影响初探》的小课题,他们希望开展真实的实验设计与实验操作,研究环保酵素是否真的能够促进植物生长,从而帮助自己和身边的人科学、客观地认识环保酵素的作用,认同环保酵素的价值,践行理性的环保理念和行动。这个实验的提出和设计就有着鲜明的情境性。而在实验实施过程中,也每每有着鲜明的情境性,如制作环保酵素本身就有着真实的情境性。课题组成员每日下午放学便和家长、老师一起来到学校食堂,收集中午食堂的鲜厨余垃圾,亲自动手制作环保酵素——洗、切、配、搅拌、封装、贴标签,数次练习后,酵素制作手艺越来越熟练,对环保酵素的认知也越来越深入。这样的认知学习便有着鲜明的情境性。

(二) 验证性

问题探究式学习中,实验学习将已有知识转化为学科问题,然后引导学生开展问题探究式学习活动。在问题探究的实验学习过程中,学生是先基于学科知识生成问题解决的"假设",然后再运用实验开展验证性探究,在问题探究的实验过程中"验证"——观察到、体验到、感受到知识生成的过程、实验进行的路径、实验完成的各种细节。因此,良好的实验假设影响着实验的精准验证。在开展《环保酵素对植物生长影响初探》的实验探究过程中,课题小组就提出了自己的三个假设:

(1) 假设1:环保酵素是酸性物质。

做出假设依据:环保酵素闻起来有一种类似醋的味道,酸酸的,又因为它是无氧发酵制成的,猜想可能含有无氧发酵的产物——乳酸或醋酸。

(2) 假设2：环保酵素对植物生长有促进作用。

做出假设依据：环保酵素是由厨余制作而来，有机质丰富，利用酵素液浇洒植物时有堆肥效果，有利于植物的生长。

假设3：环保酵素不能促进植物生长。

做出假设依据：环保酵素呈酸性，改变土壤原有pH值，超出植物耐受范围，影响植物正常生长。

有了这样的实验假设，学生开展实验学习时，就变成了搭建实验、操作实验、验证假设的过程。实验学习的快乐就表现为假设设计、实验操作、知识验证的快乐体验。

（三）直观性

从心理发展特点来看，中小学生年龄比较小，形象思维占优势，抽象思维能力相对较差，直观性学习保证了利用多种感官特别是观思结合、动手与动眼结合等直接参与从而获得鲜明生动深刻的学习体验，容易激发中小学生的实验学习兴趣，方便其知识理解和经验积累，又有利于发展学生的观察力、思维力和反思力。例如在学习"机械运动和力"时，用适当的工具测量物体的长度是极简单的实验，当测量与估测相结合，学习的直观性则大大增强，学生的兴趣也不断提升。事实上，开展"机械运动和力"实验学习时，教材要求学生完成两个小实验：一是会利用自身的尺度估测教室的长度，一是体会古人测量长度和时间的智慧。实验学习时，建构"教室的长度"估测场景和模拟古人测量智慧，每每可以引领学生浸润在"机械运动和力"的学习情境中。在问题探究式学习中，这种物理实验学习有着鲜明的直观性。直观性是形象学习的重要方式。有了实验学习的直观性，物理问题探究式学习就避免了单调性、枯燥性。在实验学习中，学生正是通过一次一次的直接观察、直接闻嗅、直接接触、直接建造等直接面对实验的方式，生成了深刻的学习体验和心灵感受。坪山区碧岭小学开展《不同光照条件对豆芽生长发育的影响》课题实验，研究在不同光照条件下（遮光和见光）豆芽的发芽情况、生长速度、颜色变化、味道差别等，从而发现最佳的豆芽培养方法，以加深对植物生长过程的掌握和了解。这个实验，就是一次次观察比较的过程。没有一次次观察比较，就没有实验结论的得出，就没有实验方法的选择。因此，直观性，是问题探究式实验学习重要的学习特征。

（四）体验性

一切实验学习都有着鲜明的体验性。体验是高级生命形式特有的心理过程。学生在体验过程中学习，并透过体验感受实验的刺激、复杂、挫折、成功和欢乐，核心素养就会变得更加深刻与丰富。事实上，体验性是实验学习最深刻的学习特征。实验学习最大的学习效益来自学生参与实验的体验性。初中教学《生活中的酸碱盐》时，如果教师结合化学"酸碱盐"知识特点，放手让学生设计生活中的"酸碱盐"的各种测试实验，让学生深入学校食堂、家庭餐桌设计实验、开展探究，这样的化学实验学习一定会变成快乐体验"知识用于实践"的创新体验过程。比如在学校厨房中开展钠盐鉴别、小苏打除杂、下水道除污、鸡蛋保鲜等实验设计与操作活动，学生通过小组合作探究、彼此交流等方式，通过实验观察、记录、分析和总结，让实验学习真正融入体验学习的历程中。

心理学认为，体验是人的一切感触觉器官与外界接触时，通过对外界的感受、对外界信息的处理，而不断在人体中激起的各种生心理反应的过程。在生活环境中，学生经历了动手、动口、动脑的实验过程，学习体验自然不同于单纯的知识练习。在《不同光照条件对豆芽生长发育的影响》的探究中，学生在"纸巾实验"中就直接获得了"水培绿豆"的直观体验。纸巾中水培绿豆，绿豆萌发生长速度快，且生长过程在纸巾上可实现可视化；但萌发后的绿豆芽在纸上不易继续生根长芽，且溶液中的营养无法满足豆芽生长的需要，需要移栽到土壤中。而栽到土壤中工作量增大，且移栽过程中容易损坏根部。这就是实验学习的体验性结果。也就是说，实验学习可最大限度地激活学生严谨实验的科学探究精神。

三　实验学习的流程

问题探究式学习中，实验学习有着科学而严谨的流程规定与实验安全上的设计。比如有些化学物质的检验、分离、提纯和溶液配制等实验操作，每每带有安全风险。如果实验知识不扎实、实验设计不科学、操作过程不规范、实验条件控制不恰当、安全问题反思不到位，产生不了实验学习效果不说，有的实验还会给学生的身体与心理造成伤害。因此，重视实验学习流程的设计，科学有序地推进实验学习方式，有利于提高实验学习质量，促进学生的实验学习素养的全面提升。

实验学习流程一般遵循这样的设计路线："理论假设—实验设计"——"动手操

作—实验观察"——"综合探究—反思改进"——"实验结论—实验评估"。

(一) 理论假设—实验设计

实验学习一般都是基于一定的学科基础知识开展的学习探究、学习体验。这种建立在学科知识基础上的实验学习,往往都有理论支撑、理论假设。实验学习过程中,理论假设是实验设计的基础。没有理论假设,就无法设计出具体的实验学习过程,就无法验证理论的正确性。比如开展《环保酵素对植物生长影响初探》小课题实验学习,课题组的同学首先提出了自己的三个假设:第一个假设是环保酵素是酸性物质,第二个假设是环保酵素对植物生长有促进作用,第三个假设是环保酵素不能促进植物生长。有了这样基于相关学科知识的假设,课题组才设计出具体的实验方案,并且通过大量的预实验和反复的实验设计改进,才确定了较为清晰的实验设计步骤和实验基本思路。

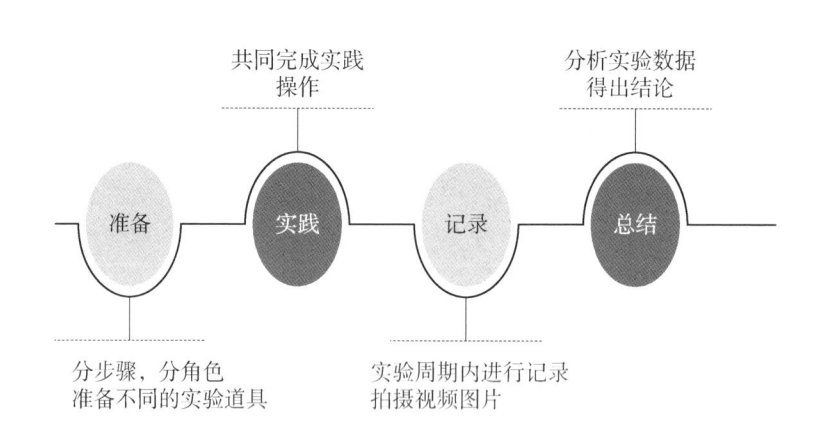

图 3-0-1 实验总规划

● **实验步骤**

1. 环保酵素液的制作与过滤。

2. 环保酵素液稀释成梯度浓度,并检测各浓度稀释液的pH值。

3. 对比试验:检测清水与不同浓度的酵素稀释液对绿豆种子萌发及生长的影响。

4. 对比试验:观察酵素稀释液对绿萝生长的影响。

● **基本思路**

1. 分别使用水培和土培两种方式进行绿豆种子萌发实验。

水培组：设置6个平行组进行绿豆种子萌发对照试验，其中5个加入的是不同浓度的酵素稀释液（$C_1=1,C_2=0.5,C_3=0.25,C_4=0.1,C_5=0.05$），另一个为清水组，做空白对照实验。记录观察绿豆种子萌发的快慢。

土培组：对照组设置方法类似水培组。设置6个平行组进行绿豆种子萌发对照试验，在萌发过程中，其中5个加入的是不同浓度的酵素稀释液（$C_1=1,C_2=0.5,C_3=0.25,C_4=0.1,C_5=0.05$），另一个在土壤中加入清水，做空白对照实验。记录观察绿豆种子萌发的快慢。

2. 土培组实验前检测土壤原始pH，以方便对比分析。

小课题组有了这样清晰的实验设计和实验实施步骤，开展基于问题解决的实验学习思路就相当清晰，目标就相当明确。问题探究式学习方式主张把学科知识转化成问题情境，然后引导学生开展基于问题的探究，在探究过程中实现用知识解决问题，实现知识的增量，从而引导学生进入学习的新境界。而要进入这样的新境界，实验学习首先要处理好"理论假设—实验设计"环节。

(二) 动手操作—实验观察

"动手操作—实验观察"是实验学习的主要环节，学生的创新思考能力、动手实践能力就是在这个环节展现出来的，也是在这个环节被迅速提升的。实验学习中中小学生能否动手操作，能否通过自己的实际操作观察到相关的实验现象，面对相关的实验现象能否开展科学细致的分析，是衡量实验学习成功与否的重要因素。在新课程背景下，中小学各学科教学都增加了实验学习的内容含量，倡导中小学课堂开展实验学习之动手操作项目实践。

以高一《化学（必修一）》第二章第一节《钠及化合物》的学习为例，教材以钠元素的学习探究为主，设计了六个实验，每一个实验都主张通过操作观察的方式感受金属钠及化合物的神奇。教材强调要在"动手操作—实验观察"中，学习有关钠及化合物的性质。第一个实验要求的观察内容相当丰富：学生要观察从煤油中取出的钠的颜色和光泽；其次感受金属钠的质地——很软，用刀子可以切割；第三观察切割钠以后，钠外皮银白色的金属光泽渐渐变暗淡——钠和氧气在发生反应而生成氧化钠。而第二个实验则是在坩埚中加热金属钠。这个动手实验要求师生在实验过程中将绿豆大小的钠迅速投到热坩埚中,并观察发生的现象。钠融化以后立即在空气中燃烧;钠和氧气会发生剧烈反应,产生黄色火焰,并生成淡黄色的固体——过氧化钠。第三个实验是将水滴入盛有 2 g 左右过氧化钠固体的试管中,然后再把带火星的木条深入试管。实验中,试管里生成的气体让木条燃烧得更旺盛,如果用手轻轻触摸试管外壁,会感到试管外壁发热;而用 pH 试纸检验溶液的酸碱性,试纸则会变成红色……通过六组实验,钠和钠的化合物的性质清晰地展现在学生的面前。化学学习过程中,如果不重视引导学生动手实践、仔细观察实验,那么神奇而有趣的金属钠和化合物的性质就难以进入师生的观察视野和思考视野。

同样,《不同光照条件对豆芽生长发育的影响》课题研究也十分强调学生要动手操作、动眼观察。动手操作和动眼观察是实验学习的重要环节。事实上深度学习、深度体验就是从动手操作和动眼观察、动脑思考开始的。即便是研究豆芽生长发育也是这样。在实验过程中,课题组的同学动手准备了小熊豆芽机、电子秤、量杯、遮光布、黑布、纸箱、游标卡尺、绿豆、记录本等实验器材,并开展了相关的预实验——熟悉绿豆种子和其生长周期、确定豆芽机型号、掌握豆芽机的操作及换水方法。在具体实验过程中,他们设计把豆芽分成两个小组——正常组和遮光组。正常组不用遮光布遮盖,遮光组使用遮光布遮盖。操作过程中,参与实验学习的同学还要完成下列动手工作:

1. 挑豆子、称豆子:用附赠量杯量取适量当年种子,将坏了、残缺、破皮的种子挑出不要。

2. 泡豆子:将筛选出来的种子倒入附赠量杯满 3 杯开水与 3 杯冷水混合的温水中,浸洗 60 分钟(一方面将种子附带的泥污杂质清干净,一方面给休眠状态的种子以温度刺激,可以调整与种子发芽时有关的氧化酶系的活性,有助于种子发芽整齐一致)。

3. 育苗:

(1)将豆芽机组装好,在本体内加洁净水至最高容量标,并放在阴暗温暖处待用。

(2)将清洗好的种子均匀撒在清洗干净的培育盘里,再将培育盘放入培育箱中。

(3)将浸泡好的绿豆种子均匀撒在清洗干净的第二层培育盘中。

(4)将第二层培育盘放入小培育箱中,再放入透明培育箱中。

(5) 将压重盘放在培育盘上面，目的是在豆子上施压，让豆芽长得更粗壮，口感更好。

(6) 盖上盖，使种子与外界隔离，保持豆芽的生长温度。

(7) 放置压重盘，套上遮光布，防止豆芽见光后变紫色。

(8) 接通电源，参考操作面板说明，选择功能后开始工作。

实验学习之所以吸引中小学生参与，主要是最大限度地解放了学生的手脚，学生通过自主设计、自主实验、自主观察等学习活动激发了学习兴趣，经历了学习过程，使得学科知识和问题解决有效地联系在一起。在这样的学习过程中，学生感受到了知识的重要性与问题解决的快乐。同时，"动手操作—实验观察"也是学生发现问题和解决问题的验证过程。"动手操作—实验观察"质量如何，影响着实验学习的最终评估。

（三）综合探究—反思改进

实验学习的过程是学生综合探究、不断反思和改进学习历程的过程。在实验学习过程中，学生需要用已有的知识去面对学科问题，同时在实验过程中还要不断地探究、记录实验所生成的各种现象和各种结论。实验学习遭遇挫折的时候，还要不断地开展实验反思活动，不断改进实验进程，以收到较好的实验学习效果。《不同光照条件对豆芽生长发育的影响》实验实施过程就遭遇了多次挫折。第一次实验因为遮光布不能完全盖住豆芽机，导致豆芽接触阳光；换水时及测量时动作缓慢，增大了豆芽接触阳光的机会；教师办公室环境拥挤，不适合进行实验。第二次实验，课题组将豆芽机放置在实验室，并在遮光布外加盖了一个密封的纸箱，但是由于实验室电源跳闸，遮光组豆芽腐烂，导致实验失败。第三次实验过程中出现了这样的现象：绿豆有一半没有发芽——这批绿豆的品质不太好，结果也不让人满意。第六次实验，他们在请教菜农的基础上重新设计方案，购买了不透光的黑布遮盖豆芽机，终于培养出了黄色的绿豆芽，炒熟之后感受到味道清甜香美。在实验学习过程中，学生的综合探究素养其实是在不断反思和不断改进实验的过程中得以提升的。为了完成豆芽实验，课题组的同学付出了很多。一位同学这样反思："这个实验不止做一两次，而是很多次。失败的原因有很多：遮光不好、不透气、有时候会断电等。每次遇到不同的问题，都要进行不同的调整，再次进行实验。前前后后改进了近10次，最终才成功种出了黄色的绿豆芽。经过这一件事情后，我明白了无论做什么事都要认认真真的，不能马虎大意，踏踏实实做好每一件事!"事实上,正是由于不断反思,学生对于问题探究才走向了崭新的境界。在实验学习过程中,学生的综合探究素养、反思改进水平直接影响着创造性思维品质培养的质量。

(四) 实验结论—实验评估

实验学习强调动手操作、动眼观察、动脑思考的同时,还十分注重"实验结论—实验评估"的设计。实验结论回答的是实验的结果如何,学生的实验综合素养提升了没有;实验评估回答的是实验值得不值得,实验还应该怎样更好地改进,下一次实验还应该注意什么。实验结论是整个实验设计、实验操作、实验观察等的最终成果。而实验评估则是对整个实验流程的科学性、安全性、小组之间协作质量等的评估。

从实验学习的流程看,"实验结论—实验评估"处在实验学习的"收尾"阶段。实验学习的效果如何、实验学习向何处深入、新的实验应该注意什么,通过"实验结论—实验评估"可以获得最基本的答案,实验学习过程中,一定要做好这一环节的设计。比如,《不同光照条件对豆芽生长发育的影响》研究过程中,课题组成员就十分重视"实验结论—实验评估"的设计和实施。我们看实验得出的结论:

> 1. 不同光照条件对豆芽的生长速度没有明显影响。
>
> 将多次实验、测量的数据绘制成折线图,在图中清晰可见,正常组和遮光组无论是种长还是茎芽长,都是呈持续上升的趋势,且正常组和遮光组的上升趋势没有明显差距。由此可知,见光和遮光对豆芽的生长速度没有明显影响。
>
> 2. 不同光照条件对豆芽的颜色有明显影响。
>
> 见光条件下培养的绿豆芽,子叶是紫色的、叶子绿色的,吃起来有苦味。
>
> 遮光条件下培养的绿豆芽,子叶和叶子都是黄色的,吃起来味道清甜可口。

课题组还在实验学习过程中总结了一套培养绿豆芽的最佳方法:培养绿豆芽前要先用40℃的温水浸泡绿豆4个小时;放入豆芽机后,要用遮光布遮好,再覆盖一层厚的、不透光的黑布;每天换一次水,换水的时候动作要快,以减少豆芽接触光的时间;实验的过程中一定要抑制住好奇心,不要去开盖观察豆芽的生长情况;这样,在豆芽机的帮助下,5天就可以生产出美味的绿豆芽了。

不同于绿豆芽生长的实验观察,物理、化学、生物等学科的实验学习,需要对实验过程做全面的评估,特别是对实验安全性的评估。在进行有电、有毒、有害、有巨大损耗的化学实验、物理实验、数字化模拟操作等实验过程中,对全部实验学习过程进行学习质量评估、安全系数评估、协作协同机制评估和生产效益评估都非常重要。

四 实验学习的方法

(一) 观察法

在实验学习过程中,中小学学科教师首先要教会学生的学习方法就是观察法。观察法是实验学习基本的方法,也是经验学习的基础方法。当中小学生基于学科知识和实验假设设计了实验方案,在动手操作过程中,除了按照实验步骤准确地推进实验、实施实验,最重要的学习方式就是观察实验、记录实验和分析实验。观察法是实验学习中最常用的方法、最讲究细腻的方法、最讲究精确的方法。运用观察法开展实验学习时,观察得细致不细致、观察得充分不充分、观察得全面不全面、观察的长度够不够、观察得具体不具体等直接影响着实验学习的质量评估。

在实验学习中,观察法不仅是观察自己的实验进程、实验现象,还有教师的演示实验、同伴的实验进程和实验现象,甚至走出校园观察工厂化生产的过程。可以说,观察法赋予学生以广阔的视觉视野和思考视野。

在问题探究式学习活动中,观察可以获得实验学习的第一手资料。在中小学实验学习过程中,观察法是最讲究细节、细微、精细的科学方法。物理、化学、生物等学科的基础实验中,80%的实验都需要通过观察法来获得有关物体的颜色、状态、温度、速度等的变化。会不会观察、会不会从观察中发现实验现象、会不会从实验观察中生成具体的学科知识,这是评价观察法的重要因素。

(二) 分类法

分类法是实验学习过程中用到的常见方法之一。不同操作的实验样本要做基本的分类,实验前和实验后的样本要进行分类,复杂的实验过程也要进行实验阶段的分类。即便是中小学生的实验学习,也要对实验材料和实验性质、实验结论和实验问题等做出基本的分类。分类是使实验学习走向条理化的科学方法,也是逐步实现实验学习效果的最佳途径。复杂的实验,如果我们做科学的分类,实验过程就相对变得容易和简单;多样化的实验样本,如果我们做不同的分类标记,实验观察、实验比较、实验结论就会来得相当便捷。分类法是中小学生开展实验学习的重要方法。一位科学家说,学会了分类法就容易找到解决问题的突破口。深圳市坪山实验学校探究《青春期日常护肤品的使用策略与制作》这一小课题的时候就采用了分类法。课题组通过各种文献进行调查与研究,分类整理出了护肤品的种类及功效。他们对青春期日常护肤品做了如下的分类:

1. 按功效分:有补水、美白、保湿、控油、抗衰老、适合敏感肌肤、收缩毛孔、祛黑头、祛斑、消脂专用等护肤品。
2. 按销售方式分:有专业线护肤品和日化线护肤品。
3. 按价格分:奢侈级、高端级、中高端、开架式。

这样,他们开展日常护肤品的制作时将范围缩小到功效突出的实用护肤品项目中,应用分类的方法确定制作青春期日常护肤品。从功效上来说,洗面奶的功效是清洗掉皮肤上的水溶性污垢;爽肤水可以平衡皮肤的 pH 值,给皮肤补充大量水分;乳液有良好的润肤作用和调湿效果;防晒霜能有效防止紫外线 UV－AB 全波段;面膜可以即时补水……在研究了这些护肤用品的功能之后,青春期日常护肤品的制作目标就变得相当清晰。没有分类,就没有科学便捷;没有分类,就没有条理有序。实验学习的经验告诉我们,分类法有利于使复杂的实验研究变得简单容易,有利于迅速地找到实验模型、设计实验并开展实践。

(三) 比较法

在理科实验中流行这样三句话:没有比较,就没有发现;没有比较,就没有改进;没有比较,就没有深度。中小学科学实验中相当多的实验是通过比较的方式完成的。在问题探究式学习活动中,比较法是用得比较多的科研方法,科学运用比较法能够培育中小学生的高阶思维品质。事实上,不同测量方法的比较、不同加热方式的比较、不同催化剂量的比较、不同实验环境的比较、不同实验样本的比较、不同实验产品的比较、实验前和实验后的比较……都要用到比较的方式开展实验学习和实验探究。在实验学习过程中,善不善于比较,善不善于从比较中发现问题并解决问题,善不善于从比较中得出结论,是衡量学生综合素养的重要因素。在中小学动手做的实验项目中,有许多项目的完成都是用比较的方式。比如《环保酵素对植物生长影响初探》课题,在实验过程中就是通过对比试验检测清水与不同浓度的酵素稀释液对绿豆种子萌发及生长的影响的。在实验学习过程中，课题组通过水培法培育绿豆种子，在 6 组等大、洁净的培养皿中垫上 10 层吸水纸，放入绿豆种子，加入不同浓度的酵素稀释液，形成 6 个观察样本，以获得绿豆发芽的观察记录。这就需要课题实验小组通过观察比较的方式获得第一手资料。课题小组每天早晚两次查看并加入等量各浓度液体，确保培养皿中纸巾湿润，同时观察、记录、比较和分析各培养皿中绿豆种子的萌发情况。最终在比较分析的过程中归纳了自己的实验发现和实验结论。

在问题探究式学习活动中，在中小学教材开展的各类实验学习中，主要的方法就是观察法、分类法、比较法。在深度的实验学习过程中，还有很多丰富多样的实验学习方法，比如教师访谈法、同伴交流法、动手制作法、专家访谈法、车间体验法等。

案例报告 3-1
不同光照时间对凤仙花生长情况的影响

课题主持人：陈敬涛
课题组成员：宋慧美、李成坚、谢亭轩、陈雪、徐艺桐（三至五年级）
指导老师：古文利、林金虹
所在学校：深圳市坪山区汤坑小学

一 实验缘起和目的

（一）实验缘起

三年级时学习了凤仙花的种植并观察了它的生长过程，我们对凤仙花有了初步的认识，在种植的过程中我们发现，有的同学的凤仙花长得好，有的长得差一些，我们好奇这是为什么。

（二）实验目的

通过学习我们已经知道，凤仙花的生长需要阳光、空气、水、土壤、适宜的温度等，影响凤仙花生长的因素有这么多，我们选取改变阳光的照射时间来探究凤仙花的生长规律，找到最适合凤仙花生长的光照时间。

二 研究假设和设计思路

（一）实验假设

接受 24 小时光照时间的凤仙花生长得最好。

（二）实验思路

我们将凤仙花均分成多个大组，控制每大组凤仙花的光照时间分别为 24 小时、12 小时、8 小时、4 小时、0 小时。通过严格控制光照时间，监测凤仙花的茎、叶、花、果实和种子这五大部分的生长情况，从而判断出对凤仙花最好的光照时间，得出最终结论。

三 实验研究过程

(一) 准备阶段

1. 知识准备

我们认真阅读课本、上网查找资料、仔细做好种植笔记，制作凤仙花的生活习性资料卡(见表3-1-1)。

表3-1-1 凤仙花生活习性资料卡

* 凤仙花又叫指甲花、急性子、凤仙透骨草，全株分根、茎、叶、花、果实和种子六个部分。凤仙花属于一年生草本植物，高60～100厘米。
* 茎粗壮，肉质，直立，不分枝或有分枝，无毛或幼时被疏柔毛，基部直径可达8毫米，下部节常膨大。
* 叶互生，长4～12厘米，宽1.5～3厘米，边缘有锐锯齿，叶柄长1～3厘米。
* 花期约为3个月，花形似蝴蝶，颜色多样，有粉红、大红、紫色、粉紫等多种颜色，有的品种同一株上能开数种颜色的花瓣。将花瓣或者叶子捣碎，用树叶包在指甲上，能染上鲜艳的红色，非常漂亮，很受女孩子的喜爱，指甲花因此得名。
* 种子多数，圆球形，直径1.5～3毫米，黑褐色。
* 茎及种子能入药。茎有祛风湿、活血、止痛之效，用于治风湿性关节痛、屈伸不利；种子称"急性子"，有软坚、消积之效，用于治噎膈、骨鲠咽喉、腹部肿块、闭经。
* 凤仙花含有促癌物质！促癌物质不直接挥发，但会渗入土壤，长期食用种植在该土壤里的蔬菜，很危险。
* 凤仙花原产中国、印度，中国南北各地均有栽培。性喜阳光、怕湿，耐热不耐寒。喜向阳的地势和疏松肥沃的土壤，在较贫瘠的土壤中也可生长。
* 凤仙花的养护需要注意以下几个方面：
——合理的光照与温度。凤仙花喜光，也耐阴，每天要接受至少4小时的散射日光。夏季要进行遮阴，防止温度过高和烈日暴晒。适宜生长温度为16～26℃，花期环境温度应控制在10℃以上。冬季要入温室，防止寒冻。
——浇水与施肥要注意细节。定植后应及时灌水。生长期要注意浇水，经常保持盆土湿润，特别是夏季要多浇水，但不能积水和土壤长期过湿。

2. 凤仙花的种植步骤

(1) 选种：要挑选那些饱满的、没有受过损伤的种子。

(2) 准备好花盆和土。

(3) 把种子埋在3厘米深的土坑中，再覆盖上土。

(4) 浇水。

3. 讨论实验事项

指导老师多次和我们强调,我们的探究实验属于对比实验,为了排除其他因素对凤仙花生长的影响,我们只能改变光照时间这个变量,其他必须不变,经过组员讨论,我们控制以下因素不变:

> 每粒种子的大小、形态、颜色尽量一致;
> 花盆大小一样;
> 每盆花的土壤的质量、成分一样;
> 每次浇水的量一样;
> 每天测量的时间一样;
> 每次测量的方法保持一致。

需要光照的凤仙花白天用自然日光照射,自然日光以外的时间还需光照的用日光种植灯照射。不需光照的凤仙花组放在柜子里。考虑到我们在学校的时间有限,所以我们做了光照时间安排,见表3-1-2。

表3-1-2 凤仙花光照时间安排表

组别	一组	二组	三组	四组	五组
光照时长	0小时	4小时	8小时	12小时	24小时
光照时间安排	无光照	7:40—11:40	7:40—15:40	白天	白天+种植日光灯照射

从课本中我们已经知道,凤仙花包括六大部分(根、茎、叶、花、果实和种子),除了根,我们也将从其余五大部分来观察凤仙花在不同光照下的生长情况,从而判断出对凤仙花生长最好的光照时间,观察记录表见3-1-3,实验小组任务分工见表3-1-4。

表3-1-3 不同光照时间下凤仙花生长情况观察记录表

第___周 ___月___日 气温：___℃

光照时间（小时）	组别	茎			叶		花		果实		种子		记录员
		高度/cm	粗细/mm	颜色	数目	颜色	数目	颜色	数目	颜色	数目	颜色	
0	1												
	2												
	3												
4	1												
	2												
	3												
8	1												
	2												
	3												
12	1												
	2												
	3												
24	1												
	2												
	3												

表3-1-4 实验小组任务分工表

序号	时间	工作任务	负责人	备注
1	每天7:40	浇水	宋慧美、陈雪	
2	每天17:00	浇水	陈敬涛、徐艺桐	
3	每天7:40	4、8小时光照凤仙花移到光照点	宋慧美、陈雪	
4	每天11:40	4小时光照凤仙花移回暗房	李成坚、谢亭轩	
5	每天15:40	8小时光照凤仙花移回暗房	李成坚、谢亭轩	
6	每周一17:00	测量凤仙花茎的高度、粗细	陈敬涛、徐艺桐	

(续表)

序号	时间	工作任务	负责人	备注
7	每周一 17:00	记录凤仙花叶子的数量	陈敬涛、徐艺桐	
8	每周一 17:00(开花后)	记录凤仙花花的数量	陈敬涛、徐艺桐	
9	每周一 17:00(结果后)	记录凤仙花果实的数量	陈敬涛、徐艺桐	
10	后期	记录凤仙花种子的数量	陈敬涛、徐艺桐	

(二) 实验过程

取土称重。我们在学校的生物园里取土,再给土称重,装进大小一致的花盆中,花盆分五大组,每大组3盆。做上标记。

育苗移植。精选凤仙花种子,种子大小匀称、外表完好,然后就进行播种育苗。种植时,坑深3厘米,盖土厚度一致。定期浇水,待花苗长高,我们又精选苗高约5厘米的凤仙花,向准备好的花盆中移植。看我们干得多认真呀!

光照观察。每盆花浇水量一样多,然后观察记录不同光照时间下凤仙花植株的生长情况。

1. 第一次种植

我们将实验室的柜子作为无光照暗房,也为24小时光照组准备种植灯。小组分工进行观察记录。每隔一周我们测量一次凤仙花茎的高度与粗细、叶的数量等并记录。测量茎的粗细,我们是用丝线测量茎最粗部分的周长。

0小时光照组:除了浇水时间,凤仙花一直放在暗房中。凤仙花状态:茎又细又长,较其他对照组都要透明一些;叶子发黄;一周后死亡。

4小时光照组:每天固定在7:40—11:40时间段接受正常光照,其他时间待在暗房。凤仙花状态:刚开始,茎的高度、茎的粗细、叶子的数量和12小时光照组的差不多,慢慢地没有12小时光照组的长得高和粗,叶子颜色稍微淡一些。

8小时光照组:每天固定在7:40—15:40时间段接受正常光照,其他时间待在暗房。凤仙花状态:基本上和12小时光照组的凤仙花一样,差别不大。

12小时光照组:正常接受光照,不挪动位置。凤仙花状态:茎的粗细和高度大部分正常;叶子交叉生长,较为茂盛,呈嫩绿色。

24小时光照组:白天接受正常光照,其他时间接受种植日光灯的照射。凤仙花状态:整体高度比12小时光照组要高一些,茎的粗细比12小时光照组细一些;叶子交叉生长,较为茂盛,呈嫩绿色。

经过一段时间的记录我们发现,放在暗房的0小时光照的凤仙花茎又细又长,颜色较透明,4小时、8小时、12小时光照的凤仙花差别不大,24小时光照的凤仙花更高,茎较细。但是很不幸,我们第一批种的凤仙花后来都死了,我们总结是因为实验室阳光严重不足,而凤仙花是喜阳的植物。

2. 第二次种植

我们再次种植凤仙花,这次我们把花盆放在了教学楼天台,这里阳光充足,而且其他人不会过来打扰。但第七周开始其中两组中各有一盆凤仙花开始生病,不知道为什么。我们赶紧上网做功课,通过认真比较分析,我们判断我们的凤仙花得了褐斑病。我们也制作了凤仙花褐斑病资料卡(见表3-1-5)。

表3-1-5 凤仙花褐斑病资料卡

凤仙花褐斑病又称凤仙花叶斑病,在中国南北各地均有发生。

症状:病害主要发生在叶片上。叶面病斑初为浅黄褐色小点,后扩展成圆形或椭圆形,以后中央变成淡褐色,边缘褐色,具有不明显的轮纹。严重患病的叶片上,病斑连片,导致叶片变得枯黄,直至植株死亡。

传染途径:病菌在凤仙花病残体及土壤植物碎片上越冬。翌年当环境条件适宜时,病菌借风雨飞散传播。高温多雨的季节中凤仙花易发病。

防治方法:(1)凤仙花喜肥沃的砂质壤土,不耐涝。因此,种植以砂质壤土为宜,以利排水;盆栽凤仙花,雨后应及时倒盆。秋末应将病叶、病株集中销毁,减少来年传染源。(2)发病初期用25%多菌灵可湿性粉剂300—600倍液,或50%甲基托布津100倍液,或75%百菌清1000倍液防治。

指导老师帮我们买了多菌灵,我们给凤仙花喷了药,凤仙花又恢复了生机,凤仙花开始结果啦!我们的探究也真是一波三折呀!

(三) 数据采集

表3-1-6 凤仙花的生长周期

生长变化	播种	芽出土	出现花芽	开花	结果
日期	4.11	4.15	6.10	6.12	6.18

由于凤仙花在第七周开始得了褐斑病,部分凤仙花病重(叶子枯黄提早掉落),与同组的凤仙花差别较大,所以数据分析时剔除了这部分的数据,其中,8、12、24 小时光照组的凤仙花都分别剔除了一盆的数据。

四 实验结论

(一) 数据分析

1. 不同光照对凤仙花的茎高的影响

分析:从图 3-1-1 可以看到,0 小时、4 小时光照组的凤仙花在第八、九周就死亡了;8 小时光照组的凤仙花第五周开始生长缓慢;24 小时光照组的凤仙花在第七周之前茎的曲线和 12 小时光照组的一样,第七周后生长变缓。

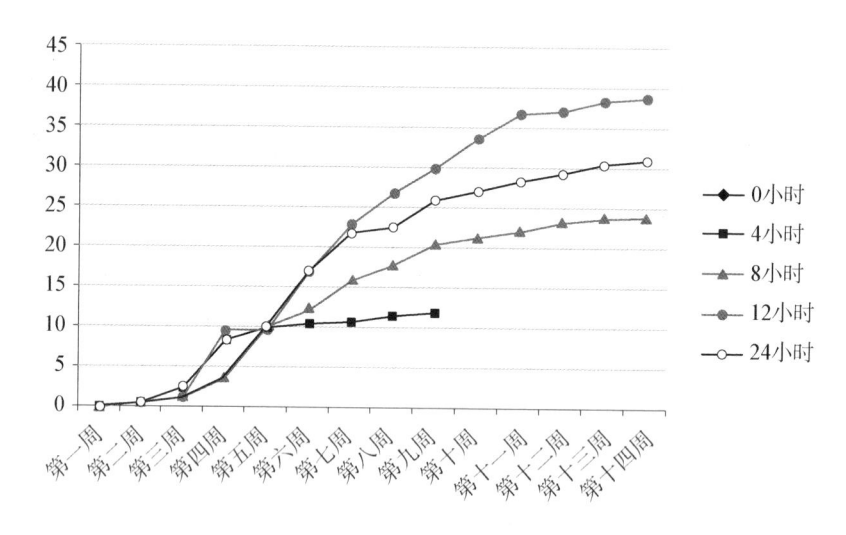

图 3-1-1 不同光照对凤仙花的茎的高度的影响

小结:光照时间严重不足对凤仙花的茎高有很大影响,光照时间缩短和光照时间增长一些对凤仙花的茎高略有影响,对凤仙花茎的高度最好的光照时间是 12 小时,也就是正常光照时间。

2. 不同光照对凤仙花的茎的粗细的影响

分析:从图 3-1-2 可以看到,0、4 小时光照组的凤仙花的茎很细,一直都不会长,它们分别在第六周和第九周死亡了;8 小时和 24 小时光照组的凤仙花的茎也较 12 小时光照组的凤仙花细;12小时光照组的凤仙花的茎最粗。

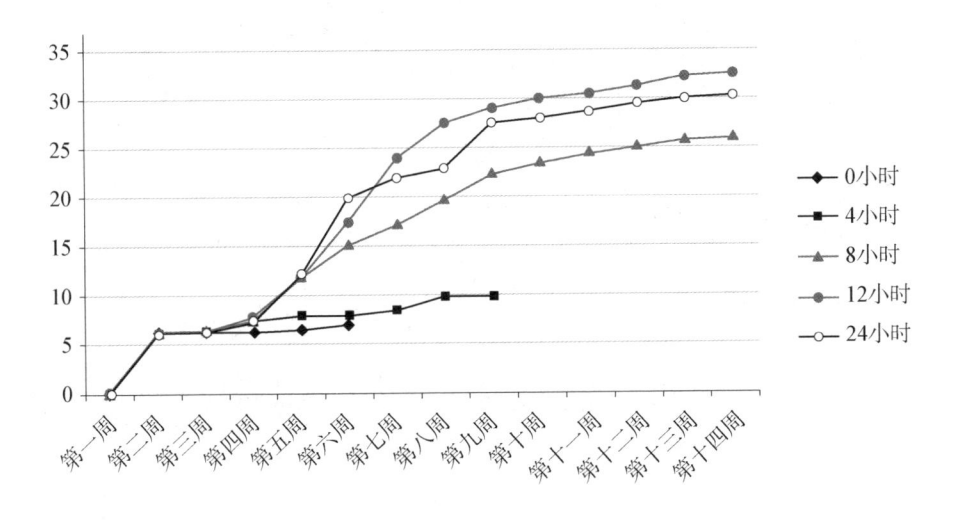

图3-1-2 不同光照对凤仙花的茎的粗细的影响

小结:光照时间严重不足对凤仙花的茎的粗细有很大影响,光照时间缩短和光照时间增长一些对凤仙花的茎的粗细略有影响,对凤仙花茎的粗细最好的光照时间是12小时,也就是正常光照时间。

3. 不同光照时间对凤仙花的叶的数量的影响

分析:从图3-1-3可以看出,0小时光照组的凤仙花前五周一直只有两片子叶,第六周长出了第一对真叶,第七周死亡;4小时光照组的凤仙花第七周开始叶子数量相对变少直至死亡;8小时和24小时光照组的凤仙花的叶子数量明显少于12小时光照组的凤仙花;12小时光照组的凤仙花的叶子数量最多。

小结:光照时间严重不足对凤仙花的叶的数量有很大影响,光照时间缩短和光照时间增长一些对凤仙花的叶的数量都有影响,对凤仙花叶子的生长最好的光照时间是12小时,也就是正常光照时间。

4. 不同光照时间对凤仙花的花的数量的影响

分析:12小时光照组的凤仙花开的花数量比较多,比较灿烂,而8小时和24小时光照组的凤仙花开的花数量少一些。

小结:对凤仙花的花的数量最好的光照时间是12小时,也就是正常光照时间。

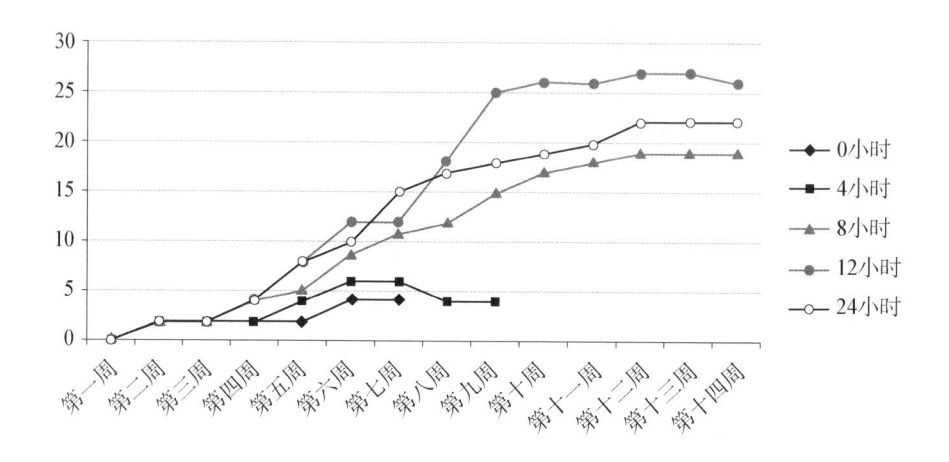

图 3-1-3　不同光照时间对凤仙花的叶的数量的影响

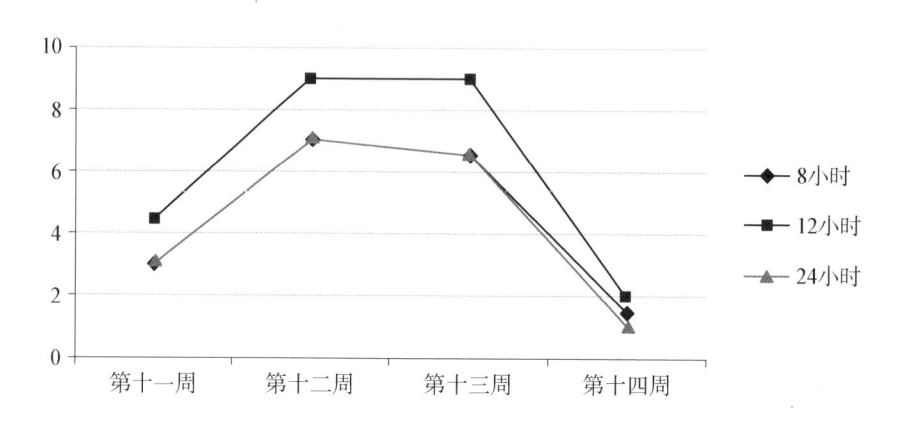

图 3-1-4　不同光照时间对凤仙花的花的数量的影响

五　实验结论

　　我们将 0 小时、4 小时、8 小时、24 小时光照时间称为非正常光照时间。通过实验及采集的数据,我们知道了非正常光照时间对凤仙花的茎的高度、粗细及叶子、花、果实的数量都有影响,其中 0 小时和 4 小时光照对凤仙花生长发育影响最大,由于光照时间严重不足导致凤仙花不正常死亡;8 小时、24 小时光照时间对凤仙花的生长发育也有明显的影响,都没有接受正常光照的凤仙花长得好。我们认为大自然的力量是最强大的。

> **反思与体会**
>
> **陈敬涛**：一开始，我认为实验十分简单，反正我只是负责总结，所以不大认真。有一回，我因为忘记那天我要照料凤仙花了，所以就答应同学去打球。放学后，我才想起今天我要照料凤仙花，在诚信的推动下，我还是赴约了。当我帮凤仙花浇好水做好记录后，我兴高采烈地找我的同学时，他们却已经走了。这时候我才意识到实验还要抹去我的娱乐时间。
>
> 后来看着自己精心照料的凤仙花慢慢长大，心里很开心，慢慢地我待在实验室的时间长了。有一天我们发现凤仙花歪着向窗口方向生长，老师告诉我们植物都会向着阳光生长，这太有趣了。
>
> 做实验太难了，要持之以恒，几个月如一日。但我们收获了朋友，还有动手能力等珍贵的东西。真期待下一次的小课题。
>
> **宋慧美**：对于这个小课题，我十分感兴趣，从一开始拿起一个空花盆填土、每日浇水到如今的开花结果，我和课题组的好朋友们一起经历了许多，也成长了许多。
>
> 那天我们一个个兴奋地拿着空花盆到开心农场，填土，一勺一勺，我仿佛将希望填了进去，回到实验室，称土、浇水、播种，我们的肩上扛着责任，我们有义务培养它们，让它们茁壮成长。
>
> 看着一个一个刚出的小苗一个接一个死去、枯萎，固然伤心，可是也没办法，我们不断换位置，终于找到了一个好地方，长出了新的小苗。开出最好的花的是那盆12小时光照组的，我们并不惊讶，这是正常光照时间。
>
> 在这个课题中我学会了：坚持、责任、分工、合作，呵护小生命。
>
> 我还体会到了在"玩中学、学中玩"的乐趣。一个生命从起点到终点，我可以确定这一定不是直线，而是一条曲线，就像这次小课题，有那么多酸甜苦辣咸。也许这个课题我们没有那么严谨，却得到了许多，也许再来一次会更好，说不定会有不一样的精彩！

案例报告 3-2
金鱼真的会吃撑死吗?

课题主持人:张飞杨
课题组成员:郑佳茹、邹数哲、李江航、聂海其、卢新敏、刘纬萱
指导教师:古文利、林金虹
所在学校:深圳市坪山区汤坑小学(四、五年级)

一 实验缘起和目的

(一) 实验缘起

通过三年级上册科学课程的学习,我们对于小金鱼有了更进一步的认识,平时同学们也有过养小金鱼的经验,但是他们发现自己养的小金鱼没几天就会陆续死掉,不知道是什么原因导致的。

有的同学说金鱼是吃撑死的,有的同学说金鱼是因为水太脏被"毒"死的,到底科学的真理在哪里呢?大家都是有强烈的好奇心和求知欲的人,为了解答这一个疑问,我们几个有共同兴趣爱好的同学提出了探究的小问题:"金鱼真的会吃撑死吗?"

在科学老师的指导下,我们通过网上查资料了解到有"金鱼会吃撑死"的说法,但也有一些说"金鱼是由于水质变脏变臭而死的"。

金鱼有一些先天不足的特点,比如:消化道短,消化能力差;容纳能力差;饱食感迟钝;对食物要求高。这些特点是不是会导致它们容易吃撑死呢?

(二) 实验目的

通过研究"金鱼真的会吃撑死吗?",我们更加深入地了解了金鱼的生活环境,同时也在探索自然科学中得到乐趣,锻炼了我们的科学研究精神和合作探究能力。

二　实验假设和设计思路

（一）实验假设
（1）如果在 2 个星期内，进食不同时长的金鱼都没有死亡，说明金鱼不会吃撑死。
（2）如果有多条进食时间比较长的金鱼死亡，说明金鱼会吃撑死。

（二）实验思路
设计对比实验：分别让金鱼进食 5 分钟、10 分钟、15 分钟、20 分钟、25 分钟和 30 分钟。喂食后把金鱼捞到一个新的、没有饲料的、与原来水一样多的鱼缸里，以此来探究金鱼是否真的会吃撑死。该实验连续喂食和观察金鱼 2 个星期。

为了验证另一种说法——金鱼是由于水质变差而死的，我们也设计了一个实验来进行探究。实验的过程，除了不换水，鱼缸的大小、加入的水量、金鱼的品种和数量、饲料加入的数量都保持一样。最后对实验数据进行分析，找到金鱼的真正死因。

三　实验方法和过程

（一）研究方法
1. 调查法
通过在网上查找有关饲养金鱼的资料，更详细地了解金鱼的生长特性和生活环境。

2. 对比实验法
通过改变一个条件——金鱼进食时间或者不换水，饲养 2 个星期后进行比较，找出导致金鱼死亡的真正原因。

3. 行动研究法
针对研究实践中的问题，在行动研究中不断地探索、改进，解决研究的实际问题。

4. 观察法
在课题的进行过程中，通过观察金鱼的生存情况，更好地掌握金鱼的饲养方法。

(二) 实验过程

1. 准备工作

在查找资料的过程中,我们了解到要养好金鱼的第一步得先准备好水,因为刚放出而未经晾晒处理的自来水含的氯气较多,这种水对金鱼危害极大,所以需要静置一天才可以用来养小金鱼。

在开始实验的前一天,我们先把 13 个鱼缸清洗干净,其中有 6 组实验是以 2 个鱼缸为 1 组来进行的,有 1 组是以 1 个鱼缸来进行的。接着做好要加入多少水的标志,我们决定每个鱼缸注入的水量都是到 15 cm 高。最后贴好每个鱼缸对应金鱼进食时长的标签。设置观察组。

2. 实施阶段

实验第一天,先称取相同的、充足的鱼饲料 3 g,共 7 份。每个鱼缸放进 3 条品种相同、大小相似的金鱼,让不同鱼缸的金鱼分别进食不同时长,观察金鱼进食,并做相应的实验记录。

(三) 实验记录

对金鱼喂食情况进行观察记录,详见表 3-2-1。

表 3-2-1 金鱼喂食情况记录表

日期/温度	鱼缸序号	喂食时间/分钟	金鱼总数(条)	金鱼存数(条)	金鱼死亡数(条)	金鱼活动和呼吸是否正常	粪便排放是否正常	记录员	备注
11月12日 28℃	①	5	3	3	0	正常	无粪便	郑佳茹	
	②	10	3	3	0	正常	无粪便	邹数哲	
	③	15	3	3	0	正常	无粪便	李江航	
	④	20	3	3	0	正常	无粪便	聂海其	
	⑤	25	3	3	0	正常	无粪便	张飞杨	
	⑥	30	3	3	0	正常	无粪便	刘纬萱	
	⑦	不换水	3	3	0	活动正常,呼吸正常	正常,量比较少	卢新敏	
11月13日 28℃	①	5	3	3	0	正常	有粪便排出	郑佳茹	
	②	10	3	3	0	正常	有粪便排出	邹数哲	
	③	15	3	3	0	正常	有粪便	李江航	

(续表)

日期/温度	鱼缸序号	喂食时间/分钟	金鱼总数(条)	金鱼存数(条)	金鱼死亡数(条)	金鱼活动和呼吸是否正常	粪便排放是否正常	记录员	备注
	④	20	3	3	0	正常	有粪便	聂海其	
	⑤	25	3	3	0	正常	有粪便排出	张飞杨	
	⑥	30	3	3	0	正常	有粪便	刘纬萱	
	⑦	不换水	3	3	0	活动正常，呼吸正常	正常，量比前一天多	卢新敏	有剩余鱼饲料
记录2周	……	……	……	……	……	……	……	……	……

四　实验分析

在连续实验的过程中，我们发现每天都换水且分别进食 5、10、15、20、25 和 30 分钟的金鱼，饲养 2 个星期没有死亡。在不换水的实验中，2 个星期内有 2 条金鱼死亡。

我们的实验证明金鱼不会吃撑死，而是水质问题导致水里大量缺氧而造成金鱼死亡。至于很多人认为"金鱼会吃撑死"，可能是没有考虑水质变坏的情况、饲料的质量问题，表面认为金鱼的腹部胀大就是撑死了。

真正养过金鱼的人仔细观察就会发现，在投入过多鱼食时，金鱼并不会把鱼食全部吃掉，而是吃饱了就不吃了。但鱼食过多确实容易造成鱼儿死亡，这是为什么呢？

后天失氧是由于饱食后的金鱼需氧量增加，同时，"剩饭"耗氧且污染水质，金鱼就会由于缺氧导致各器官机能出现障碍，而消化道此时已承受了比平时更大的压力，在这样的情况下，金鱼就很可能死亡。

因此，"金鱼吃撑死"的问题关键不在于金鱼"不知饱"，而在于"剩饭"和粪便导致水质变差。

反思与体会

张飞杨：这次实验过程比较艰难，比如很多次要弄到晚上 6 点钟，导致回家写作业时间不够；鱼缸太重搬的时候难搬……可是我们还是坚持下来了。

在这次实验中我很有收获,比如结识了一些朋友、体验实验的乐趣、知道金鱼是不会吃撑死的。

卢新敏:记得九岁时妈妈为我买回来4条小金鱼,我很喜欢它们,心想让它们多吃点东西就能长得快一些吧。于是我一天喂五次饲料,可是金鱼不但没有长大反而在几天后就死了。

经过这个小课题的学习,我改变了养鱼的方法,妈妈又给我买了2条金鱼,我懂得养金鱼要注意用科学的方法,换水要注意把自来水先放在桶里晾,而且要及时换水。掌握了方法以后,养起来就顺手多了,这2条小金鱼现在一看见我就摇头摆尾、用嘴巴把鱼缸串起波浪,真的通人性啊!

养金鱼让我想到:日常生活中应当学会更多的科学知识,掌握规律才不会好心办坏事,才能实现愿望、收获成果!

李江航:在10月份,我们科学小组做了一个名叫《金鱼真的会吃撑死吗?》的小课题,我们连续试验了一个多月的时间,终于圆满完成。我觉得这个实验很有趣,首先是因为它让我们有了实际行动,让我们大开眼界;其次是让我们学会了许多知识;最后是让我认识了许多朋友,与他们一起进步、一起成长,这是最重要的,我很喜欢这次小实验。

案例报告 3-3
探究环保酵素滤液

课题主持人:陈佳莹

课题组成员:徐涛、林剑涵、严明正、周洪滨、丁铂营、黄家豪、田康之、余晨希、唐源艺、樊丽娜

指导教师:沈艺、郑泽华、黄玲

所在学校:深圳市坪山区同心外国语学校

一 实验缘起和目的

(一) 实验缘起

环保酵素由泰国的乐素昆博士(Dr. Rosukon)发明,是对混合了糖和水的厨余(鲜垃圾)经厌氧发酵后产生的棕色液体的通俗称法。酵素简单易做,近年来,在我国得到了大批环保爱好者的支持,掀起了一股"环保酵素制作"热潮。环保酵素的宣传资料中均提到"环保酵素具有净化地下水、净化空气和去污等很好的环保效果,可用于餐具和织物的去污"。不少环保爱好者通过亲身实践发现其具有一定的去污能力,但也有一些人认为效果并不明显,存在不同的观点。我们通过百度和知网等途径发现,目前国内有关环保酵素去污作用的科学实验的正式报道很少。这激起了我们强烈的好奇心。问题的真相究竟是什么呢? 我们希望通过一系列实验来寻找问题答案。

(二) 实验目的

(1)通过严谨的科学实验探索环保酵素的理化性质,研究其是否可作为洗涤剂使用,是否对织物中的不同污渍具有去污效果,以及其与洗涤剂混合使用后是否会增强洗涤效果。

(2)帮助自己和身边的人科学、客观地认识环保酵素的作用,认同环保酵素的价值,践行理性的环保理念和行动。

二 实验假设和设计思路

(一) 实验假设

(1) 假设一:环保酵素是酸性物质。

假设依据:环保酵素闻起来酸酸的,又因为它是无氧发酵制成的,猜想可能含有无氧发酵的产物——乳酸或醋酸。

(2) 假设二:环保酵素中含有酒精。

假设依据:环保酵素密封发酵,考虑到厨余垃圾有酵母菌,且经过资料查阅了解到,酵母菌在无氧环境中能产生酒精,所以猜测它有无氧发酵产物——酒精。

(3) 假设三:环保酵素对不同污渍均具有一定的去污能力,且洗洁精与环保酵素混合使用的去污效果会比单独使用洗洁精的去污效果好。

假设依据:环保酵素是通过微生物发酵而来的,可能含有一定的由微生物分泌产生的生物活性物质,如蛋白酶、纤维素酶等。这些不同的酶,能够分解污渍中的有机物;环保酵素可能含有酒精,能够使蛋白质变性或溶解脂肪等物质;环保酵素可能具有两亲性,从而达到去污的作用;环保酵素可能是酸性溶液,能够与一些碱性的污渍中和,从而去除碱性污渍。

(二) 实验设计思路

1. 实验设计

(1) 使用相关的试纸和试剂检测环保酵素的 pH 值和是否含酒精。

(2) 检测环保酵素的两亲性。

洗涤剂的去污原理是含有既有亲水头又有亲油头的两亲性物质,即表面活性剂。在洗涤油脂性污渍时,表面活性剂亲油的一端被污垢吸附而被包裹,再使用一定的机械力,油和水即可以发生乳化作用,形成水包油型乳状液,也就是发生乳化作用,从而去除油性污渍。因此,我们可以将环保酵素和食用油混合,看其是否发生乳化现象,从而推测其是否含有两亲性物质,是否可以作为洗涤剂使用。

(3) 使用对照实验法比较环保酵素对白色棉布上不同污渍的去除效果。

自变量:白色棉布中污渍的类型、含污渍的白布在洗涤时加入的洗涤成分。

因变量:洗涤后白色棉布上污渍的颜色深浅。

无关变量:洗涤用水量、加入洗涤成分的量、玻璃棒搅拌次数及力度均相同。

2. 实验思路

(1) 将具有相同类型的污渍、面积大小相同、质地相同的白色棉布分为 4 组,分别使用不同的洗涤成分进行处理。

A 组用环保酵素和洗洁精共同处理;B 组单独用环保酵素处理;C 组单独使用洗洁精处理;D 组只用清水洗涤。

(2) 洗涤后观察、记录白色棉布污渍消失的时间、面积大小或颜色深浅来比较去污效果,通过对照得出结论。

B—D 组对照:若 B 组污渍颜色比 D 组的浅,则说明环保酵素具有去污效果,反之相反。

A—C 组对照:若 A 组污渍颜色比 C 组的浅,则说明洗洁精与环保酵素混合使用时去污效果比单独使用洗洁精的去污效果好。

B—C 组对照:B 组污渍比 C 组的浅,则说明环保酵素的去污能力比洗洁精的好。

(3) 使用相同的方法,分别检测环保酵素对白色棉布中酱油、巧克力牛奶、血液、番茄汁、咖啡、油滴这 6 种污渍的去污效果,并且每个实验都重复三次以上。

三 实验研究的过程

(一) 实验计划

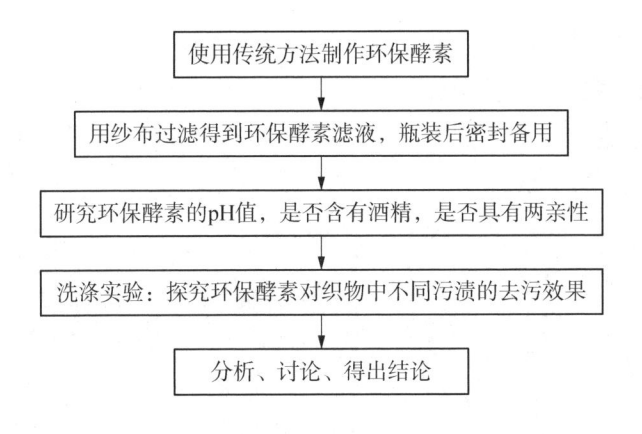

图 3-3-1 实验简要流程

1. 准备阶段(第1、2个月)

(1) 搜集、整理资料,设计实验的实施方案和记录表格:我们先收集关于环保酵素的制作工艺及相关宣传报道和研究,并加以整理,了解环保酵素目前的研究进展;紧接着设计制作环保酵素和研究去污能力的实验方案与表格。

(2) 购买、准备实验材料和器具:购买制作环保酵素和研究去污能力的实验需要用到的材料和器具。

2. 环保酵素滤液制作及储存阶段(第3至8个月)

(1) 使用传统方法制作环保酵素。

(2) 用纱布过滤得到环保酵素滤液,瓶装后密封备用。

3. 因变量检测阶段(第9、10个月)

(1) 使用pH试纸检测7组环保酵素滤液的pH值,并记录和比较。

(2) 检测环保酵素滤液是否含有酒精,并记录。

(3) 检测环保酵素和油滴混合是否发生乳化现象,判断其是否含有两亲性物质。

(4) 设置对照实验,使用环保酵素滤液进行洗涤实验,检测、记录环保酵素滤液对织物的洗涤效果。

(5) 分析实验结果,得出结论。

4. 总结阶段(第10至12个月)

(1) 研究资料整理,撰写实验报告。

(2) 交流、评价,进行成果鉴定及推广研究。

(二) 实验的实施

1. 环保酵素制作和滤液制备

使用传统方法制作环保酵素(如图3-3-2所示),并使用纱布过滤得到滤液。

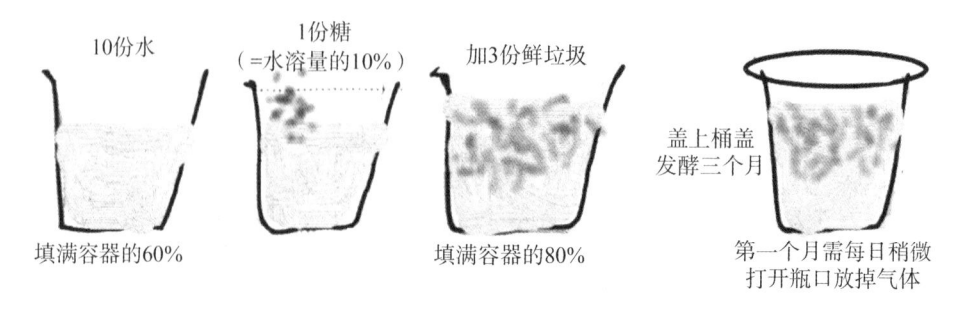

图3-3-2 环保酵素的制作过程

2. pH 试纸检测酵素溶液的 pH 值

实验材料：酵素 100 mL、pH 试纸、玻璃棒。

检测过程：用洁净的玻璃棒蘸取酵素液，点在试纸中部，观察试纸的颜色变化，并与标准比色卡对比，确定溶液的 pH 值；根据实验结果，得出结论。

3. 使用酸性重铬酸钾检测酵素溶液是否含有酒精

实验材料：酵素 100 mL、酸性重铬酸钾溶液、胶头滴管、试管、试管架、玻璃棒。

检测过程：

(1) 1 号试管和 2 号试管分别倒入等量的环保酵素滤液。在 3 号试管倒入少量酸性重铬酸钾溶液。

(2) 将装有酸性重铬酸钾溶液的试管缓倾，将溶液倒入 2 号试管，充分振荡，摇匀。

(3) 1 号试管与 2 号试管放进试管架内进行对比，观察、记录颜色变化情况。

(4) 根据实验结果得出结论。

4. 检测环保酵素滤液是否含两亲性物质

主要的实验材料和用具：食用油、环保酵素滤液、量筒、烧杯、滴管、试管、试管架。

检测过程：

(1) 准备四支试管，编号为 A、B、C、D。

(2) 往试管 A、B、C、D 中依次注入 10 mL 清水、10 mL 环保酵素、10 mL 清水与 2 滴洗洁精的混合液、10 mL 环保酵素与 2 滴洗洁精的混合液。

(3) 再依次往四支试管中加入 1 mL 植物油。

(4) 振荡、摇匀各试管，静置 2 分钟。

(5) 观察、记录实验结果，分析得出结论。

5. 使用对照实验法检测环保酵素对织物上不同污渍的去污效果

主要的实验材料和用具：鸡血、巧克力牛奶、咖啡、酱油、番茄汁、食用油、一定浓度的氢氧化钠溶液和硫酸铜溶液、白色棉布、滴管、试管、带盖的小玻璃罐、玻璃棒、pH 试纸、吹风筒、洗洁精、环保酵素滤液。

检测过程：下面以"检测环保酵素对含有酱油污渍的棉布的去污效果"为例讲述实验的操作过程，详见表 3-3-1。

表 3-3-1 "检测环保酵素对含有酱油污渍的棉布的去污效果"实验

步骤	A组	B组	C组	D组
1	取 10 cm×10 cm 的白色棉布 4 块,各滴加 5 滴酱油,用吹风筒吹干备用			
2	各烧杯中加入一块含有酱油污渍的白色棉布			
3	加入已充分搅拌混合的环保酵素 20 mL 和洗洁精 2 滴	加入环保酵素 20 mL	加入已充分搅拌混合的 20 mL 清水和洗洁精 2 滴	加入清水 20 mL
4	分别浸泡 5 分钟			
5	往各烧杯中加入清水 500 mL			
6	用玻璃棒沿相同方向、用相同力度各搅拌 10 分钟			
7	分别放入含 500 mL 清水的烧杯中漂洗 1 分钟,捞起并吸干表面水分			
8	观察、记录、比较和分析污染物残留状况			
9	再重复实验 2 次以上,根据多次实验的结果得出实验结论			

我们使用相同的实验方法依次检测了环保酵素对白色棉布中的酱油、巧克力牛奶、血液、油滴、番茄汁、咖啡污渍的去污效果。各实验过程除了加入的污渍类型不同外,其他所有过程均与表 3-3-1 完全相同,具体过程见图 3-3-3 所示。

取 10 cm×10 cm 的白色棉布 4 块,各滴加 5 滴酱油,用吹风筒吹干备用

加入不同溶剂或清水,浸泡 5 分钟

加入清水 500 mL,相同方向、相同力度各搅拌 10 分钟

捞起后观察、记录、比较和分析

图 3-3-3 含有酱油污渍的棉布的去污过程演示

四 实验结果

(一) 各实验结果分析与结论

1. "pH 试纸检测酶素溶液的 pH 值"的实验结果分析与结论

实验结果:如图 3-3-4,pH 试纸变色,对比标准比色卡,pH 值在 3.0~4.0 之间。

实验结论:环保酵素滤液为酸性溶液。

2. "检测酵素溶液是否含有酒精"的实验结果分析与结论

实验结果:如图 3-3-5,对比 1 号试管,2 号试管溶液加入重铬酸钾后颜色由橙红色变成灰绿色。

实验结论:环保酵素滤液中含有酒精。

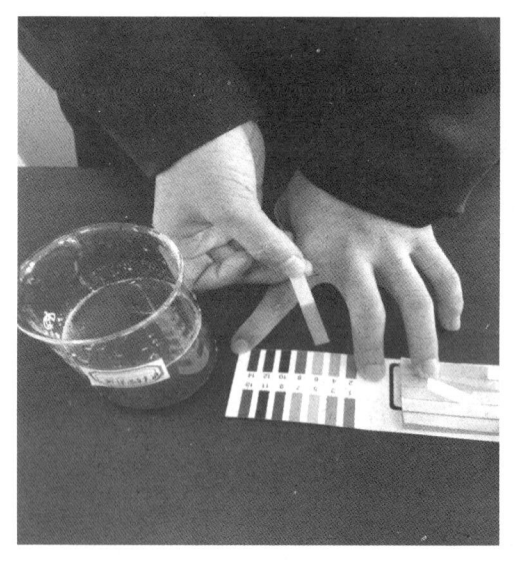

图 3-3-4 使用 pH 试纸检测酵素溶液的 pH 值实验结果

图 3-3-5 使用酸性重铬酸钾检测环保酵素液结果

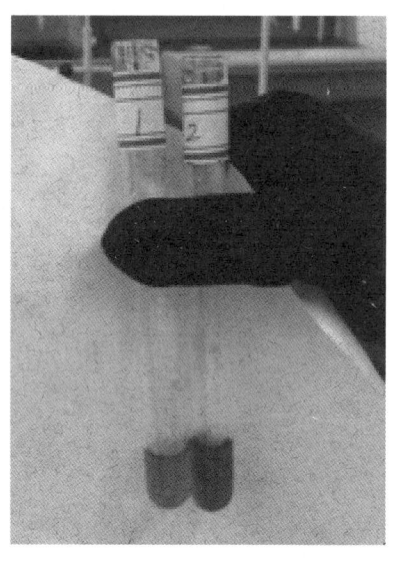

3. "环保酵素的两亲性物质检测"的实验结果分析与结论

表 3-3-2 "环保酵素的两亲性检测"的实验结果与结论

组别	A	B	C	D
自变量	清水 10 mL	酵素 10 mL	清水 10 mL 和洗洁精 2 滴	酵素 10 mL 和洗洁精 2 滴
实验现象	A 组上层油滴明显,未出现乳化现象; B 组最上层为油层,比 A 组少,中间为乳白色,出现乳化现象; C 组上层呈乳白色,乳化现象明显; D 组最上层为油层,中间层呈乳白色,出现乳化现象。			
实验结论	(1) 与清水对比,环保酵素滤液对油脂有一定的乳化作用,说明环保酵素中含有两亲性物质,可用作洗涤剂; (2) 但环保酵素滤液单独使用或将环保酵素滤液与洗洁精混合使用的乳化作用效果不及单独使用洗洁精。			

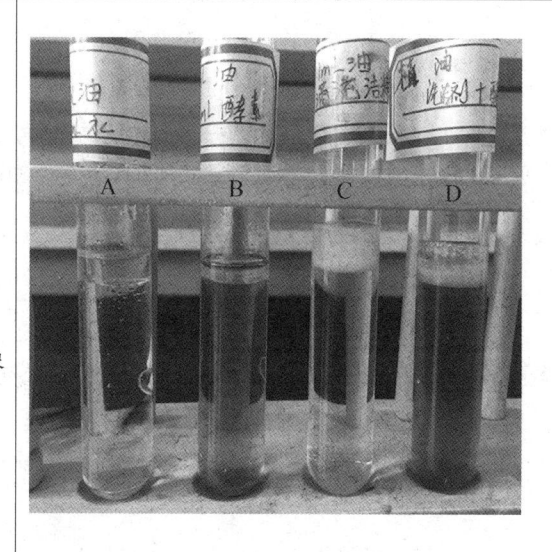

4. 环保酵素对白棉布上的酱油、巧克力牛奶、血液、油滴 4 种污渍的去污效果分析与结论

(1) 实验结果

环保酵素对白色棉布中酱油、巧克力牛奶、血液、油滴污渍的去污效果表现一致,实验结果依次如表 3-3-3 至表 3-3-6 所示。

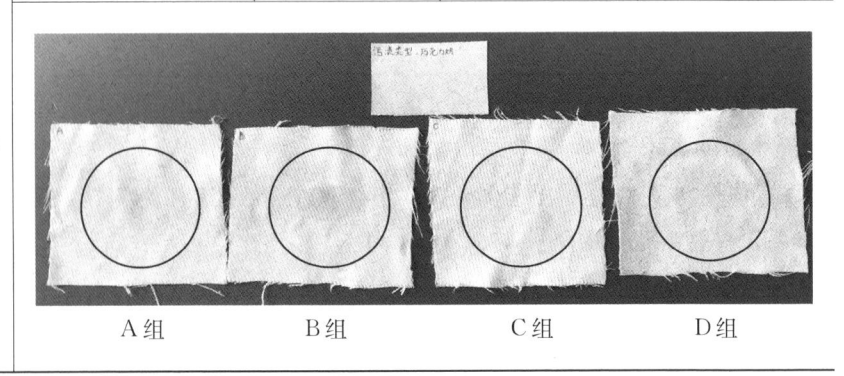

表3-3-3 "检测环保酵素对含有酱油污渍的棉布的去污效果"实验结果

步骤	A	B	C	D
加入的洗涤剂	环保酵素20 mL+洗洁精2滴	环保酵素20 mL	清水20 mL+洗洁精2滴	清水20 mL
污渍颜色深浅程度	+++	++++	+	++
	A组	B组	C组	D组

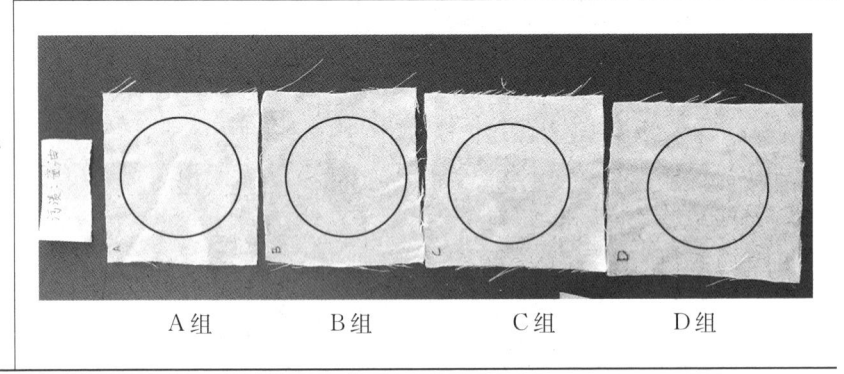

注:"+"的多少表示污渍颜色的深浅程度,以下各表相同。

表3-3-4 "检测环保酵素对含有牛奶巧克力的棉布的去污效果"实验结果

步骤	A组	B组	C组	D组
加入的洗涤剂	环保酵素20 mL+洗洁精2滴	环保酵素20 mL	清水20 mL+洗洁精2滴	清水20 mL
污渍颜色深浅程度	+++	++++	+	++
	A组	B组	C组	D组

表 3-3-5 "检测环保酵素对含有血液污渍的棉布的去污效果"实验结果

步骤	A 组	B 组	C 组	D 组
加入的洗涤剂	环保酵素 20 mL+洗洁精 2 滴	环保酵素 20 mL	清水 20 mL+洗洁精 2 滴	清水 20 mL
污渍颜色深浅程度	+++	++++	+	++

表 3-3-6 "检测环保酵素对含有油滴污渍的棉布的去污效果"实验结果

步骤	A 组	B 组	C 组	D 组
加入的洗涤剂	环保酵素 20 mL+洗洁精 2 滴	环保酵素 20 mL	清水 20 mL+洗洁精 2 滴	清水 20 mL
污渍颜色深浅程度	+++	++++	+	++++

(2) 分析与结论

① 4 种污渍的实验结果表现一致,均与假设不符合,具体表现为:

洗涤后颜色从浅到深依次是:C 组、D 组、A 组、B 组。说明去污效果最好的为洗洁精,其次为清水,第三为环保酵素与洗洁精混用,最差为单独使用环保酵素;

B 组独立使用环保酵素洗涤后污渍颜色比 D 组单独使用清水洗涤的深,说明独立使用环保酵素对去除白色棉布中的酱油、巧克力牛奶、血液、油滴 4 种污渍没有明显效果；

A 组环保酵素和洗洁精混合洗涤后污渍颜色比 C 组单独使用洗洁精或 D 组清水的污渍颜色都深，说明环保酵素和洗洁精混合使用对去除棉布中的 4 种污渍没有明显效果，比单独使用洗洁精或清水的去污效果差。

实验结论：从以上分析可见，无论是单独使用环保酵素还是将环保酵素与洗洁精混用，对白色棉布上的酱油、巧克力牛奶、血液、油滴 4 种污渍均没有明显的洗涤效果。

② 环保酵素对油脂的去除效果拓展分析。对于油污的洗涤结果我们非常不甘心，因为按我们最初的理解，环保酵素中含有酒精，能够溶解脂肪，并且前面的实验也证实了环保酵素中含有两亲性物质，应该对去除油污是有作用的，但为什么棉布洗涤实验结果却与其不一致呢？实验结果也受洗涤方式、加入的环保酵素的量、污渍附着的物质等因素的影响。

后来，我们获悉，我校另一个小课题《自制环保酵素与化学洗涤剂清洁油污的效果比较》的研究结果表明"与清水相比，环保酵素对沾满油的光滑的玻璃烧杯有一定的清洁效果"。

因此，综合两个课题的研究结果，能够证明环保酵素对油脂的确具有一定的去除效果，但对不同物体中的油脂去除效果不同，可能对光滑物体表面的油脂更有效，而对织物中的油脂去除效果不明显。

5. 检测环保酵素对含有番茄汁污渍的棉布的去污效果

在检测番茄汁污渍时，我们惊奇地发现，其结果与前面 4 种污渍的结果不同，洗涤后颜色从浅到深依次是 C 组、A 组、B 组、D 组，说明洗涤效果最好的为洗洁精，其次为环保酵素与洗洁精混用，第三为环保酵素，最差为单独使用清水。

如表 3-3-7，A 组环保酵素与洗洁精混合使用、B 组单独使用环保酵素的污渍颜色均比 D 组清水的浅，但比 C 组深。

实验结论：洗洁精和环保酵素混用或单独使用环保酵素对白棉布上的番茄汁有一定的去污效果，但比独立使用洗洁精的效果差，环保酵素或与洗洁精混合使用会降低洗洁精的洗涤能力。

表3-3-7 "检测环保酵素对含有番茄汁污渍的棉布的去污效果"实验结果

步骤	A组	B组	C组	D组
加入的洗涤剂	环保酵素20 mL+洗洁精2滴	环保酵素20 mL	清水20 mL+洗洁精2滴	清水20 mL
污渍颜色深浅程度	++	+++	+	++++
	A组	B组	C组	D组

6. 检测环保酵素对含有咖啡污渍的棉布的去污效果

如表3-3-8,其结果与前面5种污渍的洗涤效果不同,洗涤后颜色从浅到深依次是B组、D组、C组、A组,说明洗涤效果最好的为单独使用环保酵素,其次清水,第三为洗洁精,最差为环保酵素与洗洁精混用。

表3-3-8 "检测环保酵素对含有咖啡污渍的棉布的去污效果"实验结果

步骤	A组	B组	C组	D组
加入的洗涤剂	环保酵素20 mL+洗洁精2滴	环保酵素20 mL	清水20 mL+洗洁精2滴	清水20 mL
污渍颜色深浅程度	++++	+	+++	++
	A组	B组	C组	D组

B—C—D对照说明,独立使用环保酵素对白色棉布中咖啡污渍有明显的去污效果,且比独立使用洗洁精的效果好。

A—C—D对照说明,环保酵素和洗洁精混合使用降低了去污效果,比单独使用洗洁精的效果差。

A—B—D对照说明,单独使用环保酵素的洗涤效果比环保酵素和洗洁精混合使用更好。

由于环保酵素是酸性溶液,而咖啡属于碱性物质,可能两者发生了中和,从而有助于咖啡污渍的洗涤。

实验结论:单独使用环保酵素对白色棉布中的咖啡污渍具有明显的去污效果。

(二) 实验结论

综合以上分析,实验结论可总结如下:

(1) 环保酵素滤液的pH值在3.0～4.0之间,是酸性溶液,含有酒精。

(2) 环保酵素含有两亲性物质,可作为洗涤剂使用。

(3) 环保酵素滤液具有一定的去污能力,但对白色棉布中不同污渍的洗涤效果具有选择性。相比而言,环保酵素滤液的酸性特性使其在去除棉布中碱性污渍时效果最为明显;对番茄汁也有一定的洗涤效果。

(4) 将洗洁精和环保酵素滤液混合后,对织物的洗涤效果不及单独使用洗洁精。

(5) 环保酵素中的酒精成分和两亲性物质对光滑容器中的油脂具有明显的洗涤效果,但对织物的效果不明显。

(三) 建议

根据以上研究结论,我们认为环保酵素具有一定的洗涤功能,但使用时应该注意:

(1) 从去污效果最佳角度考虑,在去除棉布上的污渍时,不要将环保酵素与洗洁精混合使用。

(2) 在去除棉布上的污渍时,非碱性的污渍不要单独使用环保酵素或与洗洁精混合使用。

(3) 比起去除织物的油污,环保酵素可能更适合去除光滑物体表面的油污。

(4) 要根据污渍所在的物体类型和污渍的类型来决定是否使用环保酵素去污。

(5) 如果从减少垃圾、循环使用、变废为宝、功能最大化等理念出发,我们还可以通过工厂化条件让厨余垃圾变为更大的"宝"。通过查阅资料我们发现,植物性厨余垃圾可以通过工厂化条件下的发酵工程生成一种环保、安全的生物降解塑料,其成分为聚乳酸(polylactic acid, PLA),具有生物可降解性良好、机械性能及物理性能良好、相容性良好的优点,是一种新型环保、可持续发展的材料。我们可以将这些植物性厨余垃圾收集起来,在工厂化条件下,严格控制各种条件,先进行发酵产生乳酸,再经过特殊的聚合反应过程生成这种环保塑料,这样就让厨余垃圾的利用价值更高了。

反思与体会

陈佳莹:在实验研究中,我受益匪浅。虽然在这一过程中投入了大量的时间和精力,但我锻炼了自己的耐心和毅力,懂得了很多道理。(1)实验要具有严谨性。在实验过程中,我们必须按照标准化的实验步骤进行操作,如搅拌时每组都要保证按照相同的速度、相同的力度、相同的时间进行操作。(2)亲身实验得真知。在实验之前,我们在网上看到有人说环保酵素具有很强的清洁作用,但却没有相关的实验说明。所以我们做出了"环保酵素具有很强的清洁能力"的假设。但是当我们做完一系列实验后,却发现环保酵素虽然有去污能力,但功能具有一定局限性。我们理解了实践得真知的道理。(3)要有恒心与毅力。在实验研究过程中,我们投入了大量时间,不断重复做实验。这是为了减小实验的误差,确保实验的准确性。在重复实验的过程中,有一些枯燥,有点想放弃,但当我们得出结论后,心情非常舒畅、非常满足。在这一过程中,我锻炼了自己的恒心与毅力。(4)勇于面对他人的质疑。科学探究的道路是曲折的,我们的研究很难一步到位,经历他人的质询和怀疑是必不可少的阶段,我们要勇于接纳他人的合理建议,不断吸取他人的研究成果,改进和完善自己的研究。

林剑涵:小课题让我们学会了谦逊、开放的态度,获得了勇于探索的精神。我们在课堂上通过科学史的学习,知道科学探究是一个曲折的、不断修正的过程,而通过这次真实的探索经历,我们得到了切身体会。在做实验之前,我们倾向于认为环保酵素对多种污渍均具有去污能力,但实验结果并不完全与假设相符。在我们选定的材料中,只有咖啡的实验结果与假设相符,特别是我们原来猜测环保酵素对织物有很强的去除油污的效果,而实验结果却显示效果不明显。因此在最初的研究结论中,我们认为,环保酵素不具有洗涤效果,但很快实验结果与结论就受到了质疑。有人认为,我们的实验可能是有局限性的,可能和我们的研究方法与研究的思路不全面、不够严谨有关。此时,我们要保持谦逊的、开放的态度,勇于改变思维方式,从自身和客观方面共同找原因,修正实验中可能的偏差,反思不足,提出研究需要完善的地方,让实验更有价值。我们认识到自己的实验仅仅是在一定的比例、洗涤方式和洗涤材料下进行的,结果并不具有代表性。因此,后来我们增加了污渍的类型,查阅了洗涤剂洗涤原理的文章,增加设计了"环保酵素滤液是否具有两亲性物质"的实验,还参考了我校其他课题组有关环保酵素去除玻璃容器表面油脂的实验,最终得出了相对客观和全面的结论。通过这样的经历,我们知道了科学研究的严谨性和发展性。在面对质疑和否定时,我们需要有开放和谦逊的态度,打破刻板思维,转换角度,精益求精,那么我们就会收获更多。

案例报告 3-4
土豆发芽后能不能吃?

课题主持人：宋一兴
课题组成员：陈子涵、李银如、李诗懿、廖容萍
指导老师：曾海洋、周伟文
所在学校：深圳市坪山区坑梓中心小学

一 研究的缘起和目的

(一) 研究缘起

土豆(学名马铃薯,也叫洋芋)在生活中很常见,我们也很喜欢吃。据说发芽的土豆不能吃,那我们就好奇了:土豆发芽为啥不能吃? 如果吃了发芽的土豆会对身体造成怎样的伤害呢? 土豆发芽到底藏着怎样的奥秘呢?

有关土豆发芽不能吃,同学们是不是与我们的想法一样呢? 为此我们进行了问卷调查,调查发现52%的同学认为土豆发芽不能吃,6%的同学认为可以吃,42%的同学对土豆发芽能不能吃表示不清楚。我们发现同学们对这个问题没有很清楚的认识,即使知道发芽的土豆不能吃,也不知道是什么原因。

通过查阅资料,我们还知道土豆是全球第四大重要的粮食作物,仅次于小麦、稻谷和玉米;中国的土豆种植面积和产量均居世界前列,尤其在一些省份,土豆已成为重要的粮食来源。可见小小土豆在人们日常生活中、国家战略中都有着不可忽视的地位。这个小课题的探究又有了更为重要的意义。

(二) 研究目的

(1) 通过文献检索、实验等方法了解土豆发芽产生的有毒物质是什么。
(2) 了解食用过量发芽土豆后对人体有哪些危害。

二 研究问题和思路

（一）研究问题
(1) 土豆发芽后产生的毒素是什么？
(2) 人误食发芽土豆后对身体造成的危害是什么？

（二）研究思路
(1) 通过实物观察、资料查找了解土豆的结构。
(2) 通过文献检索了解土豆发芽产生的有毒物质是什么。
(3) 用一定的方法验证有毒物质的一些特性。

三 研究方法和过程

（一）研究方法
1. 观察法

观察土豆的结构与土豆芽的特点。

2. 文献检索、资料收集法

通过文献资料分析了解与龙葵素相关的知识与经验。

3. 实验法

控制条件研究龙葵素的量的变化。

（二）研究过程
1. 观察探究：土豆的基本结构与特征

通过观察，我们发现土豆的外形有球形、椭圆形、不规则形状等；土豆芽都是长自一个个小窝点处，有些窝点处发芽了，有些没有。土豆闻起来没有特别的味道。通过查阅资料我们知道土豆是块茎，有发达的薄壁组织，贮藏丰富的营养物质，块茎的表面有许多芽眼，一般呈螺旋状排列，芽眼内有 2~3 个腋芽，仅其中一个腋芽容易萌发，能长出新枝，故块茎可供繁殖之用。

2. 文献探究:了解土豆发芽后产生的新物质是什么及其危害

通过查找知网文献、百度文库等,我们知道土豆发芽时产生的新物质是龙葵素,一种龙葵碱,以及基本了解了它的形成原因、含量变化及对人体的危害。

(1) 形成龙葵素的原因:马铃薯贮存不当而引起发芽或皮肉晒太阳太久而变绿发紫时,就会制造龙葵素来保护自己。

(2) 龙葵素含量变化:发芽的薯块可由正常的 0.004% 提高到 0.08%,增加 20 倍;芽内由 0.5% 提高到 4.76%,增加近 10 倍;霉坏的薯块可达 0.58%~1.84%,提高 145~460 倍。贮存时间过长也可使毒素增多,贮存到第二年 7 月,可增加到 0.11%,贮存一年半后可增加到 1.30%。

(3) 食用过量龙葵素会产生的危害:如果一次吃进 200 毫克龙葵素(约吃半两已变青、发芽的土豆)经过 15 分钟至 3 小时就可发病。人体食用过多,最早出现的症状是口腔及咽喉部瘙痒,上腹部疼痛,并有恶心、呕吐、腹泻等症状,严重时会有生命危险。

3. 实验探究:食用发芽土豆、表皮变绿的土豆对人体的影响

(1) 龙葵素的提取:我们了解到提取龙葵素常用的方法有双溶剂法、单溶剂法、混合溶剂法等。可对于我们来说太难了,仅是溶剂的化学名称学起来都觉得很困难。当我们一筹莫展的时候,深大附中生物学陈伟博士给我们指导与建议:小学生比较适合采取萃取法提纯龙葵素。接下来在"坪山区坑梓街道食品安全快速检测室"食品检测专业人员的科普宣传与帮助下,我们确立了提取过程(见图 3-4-1)。

培育土豆发芽 → 剥取土豆芽及根部、发绿的表皮 → 加蒸馏水碾碎 → 过滤得到含龙葵素的液体

图 3-4-1 提取过程设计

通过一系列的操作,我们获得了含龙葵素浓度较高的液体(见图 3-4-2)。

(2) 观察龙葵素对草履虫的影响。

① 实验材料:发芽的土豆、草履虫、显微镜。

| 土豆芽 | 研磨土豆芽 | 蒸馏水土豆芽过滤液 |

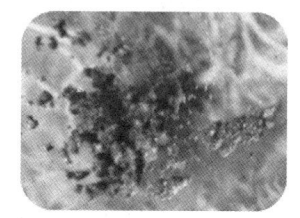

图 3-4-2 提取成果

② 实验方法:取土豆芽过滤液滴入有草履虫的液体中,显微镜下观察草履虫的变化。

③ 实验记录:如图 3-4-3 所示。

| 滴入土豆芽过滤液前 | 滴入土豆芽过滤液后 | 滴入土豆芽过滤液后 |

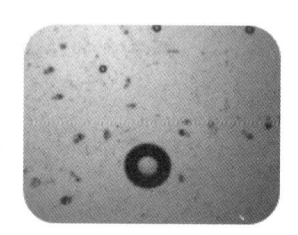

图 3-4-3 实验记录

④ 实验结果:滴入土豆芽过滤溶液后草履虫在短时间内全部死亡。

⑤ 实验结论:土豆芽过滤液可以短时间内破坏单细胞,致草履虫死亡。

⑥ 分析与思考:土豆芽过滤液会破坏单细胞,那么对于人体健康又会产生哪些方面的影响呢?我们不能直接拿人体做实验,但可以选用鱼及与人体基因最接近的白鼠作为研究对象,进行观察。

(3) 观察鱼食用土豆芽过滤液后的影响。

① 实验材料:土豆芽过滤液、鱼。

② 实验方法:提取土豆芽过滤液拌入鱼食中,观察鱼食用后的变化。

③ 实验记录:见图 3-4-4。

实验前	投喂拌有土豆芽过滤液的鱼食	鱼食用1~2小时后

图 3-4-4　实验记录

④ 实验结果：鱼在吃完拌有土豆芽过滤液的鱼食1~2小时后死亡。
⑤ 实验结论：超过鱼自身能承受的土豆芽过滤液量会对鱼的生命产生危害。
(4) 观察小白鼠食用发芽土豆后的影响。
① 实验材料：发芽土豆、小白鼠。
② 实验方法：用发芽土豆和土豆汁喂养小白鼠，观察小白鼠食用后的状态。
③ 实验记录：见图3-4-5。

喂食发芽土豆	喂食土豆汁	喂食后

图 3-4-5　实验记录

④ 实验结果：小白鼠在食用发芽土豆后产生程度不同的症状，有的死亡。
⑤ 实验结论：发芽土豆产生毒素危害生命。

以上实验都重复了三次，根据多次实验现象，草履虫、鱼、小白鼠吃了发芽土豆后出现了反应速度减慢、死亡。推断土豆芽里含有一种毒素，对实验对象生命均产生严重后果。

随后我们又选取表皮变绿的土豆重复数次以上三个实验，观察到相似相近的现象。那么发芽土豆、表皮变绿的土豆到底含有多少龙葵素呢?

4. 龙葵素的检测

我们将给草履虫、鱼、小白鼠食用的同批土豆取样,进行龙葵素含量的检测。龙葵素定量实验必须由专业的工作人员操作才能顺利完成,所以我们委托第三方检测机构对变绿的土豆进行龙葵素含量的测试,所得数据见表3-4-1。

表3-4-1 变绿土豆皮龙葵素含量检测

样品	变绿表皮检测		变绿皮层检测		中心区检测	
	龙葵素含量	结论	龙葵素含量	结论	龙葵素含量	结论
一个小部分变绿的土豆为一号样品	34.12 mg/100 g	两个样品土豆变绿的面积虽然不一样,但表皮中龙葵素含量都超过了限值,表皮不可食用	23.36 mg/100 g	削去绿色表皮后,略有绿色的皮层中龙葵素的含量都有减少,但都还高于可食用的量	4.85 mg/100 g	没有变绿的部分,龙葵素含量比较低
大面积变绿的土豆为二号样品	112.56 mg/100 g		27.12 mg/100 g		7.51 mg/100 g	

可见,变绿或发芽后的土豆确实会产生龙葵素,并且芽与变绿表皮含量高于人体可食用量的标准20 mg/100 g。土豆不同部位的龙葵素含量不同,离土豆芽越近龙葵素含量越高,离土豆芽越远龙葵素含量越低。

5. 发芽土豆中龙葵素含量变化的实验

文献学习告诉我们龙葵素的量会随着时间的变化而增加。那么我们能不能用实验来证明呢?

通过学习我们知道可以应用化学显色法对龙葵素的量进行测定,龙葵碱能与浓硫酸发生氧化还原显色反应——呈现玫瑰色。由于浓硫酸有较强的操作危险,我们委托高校化学实验室完成此项检测。

① 检测材料:发芽的土豆。

② 检测方法:发芽的土豆存放两周。实验第一天测一次,第七天测一次,第十四天测一次;分别往土豆中心处与靠近发芽处滴入浓硫酸,观察其颜色变化。

③ 检测结果:见表3-4-2。

表 3-4-2　实验结果

 第一天	 第七天	 第十四天
中心处基本没出现玫瑰色,靠近发芽处出现极淡、难观察的玫瑰色。	中心处基本没出现玫瑰色,靠近发芽处出现浅淡、不易观察的玫瑰色。	中心处基本没出现玫瑰色,靠近发芽处出现淡、肉眼能观察到的玫瑰色。

④ 检测结论:土豆短时间内储存的龙葵素含量整体上没有明显变化,但是越靠近发芽的地方颜色变化越大,芽头越多土豆颜色变化也越明显。从现象可以推断如果存储时间长达一年、一年半,发芽处的龙葵素含量会大量增加。

存储时间相同,会有哪些因素影响土豆发芽速度及龙葵素含量的变化呢?

6. 光照对土豆中龙葵素含量的影响

表 3-4-3　检测光照对土豆中龙葵素含量影响的实验

实验材料	土豆若干、一样大小的塑料杯 2 个。
对比实验	改变的条件:光照。 一个杯内放入土豆,有光照,为对照组;一个杯内放入土豆,用黑色袋子包住,无光照,为实验组。保证实验在空气流通的环境中进行,放置同一个地方,观察一段时间。
实验记录	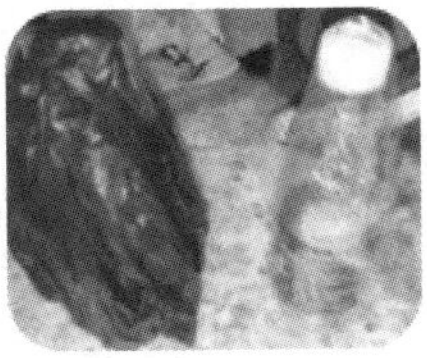 设置对照组 　　　　有阳光照射 　　　　无阳光照射 有光照的土豆发芽长,表皮变绿;无光照的土豆发芽短,表皮颜色变化不大。

(续表)

实验结论	我们通过前面的实验测试知道,一个土豆不同部位的龙葵素含量不同,表皮颜色越绿、面积越大,龙葵素含量越高;越靠近发芽处龙葵素含量越高。所以光照条件下的土豆表皮颜色更绿、芽长得更快,龙葵素的含量也越高。根据现象可判断随着光照的增强土豆发芽越快,龙葵素含量也越高。

7. 温度对土豆发芽情况及龙葵素含量的影响实验

表 3-4-4　温度对土豆发芽情况及龙葵素含量的影响实验

实验材料	土豆若干、一样大小的塑料瓶 3 个。
对比实验	改变的条件:温度。 常温　　　　　　　　　　冷藏室 一个瓶内放入土豆,密封放在冰箱外常温处,为实验组;一个瓶内放入土豆,密封放入冰箱冷藏室,为实验组;一个瓶内放入土豆,密封置于冷冻室,为对照组。同时保证三组样本光照条件一样,观察一段时间。
实验记录	冰箱里的土豆发芽比较慢,冰箱外的土豆发芽比较快。放在冰箱里的大约发了 1 厘米的芽;放在冰箱外的大约发了 1.5 厘米的芽;放冷冻室的土豆直接变成冰块土豆,没有发芽。我们持续在一年的四个季节都做土豆发芽的实验,发现土豆发芽的速度会因季节温度的改变而改变。
其他研究	国外研究发现,如果有光照,则 7℃下 24 小时毒素含量会翻倍;16℃下变成 4 倍,24℃下甚至上升到 9 倍。
实验结论	根据土豆发芽的速度与表皮的变化,我们推断低温条件下土豆中龙葵素的含量增长缓慢。

表3-4-5　有关食用发芽土豆中毒的新闻报道列表

	新闻报道	新闻地址
1	姑侄吃发芽土豆中毒昏迷44天　病罕见如中蛇毒	http://www.hinews.cn/news/system/2011/09/11/013318170.shtml
2	土豆长芽节省女士舍不得丢　汉口母女食用后双双中毒	http://news.cjn.cn/sywh/201501/t2602153.htm
3	两人吃发芽土豆中毒　44天仍靠呼吸机维持呼吸	http://news.cntv.cn/society/20110911/103242.shtml
4	没想到！土豆皮变这种颜色,吃下会中毒！别只知道土豆发芽不能吃	https://www.sohu.com/a/125659216_349025
5	牡丹江一男子吃发芽土豆中毒	https://heilongjiang.dbw.cn/system/2010/04/12/052447902.shtml
6	宣威市一户居民因食用发芽马铃薯后出现中毒症状	https://news.xwzc.net/xwyw/13112.html

8. 有关食用过量发芽土豆后中毒的医疗案例分析

根据案例中患者外在表现症状进行分析,我们发现出现土豆芽中毒事件后,患者明显的症状表现可归纳为：

（1）出现口腔和咽喉灼烧、瘙痒。

（2）在中毒初期就会出现上腹部灼烧感,后出现恶心、呕吐、腹泻等症状。

（3）出现呼吸急促,严重甚至呼吸困难,可致呼吸麻痹,危及生命。

（4）出现发热和呕吐,摄入过多时持续发热和反复呕吐,严重时可因反复呕吐引起失水过多,以至于血压下降,心率急促,严重可致休克。

9. 干预土豆发芽时间的科学研究

2016年,《中国食品》报道：日本一个研究小组最新开发出一种"无毒"土豆,有望让食用土豆变得更加安全。这些知识虽然我们理解起来有些困难,但让我们看到了关于土豆的科学研究大有学问。这项研究表明：

> 土豆在自然生长过程中会产生多种配糖生物碱,其中最重要的是α-茄碱和α-卡茄碱,占土豆总配糖生物碱含量的95%。土豆块茎中配糖生物碱含量最低,芽、皮和芽眼周围含量最高。因此食用正常土豆时,摄入的配糖生

物碱量无需担心,但如果是发芽的土豆,会导致配糖生物碱摄入量超标而中毒,400毫克的茄碱就能使成年人致命。

来自日本理化学研究所、大阪大学等机构的研究人员最新研究发现,土豆的两个基因PGA1和PGA2分别与α-茄碱和α-卡茄碱的生物合成途径有关。利用转基因技术抑制这两个基因作用后,土豆中这两种物质的含量会大大降低,同时植株的生长和块茎的成熟并不受影响。

土豆收获后会有几个月的"休眠期",过后土豆就会开始发芽,因此很难长年保存。这次的研究还发现,上述两个基因被抑制后,土豆在存储期间也不会发芽。

这项研究使得抑制土豆生成毒素乃至控制土豆发芽成为可能,将有助于提高食用土豆的安全性以及存储管理的便利性。

四 研究结论

综合以上的探究过程,我们发现:

(1) 土豆在发芽和表皮变绿的过程中会产生大量龙葵素。

(2) 我们通过实验发现草履虫在滴有土豆芽过滤液的液体中会很快死去,吃了含有龙葵素食物的鱼、小白鼠会出现不同的症状,表明龙葵素的确会对动物的神经与消化系统产生强烈刺激。又因为小白鼠的基因与人的基因非常接近,再结合医院对食用发芽土豆后出现食物中毒的治疗案例分析,可推断人在食用过量龙葵素后也会对神经系统与消化系统造成影响,对身体产生危害,情况严重则有生命危险,因此,发芽后的土豆不能吃。

(3) 保存土豆时尽量避光、低温,能有效抑制土豆发芽及龙葵素的产生。

> **反思与体会**
>
> 宋一兴:在课题研究学习过程中,我收获最大的是沟通能力的提升。我需要与小组成员、老师进行多方面协调与传达。最开始的我做事总是忙碌且无效,到最后可以有序开展小组研究活动,我的进步在慢慢地出现。所有的研究我们利用的都是课余时间,组员之间的沟通大多是QQ联系,我们要平

衡正常学习与研究之间的时间安排。起初多是忙完这个忘记那个,随着更深的接触我们团队成员配合得越来越默契,合作学习效果越来越好。

在课题进行的整个过程中,我的语言沟通能力得到加强,时间安排能力得到提升。整个过程中经常感觉到累,可研究结束时又有点不舍,还有点开心,因为我也做了一回小小研究者,呵呵!

陈子涵:"陈子涵,你说话声音比以前响亮了!"曾老师对我说。以前我说话声音是小小的,不够大声,站在人面前也不是很大气,总有点胆怯。可现在,我比以前胆大了,比以前更乐意去争取一些学习机会。当然,可能我改变的不止这些,可能有更多。比如通过土豆发芽实验,我学会了如何去发现问题,提出有效问题。同时,我的思维能力得到了提高,对问题的理解能力有了明显的提升。还知道如何去控制实验条件,从现象中归纳出结论。在与同学的合作中,我知道了更多的沟通方法,明白了相互学习的意义。一年多来,课题活动遇到了很多困难,学会从困难中走出来,促进了我的自觉性的发展。最大的收获是面对问题我学会了思考、分析,具备了一定的解决问题的能力。

第四章

问题探究式创客学习

问题探究式创客学习是一种融合创造力与实践的教育模式,旨在通过实际问题的解决,激发学生的创新意识和动手能力。在这一过程中,学生以项目为基础,运用各种工具和技术进行探索和制作,通过设计思维解决真实世界中的挑战。创客学习强调团队合作与跨学科知识的应用,使学生在实践中学习如何思考、解决问题和创造新颖的产品。

2016年中国发布《中国创客教育蓝皮书（基础教育版）》，预示中国创客正式出现在中小学教育教学面前。中小学如何培养具有创新品质、创造性思想的未来高品质学生呢？中国的创造教育如何让学生的兴趣和愿望即刻变成真正的现实呢？传统学习方式，忽视学生的独立思考、动手设计和自主创新，导致学生学科知识狭窄，动手能力缺乏，不能运用已有的工具和知识设计生产出新颖、独特的创意产品。而传统创新教育虽然强调创新观念、创新过程、创新思考和创新成果，但创新成果始终没有展现在中小学教育面前。现在，我国中小学创客学习将使创新教育走向全新的空间，出现全新的面貌，展示全新的境界。

美国学者L·迪·芬克在其教育论著《创造有意义的学习经历——综合性大学课程设计原则》中提出"教学应为学生创造有意义的学习经历"的倡议。问题探究式创客学习实践中，中小学创客学习有怎样的内涵，创客学习有怎样的特征，创客学习有怎样的流程，创客学习要有哪些创新方法和策略呢？

一 创客学习的定义

"创客"是指把因爱好兴趣而产生的创意变为现实的人。"创客"有三个核心要素：爱好兴趣、创新设计、创新产品。也就是说，创客教育始于中小学生日常的爱好兴趣、突发奇想，深于中小学生的创新设计能力，终于中小学生的创新产品制作制造。显然，这种创客教育培养的就是"五育"融合、全面发展的建设者和创造者。

深圳市坪山区的创客教育实践，更加强调中小学生展示独特而有创意、独立而有创造能力、合作而热衷设计制作的品质，希望中小学"人人为创客，校校育创客"，在追求自我创造的过程中，将中小学生的创意思想变成创造的现实，将创意梦想变成创新产品。这样的学校教育，自然地和未来产品研发、创造结合在一起。

文艺复兴时，英国人文主义学者莫尔的《乌托邦》提出了让儿童边学习边参加农业生产劳动的设想,在当下转变为"边思考边创造,边设计边创新"。当学校教育与科学工作者技术创新结合在一起,学生的创新品质将得以大幅度提升。"教育与生产劳动相结合",一直是指导我国中小学办学的教育思想。当教育过程和数字创新的劳动过程在校园里"不可分割地联系和有机结合在一起",数字创新的教育春天就到来了。

在创客学习中,有的专家认为,中小学生在创客状态下,心理活动将会发生五种新变化。

一是创客学习的专注性增强。在一般的教学活动中,学生集中注意力的时长一般在15~25分钟;在使用创客教育学具包的教学活动中,青少年集中注意力的时长翻倍,可以达到30分钟以上,大部分可以达到40分钟。儿童早期进行注意力和专注力的训练,是保证孩子以后学习的关键。

二是创客学习的自信心增强。在自主探索的过程中,学生经过不断探索,解决问题,获得成功,得到满足,建立自信。成功完成创意作品后,他们每每拍手不止,来自同伴们的大拇指是青少年最好的礼物和奖赏。

三是创客合作与分享意识强烈。中小学生在创客学习过程中独立自主操作与小组合作相结合,相互关照经常发生,合作分享在问题探究中自然生成。

四是解构与建构能力不断提升。创客学习过程强调学生的动手设计和动手实践能力,要完成自主探究的作品,先要理解老师的引导、解构模型实物、形成创意设计、建构创意作品。诸如利用创客学具包开展自主探究性学习——自主动手设计、自己动手创造、自己发布产品等。

五是好的学习习惯不断养成。在完成创客学习活动中,青少年合作与分享的习惯,观察、思考的习惯,以及分类、收纳的习惯不断被强化和巩固。总之,创客学习促进了学生全面而有个性的新发展。

二 创客学习的特征

以问题探究为主的创客学习有着鲜明的特征。中小学创客教育,强调将教育和创客文化结合,强调引导中小学生在动手创造的过程中体会知识的意义和价值,感受兴趣与爱好对改变世界的作用。在传统校园中,无论师生怎样努力,创造教育也仅存在于头脑图像中,难以变成社会生活现实。但在新时代,信息技术给中小学开展创造教育提供了新的平台。

(一)崇尚奇思妙想

爱好和兴趣是创客学习的起点,人类正是因为爱好和兴趣,才有了不断创新的设计和制造。在新时代开展创客学习,一定要注重中小学生的爱好和兴趣,把他们的创意思考、生活兴趣转化为创造性的资源。

中小学创客学习具有崇尚奇思妙想的特征,强调学生出于兴趣与爱好,把创意转变为现实,把理想变成产品。创客学习不以利益创造为目的,强调学生重视日常生成的创意——奇思妙想,利用数字化等技术转化为产品创意,然后再设计制作,最大限度地体验创造性学习的成就感。深圳市坪山区同心外国语学校学生探寻、发现再利用"白色污染物"的"新途径"——d-柠檬烯的环保价值,就是"偶然现象引疑问,一拍即合做探究"的创客学习典型。校运会上,一群同学围在一起"变魔术"——"橘皮炸气球",拿着橙子皮对着气球轻轻一捏,气球瞬间爆炸了。这一幕令创客学习小组觉得很神奇,缠着老师问这是什么原理。在此基础上,他们开展以实验探究为主的创客学习,终于发现了秘密。在实验探究已经完成的时候,课题组同学看着烧杯里d-柠檬烯将塑料溶解成为一团东西,突然起了玩心,发现这团小东西居然有史莱姆的手感,他们内心的创意瞬间被点燃:为什么不把它像橡皮泥、水晶泥一样推广起来,变废为宝呢?于是创客学习小组溶解大量的泡沫,染色制作成了工艺品。他们希望以工艺品的方式开展宣传,让更多人客观全面认识d-柠檬烯:一次性餐盒、一次性杯子、泡沫等聚苯乙烯塑料会被饮料中的柠檬烯溶解,容易带来食品安全隐患。但柠檬烯对"白色污染物"聚苯乙烯塑料的溶解时间短、效果好,无二次污染;如果将"白色污染物"利用d-柠檬烯溶解成史莱姆,加工成艺术品或装饰品,还可以达到"白色污染物"循环利用的目的。d-柠檬烯的环保价值的发现和新产品的开发都和学生的奇思妙想有关,都和他们的兴趣爱好有关,所以创客学习突出的特点是源于学生的兴趣爱好,指向学生的奇思妙想。

创客学习强调充分利用学生的奇思妙想,以学生的奇思妙想为起点,开展体验深刻的创客学习。创客学习和传统课堂学习不同。传统课堂强调知识记忆和反复训练,"教师讲,学生听"是最典型的学习方式。传统课堂上,学生多被动学习,主动学习意愿较低,创造性情绪难以调动,因而学习效率低不说,创造性思维品质很难提升。创客学习最大限度地利用了学生的兴趣和爱好,让学生乐于思考,热情创想,努力把奇思妙想变为现实。因此,有没有兴趣爱好,有没有奇思妙想,左右着创客学习的质量。

（二）主动设计制作

创客学习是以有趣和创造相结合为特征的学习方式。创客学习本质是基于创造的学习，学生通过创新的知、行、思、创，通过放大兴趣、自主设计、创意实践，从而体验一种有趣且有意义的创造学习过程。坪山区中山中学的创客项目《校园楼顶植物智能需水监测仪制作与使用》，就体现出鲜明的主动设计制作的特色。学生希望利用Arduino扩展板、湿度传感器自主制作植物需水检测仪，通过湿度传感器检测土壤湿度，将湿度数据传到电脑，以实时检测土壤湿度。图4-0-1就是他们设计的项目推进工序图。

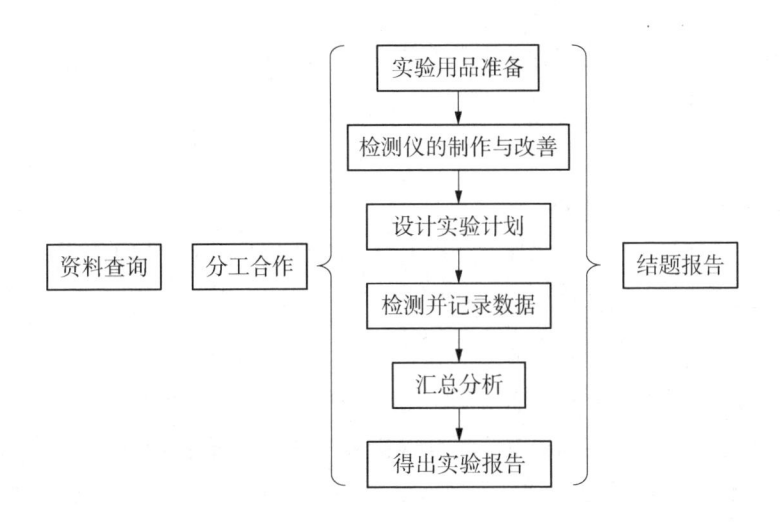

图4-0-1 项目推进工序图

创客学习最大特点是让学生动脑、动手与动嘴同步，在动手创作中学习，在动口交流中提升，在动手实践中完成任务，收获经验与学识。深圳市坪山新区坪山高级中学的清扫机器人制作，就体现了主动设计、主动制作的特点。创客学习小组发现市场上的清扫机器人多有不足之处。如何设计出清扫校园落叶的机器人呢？为此，他们制订针对性创新学习方案，自主设计、自主创新，自己动手设计出了清扫机器人Ⅰ代。他们在结构搭建方面使用乐高经典2轮驱动底盘，将类似于铲子的结构安装在机器人的前端，同时，前端的铲子可以自由调整宽窄。机器人向前行走便将垃圾聚拢，从而实现了清扫中型垃圾；聚拢在一起的垃圾也方便收集。但通过实际应用现场发现，聚拢起来的垃圾最后还需要人工收集，并且机器无法实现直线行走。创客学习小组集思广益，根据清扫机器人Ⅰ代的不足之处探索改进,动手设计、制作了清扫机器人Ⅱ代,实现了材料最少化、结构最简化、操作最便化、性能最优化等目标。清扫机器人Ⅱ代在Ⅰ代2轮驱动底盘基础上加装机械臂、垃圾斗和三个传感器;同时,利用两个侧面的超声波传感器,对行进距离编程,使机器人基本实现直线行走。但在实际操作过程中,又出现了新的问题:扫把丝在带电实验过程中与垃圾斗出现摩擦,经常出现卡死的情况。为了解决这个问题,创客学习小组专门找来了热风枪,对扫把丝中段集中加热后进行按压,制作出弧度,减小了其与垃圾斗的摩擦。清扫机器人制作创客学习最大的特点就是学生自主设计、自主建造、自主开展项目实验,同时在实践过程中发现问题自己解决,从而实现了创客学习效果的最大化。从这个案例看,创客学习可将自己的创意变为实物。创客学习的目的是将创意变成人工制品,主张将创意学习在制作实践中深入,而不仅仅停留在设想层面。

(三) 鲜明的数字化技术

创客学习是在现代数字化技术支撑下开展的创造性学习。在创客学习现场,数字化含量比较高的数字成像技术、数字剪辑技术、AR 技术、人工智能、编程技术等,共同构成支撑创客学习的大型数字化中心,成为开展创客学习的信息基础。

有的创客行动本身就是运用数字化技术的结果。比如《校园楼顶植物智能需水监测仪制作与使用》中,程序编译及监测过程就是运用数字化技术对安装的监测仪进行编程,从而开展学习探究。这就需要创客们熟练掌握数字技术,打开 Arduino 程序界面,输入程序代码,读取传感器所测得的数据。而读取的方式则要从模拟信号端口 A0 读取,读取间隔时间则可以自主设置。之后,再打开"工具"—"串口监视器",即可在串口监视器中看到测量到的数据。当植物进行浇水后,湿度值显著上升,则证明检测器运行成功,监测仪做好了。(如图 4-0-2 所示)

创客学习中,数字化技术是普遍的应用基础。尽管有的创客行动只是涉及了数字技术,但数字化技术的"缺乏"也会影响探究进程。比如深圳市坪山高级中学拍摄的数字电影《遇见花开》,就有数字化技术的支撑。《遇见花开》讲述的是成绩落后的女生李佳盈幻想成为学霸的故事。日常校园生活中,李佳盈看似努力却找错了方向,她在家长的逼迫及同学屡次的嘲讽中感到绝望;而在年轻班主任老师再三的鼓励和同学集体的帮助之下,她破茧成蝶……微电影《遇见花开》自从脚本确定后,经历了选角、换人、拍摄、剪辑等诸多问题——解决演员难选问题、解决剧本走向的问题、解决微电影数字

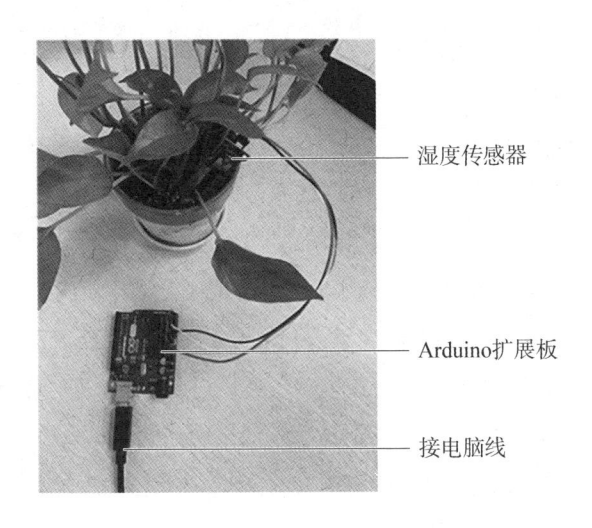

图 4-0-2　植物需水监测仪实物图

剪辑的问题、解决微电影首映的问题……在各部门的配合下，特别是学校信息中心的支持下，创客们仅用了 4 天 2 夜的时间就拍摄、剪辑完成。慢进度与高效率之间的对比，体现了现代信息技术在微电影《遇见花开》得到了充分的应用。

在创客学习背景下，中小学生更容易通过项目行动广泛而深入地了解数字化背景下各种技术工具的使用，从而加快创客行动。也就是说，在鲜明的数字化技术支持下，学生的创意设计、创意产品来得更加直观、更加形象。这就使得创客学习和数字化学习相辅相成。在创客学习过程中，学生逐渐与科技含量比较高的产品接触，掌握了数字化背景下的相关技术，如开源软硬件知识、3D 打印技术、传感和自动化控制技术。在创客学习中，中小学生的数字化信息技术得到了大幅的提升。

另外，创客学习还有几个学习特征。比如创客学习指向良好的协作能力的培育。创客学习倡导小组协作，共同创新；倡导学生间互帮互助、互相学习。创客学习是一种跨学科、多学科的复杂性学习，学生在创客学习中容易形成多元思考、多元智慧——多学科思考解决问题的高品质思维方式。

从问题探究式学习层面看，创客学习有利于提升创造教育的品质，培育高品质的创造性新人。因为创客学习强调通过鼓励创意、尝试数字创新、主动设计、动手制造等方式，着力培养中小学生创新解决问题的能力。这种问题探究式创客学习实践，一定程度上可以改善单一的传统课堂学习方式，对培养中小学生的创新思维有着积极的促进作用。

三 创客学习的流程

"创客"要求亲自动手、勇于实践,将创意"变现"。创客学习主张引导学生用自己的创意思考和学科知识开展创造性的实践并形成创意产品。当下,广大中小学开展创客学习遇到的问题很多。在推进创客学习过程中,有的重在整合原有的数字化资源,建立创客学习课程体系;有的重在打造创客教师队伍,改变传统的课堂学习方式;有的重在做好校园创客教育创作学习的顶层规划,加快创造学习的可持续发展。这些的确都是广大中小学需要面对的问题。

对于中小学生的创客学习来说,最主要的是让学生行动起来,让教师行动起来,积极了解创客学习的一般流程,在中小学校园开展基于爱好和兴趣的创客学习,用自己的双手,自主设计、自主创造、自主反思、自主提升,把中小学创造教育引入"人人懂创新,个个会创造"的崭新境界。

一般来说,创客学习有哪些流程呢?

(一)奇思妙想生成创意项目

中小学开展创客学习最重要的是要有奇思妙想,要有好的创意,这样才能开启创客学习之旅。中小学创客学习要努力激发学生的好奇心,培养学生观察生活、发现问题的感知能力,不断引导学生努力结合自己的学习经历展开创造性思考,从而生成自己的奇思妙想。深圳市坪山区五年级学生黄熙雅了解了太阳光里包含紫外线,知道紫外线对生物有辐射作用,联想到教室里的小植物长期以来生长不良,是不是就是紫外线所导致的呢?这个小小的问题被有效地提取出来,黄熙雅开展了一系列的创意研究,最终形成以紫外线为研究对象的科学实践报告,获得了第十三届中国少年科学院"小院士"的称号。创意学习主张激发中小学生的奇思妙想,主张培育中小学生对生活的兴趣、对学习的爱好,目的是从学生的兴趣爱好中找到创意并生成创意设计,进而深入开展创意学习。

广大中小学校园围绕培育学生的兴趣和爱好,设置了很多创客学习项目,如动力机关、超级承重结构、电子报刊与电脑绘画、电脑创意制作、无人机、3D打印、机器人、科普乐等课程。在日常创客学习中要充分鼓励学生创新创造,帮助学生收获自己动手设计、动手创造的乐趣。这些创客学习项目可以分为基础型创客学习项目、拓宽型创客学习项目和研究型创客学习项目。这些学习项目指向普及创客学习教育,提升学生兴趣,发展学生特长。从创客学习的目标来看,主要是夯实基础,凸显个性,培育高品质精英。

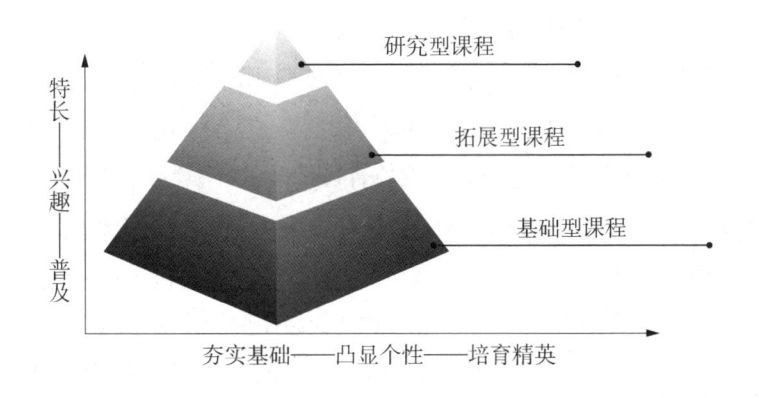

图 4-0-3 创客项目的类型

(二) 制定方案动手设计制造

动手设计、动手制造是创客学习最突出的特点。中小学开展创客学习主要是培育热衷于创意、设计、制造的富有创新思考和动手能力的未来高品质公民群体。动手设计、动手创造是创客最重要的才能。创客学习的第一驱动力是"创意当实现""创客即产品"。创客学习要培养新时代最有创意、最有活力、最有热情、最有动手能力的高品质学生,就要在创客学习过程中突出动手设计、强调动手创造、引领创客学习创新,为新时代的校园创建更美好的创意生活。创客学习旨在激发学生的创造动机,培养学生的创造性思维品质,塑造学生的创造性人格。

首先是动手设计过程。中小学生要把自己的奇思妙想变成现实,首先要练习动手设计。如果以"中欧班列"为主题,在动力机关大赛中设计一系列连通的机关设计,并呈现出"一带一路"的特点,你会怎么样设计呢?这涉及地理、历史、政治、数学、科学等多学科的知识。比如,科学课堂学习的风能、太阳能等知识,历史上的丝绸之路知识,世界地理知识和世界气候知识,相关国家的民族风情知识。这就要求创客队伍不断创新思考,不断融合学科知识,不断打开创客学习空间。以技术创造、物品制作为项目的创客学习更强调动手设计、动手描绘,特别是用计算机模拟设计技术。创客学习中中小学生只有动手设计了,才能体验到创造发明的真正乐趣,才能感受到创造发明的不容易。

其次是动手制造。动手制造是按照设计的方案,把理想变成现实、把创意变成产品的过程。这个过程中有伤感、有退缩、有失败,但是更有动手制造的经历和动手制造的乐趣。动手制造是创客学习最突出的特点,学生恰恰是在动手制造的过程中展现自己的创新品质,呈现自己的创意产品。可以说没有动手制造,就没有创客学习的深度体验。从深圳市坪山区碧岭小学创客教育案例看,为加快培养创新人才,学校与以色列教育机构——以色列集思堂(Ideahub)教育团队——开展创新教育合作项目。学校创新课程打破以知识构建为主的束缚,以项目设计开发、问题解决为框架进行课程设计,教学采用外教团队自编的教案,采用创意设计、制作、分享、拓展的方式上课。学校课内大纲,按照每学期18节课时开展"Smart Box智能盒子"教育学习,内容包括:①了解基本的产品设计方法;②使用 Inkscape 软件;③制作用于激光切割的文件;④学习电路及使用 Arduino 板;⑤学习简易焊接;⑥学习基本编程;⑦学习综合软件、机械和电气部件等运用。学生像科学家和工程师一样思考,在创客学习中制作、编程和测试自主机器人,在机器人游戏中解决一系列任务,为 FLL 机器人世锦赛做准备。从学校创课教育课程内容安排来看其十分强调动手设计和动手制造。在创客学习过程中学生的动手设计和动手创造能力是评价创客学习质量的主要指标。

四 创客学习的方法

中小学校的创客学习宗旨是用兴趣点燃学生,用实践磨炼创客,促进中小学创客通过动手实践、团队合作、探究学习、活动体验、创新设计,将已有知识内化,达到"在做中学,在学中创"的效果。在创客学习过程中,不同年级学生会使用到不同的创作学习方法;不同性格的同学在相同创客内容的学习中用到的方法也不一样。就多数同学的创客学习来说,经常是融会贯通地使用多种创客学习方法解决同一产品创造的问题。因此创客学习的方法多种多样。深圳市坪山区的创客学习主要采用行动研究法、实验验证法和沉浸体验法三种方式。

(一) 行动研究法

行动研究法就是按照行动方案去开展产品设计、产品制造和产品验证工作。行动研究法是创客学习中最主要的方法,是区别于传统中小学课堂学习的最主要的方法。在创客学习中,设计方案形成以后,中小学生就要按照行动方案去开展"将理想变成现实""将愿望变成产品"的具体行动了,"在创造中学习"渐渐变成学生眼前的图景。正是行动研究法的使用,使得中小学生能够运用已有的知识和经验,去解决自己将要创造的产品中出现的任何问题。

使用行动研究法意味着学生要努力地实现"四动":一是动手制造、动手测量、动手安装、动手调试、动手改造;二是动脑思考分析、动脑比较探究、动脑选择确定、动脑审美完善;三是动嘴请教、动嘴交流、动嘴宣传、动嘴欢呼;四是动腿调研、动腿购买、动腿验证、动腿使用。在这样的行动中产品由设计逐渐变成实物,产品从样品渐渐变成精品,产品从制造车间渐渐走向校园、走向社会。比如学校教室手动开窗户比较麻烦,教室窗户高3米,如果要实现室内温度升高到36度时自动开启窗户,怎么办?这就需要小创客们运用温控识别技术和电机驱动技术设计创意,建造图纸,动手建造,实现开窗的自动化。当前,温控识别和电机驱动系统是开源的,如果小学生有如此创意,中小学教师应该帮助他们开展创客学习实验。当然,在产品生产的过程中,每一个环节、每一个步骤,都需要小创客们付出艰辛的汗水,体验产品创造的复杂性,体验产品问题解决的不容易,体验窗帘自动开关的欢喜。从深圳市坪山区的实践来看,中小学创客学习活动正是采用了行动研究法,学习方式才得以进一步解放,学习视野才得以进一步拓宽,学习收获才进一步走向最大化。没有行动研究法,就没有创客学习的艰苦体验;没有行动研究法,就没有问题探究的高品质思维产生;没有行动研究法,就没有高品质产品的横空出世;没有行动研究法,就没有中小学生终身难忘的创造经历。

(二) 实验验证法

实验验证法,就是中小学生用自己亲手设计、亲手建造的实验器材来验证相关原理、分析相关现象。在创客学习过程中,实验是检验真理的唯一标准。事实上,在创客学习中,无论什么样的创意产品,无论什么样的创意设计,都要在现实生活中加以印证。因此,实验验证法是开展创客学习重要的方法。

比如要验证"一个月中,哪一天什么时候最热、什么时候最冷?",中学地理课本可能已经提供现成答案。在创客学习过程中,如何通过自己设计的实验设备、通过自己亲手搭建的实验平台来验证课本上的答案呢?这就需要创客学习中的小创客们在教师的指导下发挥自己的聪明才智,自主设计方案,自己动手创造,并尝试开展问题分析和探究,实现对课本知识的验证。这就需要小创客们搭建气温采集装置,定时记录气温变化,采用大数据分析方式,验证教材中的相关答案。目前,在开源硬件项目"虚谷物联"的支持下,搭建气温采集装置、定时采集数据来远程采集室外的气温数据并不困难。创客学习需要的是科学验证——学生自己去采集、去研究、去发现。实验验证法有利于中小学生在创客学习中培养"用数据说话"的严谨意识。

(三)沉浸体验法

创客学习本质上是一种体验学习,由于加入了学生动手设计、动手制作、动脑思考,加上同伴之间的相互协作,创客学习形成了一种长久沉浸其中的特色。因此准确来说创客学习采用的是沉浸体验法。沉浸体验法有利于开发中小学生的爱好和兴趣,有利于中小学生对创客学习产生新的兴趣和爱好。"创客"的本意指向兴趣与爱好,指向把各种创意转变为现实。中小学教师如果注意到沉浸体验法,更容易增强学生创客学习的积极性。坪山实验学校"萤火虫创客教育空间"的设计就具有沉浸体验法的特色。"萤火虫创客教育空间"主要吸引学生在课余时间开展科技学习活动,活动内容主要有航空模型的制作、建筑模型的制作、航海模型的制作。学校的"科学玩创"科技小创作实验室,主要是启蒙学生的创客思维,开发学生的科学兴趣。这间实验室主要是开发小学二年级学生的爱好和兴趣,每一周每一个班上一节"科学玩创"课程。学校的3D打印实验室主要内容还是以创客学习体验为主。学校的 Steam 实验室中,授课教师为以色列外教老师和中方老师,主要开展编程体验、创意设计、产品开发等体验活动。在 Steam 实验室,学生在创客学习时沉浸其中,自然会生成创意学习的很多想法。学校的科技小制作活动室、美术创意活动室、机器人活动室、电脑绘制科幻画活动室、无人机活动室、花样跳绳活动基地、葫芦丝课堂等优秀的创客活动空间,最主要的目的是在创客学习过程中加深学生对创造性学习的体验。

案例报告 4-1
"超级结构"的设计与制作

课题主持人：胡书涵
课题组成员：徐瑞芳、何灏博、赵洪凯、汪运开、李瑞升、林永豪
指导教师：胡小盈、秦剑雄
所在学校：深圳市坪山区坪山高级中学

一 研究缘起和目的

（一）研究缘起

结构在我们生活中无处不在，像自然界中的蜂窝结构和蜘蛛网结构，技术领域里面的建筑结构和桥梁结构，这些形形色色的结构给我们带来了无限灵感和启发。比如著名的"鸟巢""水立方"，以及中国传统的斗拱等都是十分经典的结构，它们是前人的智慧结晶。随着时代的发展，人类的可用资源越来越少，实现资源的高效利用是人类发展的必由之路。而"超级结构"正是用最少的材料实现最大的承重比，以此来实现资源的高效利用。

（二）研究目的

我们希望通过"超级结构"的探究活动，未来有机会将这些结构设计的成果与大学深造相适应，将来将自己所学应用到国防科技、产品和建筑设计等领域，为祖国的强盛增砖添瓦！

二 研究问题和思路

（一）研究问题

（1）什么样的结构才合理？
（2）制作结构的工艺和流程是怎样的？

(二) 研究思路

课题组成员根据各自分工讨论后,拿出自己设计出的最优结构设计方案,制作出承重比最大的结构;再结合国际青少年创新设计大赛(简称 IC)的结构设计项目的规则,详细制订结构设计制作探究计划,在结构设计和工艺制作流程上进行优化;最终通过承重实验,探究出结构设计简洁合理的方案、材料粘接工艺、表面处理工艺、规则外探究辅助,从而最大限度提升结构的承重比。

注:承重比=最终承重量(kg)÷结构总重量(g)

三 研究的方法和过程

(一) 研究方法

以承重实验为主要的研究方法。

(二) 评判方式

采用 IC 的竞赛规则作为评判标准。

(三) 研究过程

1. 开题准备,思路酝酿

在提出"超级结构"这个探究课题之后,我们开始思考几个问题:①使用什么样的材料?②使用什么样的连接方式?③使用什么形状的结构? 这三个问题也是我们在通用技术课上学到的结构强度的相关影响因素,于是我们开始查阅各种相关资料来确定结构制作的三个因素,即材料、连接方式及结构形状。

(1) 材料的确定。因为实验室比较常用的有三夹板、纸、桐木条、碳纤维杆、不锈钢管等材料,结合我们掌握的加工工艺及各种工具使用的能力,最终我们选定了桐木条作为结构设计的材料。桐木条主要具备以下几种优点:材料成本低,容易获得;材料容易加工;材料方便用于结构测试、观察。

(2) 连接方式的确定。目前比较常见的连接方式有胶接、焊接、铆钉连接、螺丝连接等多种方式,针对我们所选定的材料及我们目前所掌握的加工能力,我们选定胶接为结构的连接方式,即使用胶水进行连接。

(3) 结构形状的思考。前面两个条件比较快就确定下来了,但是关于结构形状的分析,也是这个课题中最重要、最关键的部分,后面我们花了大部分的时间反复制作各种不同形状的结构,以设计出较高承重效率的"超级结构"。

在确定了前面几个条件后,最后我们要考虑的就是如何进行结构的承重测试。这也是整个课题里面非常关键的一个环节,结构设计、制作完之后要对结构进行评价和优化,必须有一个承重测试装置来对结构的承重效率进行评价,我们正好利用以前参加竞赛所使用的承重测试架来进行测试。所有的条件确定下来后,我们确定了我们的研究方向:利用不同规格的桐木条,设计并制作一个结构,高度在11~12 cm(结合承重测试架的高度),结构中间的空间能通过直径5 cm的圆柱体(模拟建筑物设计一个框架结构),且利用尽可能少的材料,制作出一个承重效率比较高的"超级结构"。

2. 过程探究,迭代制作

(1) 结构1.0的诞生

承重测试架的设计充分考虑到未来建筑用地将越来越少,人们需要利用各种复杂的地形来建造房屋的情况,预设一个一面为20度陡坡、一面为平地的平台,需要在这个平台上设计一个结构,至少能够承受35 kg的重量。根据这个平台的形状,我们将结构形状设计成比较传统的四棱柱形状,即有两根承重柱垂直于平面,有两根承重柱垂直于陡坡上,再采用桁架结构把四根承重柱连接起来。确定了结构的基本形状后,我们还要研究的一个问题就是"如何选择不同规格的桐木条",因为用于制作的桐木条截面有5 mm×5 mm、4 mm×4 mm、3 mm×3 mm、2 mm×2 mm。我们先选出截面为5 mm×5 mm、4 mm×4 mm、3 mm×3 mm三种不同规格的材料进行试验,确定了将不同截面材料作为研究对象后,我们制作了三个形状完全相同,但是使用承重柱截面不同的结构。在进行制作时,我们每个同学都按照要求完成了三种结构,确保每个结构的工艺水平基本相同,再来进行不同截面材料的测试。测试结果见表4-1-1。

表4-1-1 组员三种不同截面的结构测试记录表

姓名	5 mm×5 mm	4 mm×4 mm	3 mm×3 mm
胡书涵	100 kg	60 kg	25 kg
徐瑞芳	95 kg	65 kg	20 kg
汪运开	110 kg	70 kg	25 kg
赵洪凯	100 kg	50 kg	20 kg
何灏博	80 kg	45 kg	15 kg

通过测试数据分析发现,使用 5 mm×5 mm 截面、4 mm×4 mm 截面的材料承重重量均超过 35 kg,而使用 3 mm×3 mm 截面材料的结构承重重量均未超过 35 kg,因此确定利用 4 mm×4 mm 截面材料来作为结构承重柱。

收集大家制作的结构用电子天平进行称重,结构平均重量为 4.5 g。

(2) 结构 2.0 的诞生

在第一阶段的探究中,确定了用截面 4 mm×4 mm 的桐木条作为承重柱,其他面采用截面 3 mm×3 mm 的桐木条进行连接,基本上制作出来的结构都能够承重 35 kg 以上,结构自重大概为 4.5 g。接着我们开始探究课题中的第二个重要问题:如何减轻结构自重? 通过对第一种结构进行分析知道,结构主要重量集中在 4 根承重柱,要减轻结构重量,必须减轻结构承重柱的重量,那么减轻结构承重柱的重量有什么方法呢?

① 减小承重柱的截面。之前的测试结果显示,结构承重柱截面减小为 3 mm×3 mm 后,结构承重重量将减小,低于要求的 35 kg。那么要达到 35 kg 的承重重量,可以适当打磨承重柱,减轻承重柱重量。经过几次试验,我们发现打磨后的结构仍然可以承重 35 kg 左右,但是结构自重减轻不多,大概减轻 0.3 g,结构自重依然在 4.2 g 左右。

② 减小承重柱的高度。赵洪凯提出了一种新的结构,就是将原来垂直于陡坡的两根承重柱高度减小,将承重柱直接置于陡坡的最高点,这样承重柱的高度减小,承重柱的重量随之减小,整个结构的重量减少了 0.7 g 左右,减少至 3.8 g 左右。

经过这次小小的改变,结构基本形状没有发生太大变化,所以结构承重重量不变,依然在 40 kg 左右,然而结构的自重却降低了 0.5 g,可以说这次结构的改变是一次转折性的变化,为后面继续研究结构的形状提供了很好的创新思维方法。我们结构 2.0 创意参加了 IC 中国赛区的比赛。

(3) 结构 3.0 的诞生

第二代结构的形状改变相当于打开了一扇新世界的门,接着我们的结构经过第三次变化进入了 3.0 时代。我们思考,既然改变了两条承重柱的高度可以减轻结构的自重,那么同样的道理,我们可以减轻三条承重柱的高度,使结构的自重再次减轻。但是本身结构是两根承重柱在陡坡上,两根承重柱在平面上,刚好处于平衡的状态。如果再减少其中一根承重柱的高度,那么结构的平衡状态将被打破,结构就不稳定了。接着一段时间我们一直想着这个问题:如何减少第三根承重柱的高度? 有一天下午,胡书涵拿着第二代结构在承重测试架上准备测试,调整来调整去都没有摆好,突然将结构沿着中心轴转动90度后,一个新的结构诞生,也将结构带入了3.0时代。第三代结构采用一根承重柱在平面上,两根承重柱在陡坡顶点,一根承重柱在斜面上的形状,将三根承重柱的高度减少,结构承重重量不变,但结构自重减轻至2.8g左右。

这一次结构的改变让我们感受到创新思维的神奇,尽管之前的结构经过无数次的打磨,结果依然保持在3.5g左右,怎么也无法减轻至2.Xg,居然是试验中一个结构角度的变化,结构又一次完成了超越。

(4) 结构4.0的诞生

按照2.8g承重35kg计算承重效率,我们的结构承重比已经达到12.5,远远超过上届IC竞赛结构承重项目冠军队伍的水平,然而从本次课题探究开始以来,我们组成员已经形成了一种不服输的精神,我们的目标不仅仅是利用IC竞赛规则拿到冠军来检验我们的承重效果,还要进一步提高结构的承重效率。前面几次结构的改变给我们提供了思路,要想让结构自重降到2.0g以下,光靠打磨承重柱是远远不够的,我们甚至还想到了将4根承重柱中间掏空,减轻结构的重量,最后这些方法都宣告失败。那么要减轻重量,只有一个思路:减少承重柱的高度。

在这个思路的引导下,我们尝试着把放置在斜坡的那根承重柱往上移,减少其高度。然而我们发现当其往上移的同时,结构中间的宽度就逐渐减少,将小于5cm,这样就违反了结构中间能够通过直径为5cm的圆柱体的规则。这个方案再一次宣告失败。

这时,何灏博提出了一个大胆的想法,既然无法减少其中一根承重柱的高度,那么干脆就将斜坡上的那根承重柱去掉,变成一个三棱柱的结构。这个想法一提出来,立刻遭到我们其他成员的反对:本来的四棱柱结构能够在承受35kg的杠铃片的时候保持比较稳定的状态,如果将原来的四棱柱变成三棱柱,而且还有一个面是开放的状态,那么结构稳定性将大大降低。我们随即否定了这个方案,然而何灏博还是坚持了他的想法,他抱着试一试的态度做了一个结构。测试的时候我们都没有抱太大的希望,没想到最后结构还是承受了30kg的重量,与35kg的上限只差5kg的距离。这个成绩远远超过我们的预想,我们事先认为这个结构可能连20kg重量都承受不了。

为了保险起见,我们想知道三根桐木条理论上到底是否能承受住35kg的重量。我们想破了脑袋,求助于百度也无法得知,于是请教老师,在老师的指导下,我们花了大量的时间在网上找到桐木的密度、弹性模量、泊松比、剪切模量等数据,然后将这些数据输入一款名叫 SolidWorks 的设计软件中,进行木材物理力学的测试。真是长见识了,原来设计软件可以做这些事啊!测试结果如图 4-1-1 所示。

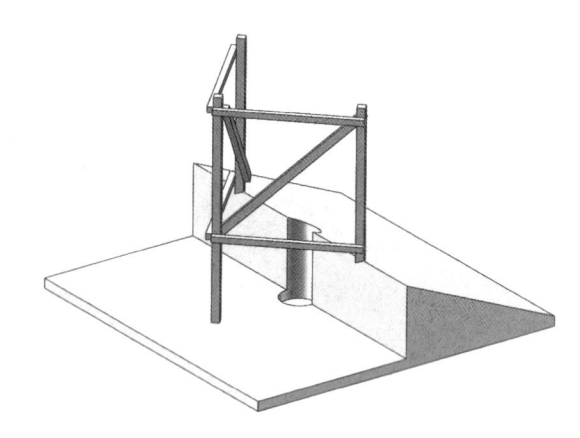

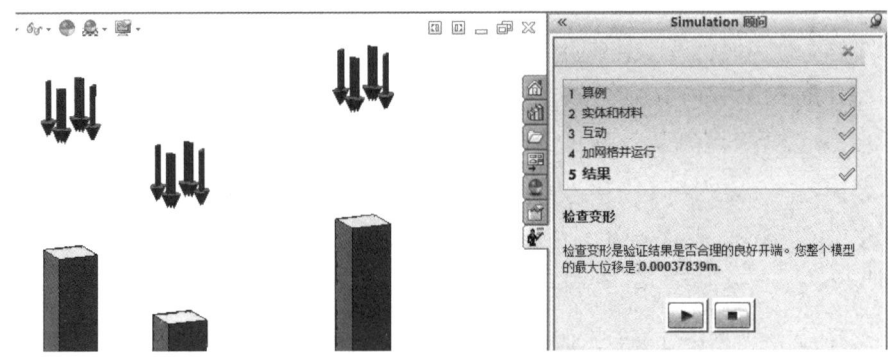

图 4-1-1 SolidWorks 中模拟测试及结果

从测试结果来看,使用三根桐木条,在截面 4 mm×4 mm、长度 112 mm、承重 35 kg 的情况下,纵向施加测试力时,仅收缩 0.378 mm,没有出现断裂情况,完全可以承受 35 kg 重量。

确定了这个方案后,我们改进了制作的工艺,经过多次的试验,终于我们成功达到了 35 kg 的承重重量,而且结构重量只有 1.9 g,我们的"超级结构"再次迎来突破,跨入结构 4.0 时代。

四 研究成果

承重原理:用桐木条合理地设计结构,在自身重量仅为 2.1 g(多次测试的平均重量)、长度 112 mm 的情况下,可以支撑 35 kg 重物不坍塌。如图 4-1-2 所示。

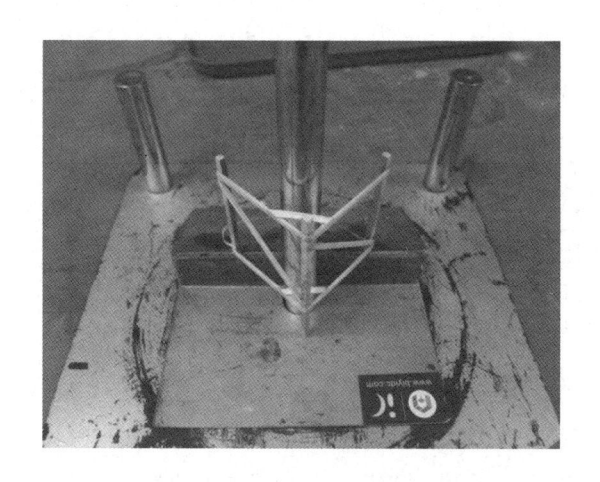

图 4-1-2 根据 IC 竞赛规则实际制作的结构

使用材料:2 mm×2 mm 桐木条、3 mm×3 mm 桐木条、4 mm×4 mm 桐木条、3 M 胶水。

实验成果:2017 年 4 月 10 日,我们根据 IC 竞赛规则设计制作结构,以独到的设计方案与最高的承重比斩获国际青少年创新设计大赛中国区复赛冠军,并以第一名的成绩获得"未来创新人才奖"。

拓展成果:虽然我们承担的小课题是"超级结构"的设计与制作,但我们并不局限于这个小课题的研究,根据个人兴趣爱好和学校社团活动的需要,我们参加结构承重设计制作的部分同学,同时承担桐木小车结构设计制作。2017 年 4 月,我们带着创意和制作工艺参加了第四届国际青少年创新设计大赛中国区复赛,获得金牌,并以第一名的成绩荣获"未来创新人才奖",小组成员获得组委会颁发的 5 000 元奖学金。2017 年 7 月,结构设计组成员拓展设计的桐木赛车参加了在哈佛大学举办的第四届国际青少年创新设计大赛全球决赛,获铜牌。

反思与体会

经过这次小课题的探究活动及竞赛活动,我们的收获不仅仅是一块块的金牌和"未来创新人才奖",我们每个人都明白了,无论多么激烈的争论和实践,只有通过团结协作,才能构建一个强大无比的集体,没有什么是不可逾越的鸿沟!除此之外,我们团队成员还有许多意外的收获。

胡书涵:在做"超级结构"小课题后,我发现如何进行评价的问题,经向老师了解讨论后我们决定用国际青少年创新设计大赛的竞赛规则作为评判标准,并借助 IC 这个国际性的竞赛平台来推动我们小课题的探究。

在探究过程中,我们也有激烈的思维冲突,甚至小组成员们互不服气地单干起来,各自通过实验来检验自己的设计制作成果。但最终在事实面前,各自的成果与优缺点又让我们聚在一起分析研究、整合,博采众长,合谋制作出一个强大的结构(承重比尽量更大)。有了这段体验,我们明白了"三个臭皮匠顶个诸葛亮"的道理,也明白了实践是检验真理的唯一标准。

我们通过比赛的方式来大众式地检验我们的结构,尽管比赛我们得了全国冠军,但我的收获不仅仅是比赛。最后我要说的是:比赛如生活,要精彩你得努力,但你努力,不一定精彩!所以,我们要有好的心态,才能保证精彩不断!

案例报告 4-2
"无碳小车"的设计与制作

课题主持人：何健超
主要成员：安志、李麒星、何飞舟、邓辰洋、王海信、陈佳政
指导老师：胡小盈、侯亚鑫
所在学校：深圳坪山高级中学

一 研究缘起和目的

（一）研究缘起

环保是一个永恒的主题。我们一直是这个主题的参与者。汽车尾气排放一直是环境污染的一个重要因素，因此，我们开展了本次针对"无碳小车"的小课题探究活动。

（二）研究目的

通过此次探究活动，设计并制作完成一台"无碳小车"——没有碳排放的小车，即不以燃烧化学燃料为动力的小车。我们希望通过此次探究活动，发现更多的节能减排方式，并呼吁大家绿色出行、爱护环境，以减少空气污染。

二 研究问题和思路

（一）研究问题

（1）初始能量从何而来？
（2）如何减少能量损耗？

（二）研究思路

课题组成员首先各自分工了解，相互讨论，确定小车驱动的能量来源；再结合 IC 竞赛平台，制定小车制作计划，设计车身结构样式；最后通过一系列的实验探究小车的使用材料、车轮直径大小、绕线器绕线方式等问题，从而尽最大可能减少能量损耗，完

成一台"无碳小车"。

三 研究的方法和过程

（一）研究方法

以实验法为主要研究方法。

（二）研究过程

1. 开题准备，思路酝酿

开始之前，我们首先考虑的是初始能量源于哪里。我们有思考过弹性势能、重力势能、风能、太阳能多种能量来源，鉴于现在很多太阳能小车已经问世，我们经过小组讨论，最终确定了利用重力势能作为小车的动力，具体为一个 1 千克的铁块从 40 厘米的高度下落产生的重力势能。我们制作了一个模拟测试道路：一段长 2 米的平路，然后上一个倾斜 20 度、长 0.7 米的坡道。探究如何利用给定大小的势能，最大限度地利用能量转化，使小车走得更远、爬得更高。

2. 准备就绪，设计探究

刚开始时每个人都才思如泉涌，有各种各样新奇的想法，但都只是纸上谈兵。随后便迎来了寒假，在寒假时我们每个人都在家验证各自的想法。结果有的零件不足，有的设计的联动机关不能动，有的手工不行……返校后成员们进行交流总结，最终发现：之前的想法和设计都太过繁杂，要简化设计方案。

设计之初，我们的技术核心均放在了档位切换上：在平路时用小齿比，在上坡时用大齿比。所以以切换档位为中心，设计了一个初代换挡器，有大小两个齿比固定在车轴上。但用了初代换挡器的一号车并没有好的成绩。

于是我们开始探究对换挡器进行更新换代，根据探究试验得出结论：初代换挡器在切换齿比时会有一段重锤下落 4 至 5 厘米的势能被浪费掉。通过改进，二代换挡器诞生，我们采用了圆台型、在侧面可以放线的螺纹，螺纹转动线从小齿比逐渐移到大齿比上，达到切换的目的。理想很丰满，现实却很骨感，安装了二代换挡器的二号车的成绩变得更加"不堪入目"。此时的我们感到很沮丧，一次次的失败带给我们打击，使我们对自己的探究能力产生了怀疑，甚至有了放弃的念头，就在这个瓶颈期，指导老师及时开导与提醒，给了我们鼓励与信心，给了我们坚持下去的勇气与动力。

我们总结两代换挡器失败的原因，开始反思换挡器的可行性。经过一系列的讨论和计算，我们发现要通过换挡来获得一个较长的行驶距离，在目前阶段很难实现。于是我们推翻了这种思维定式，重新开始探索新的途径。

经过与指导老师一起交流讨论，我们诞生了新的方案：让小车在上坡前获得一个最大的速度，依靠惯性冲到最高点。有了大方向，接下来便是完善小细节。我们开始思考，为了获得最大的速度，必须减少阻力。减小阻力应从两个方面入手，一是减轻重量，二是减小摩擦。为了减轻重量，车体的材料从铝板改为木板。但经过试验发现，木板的强度不够，无法承受重锤下落产生的冲击力，最后为了保证强度，我们采用了碳纤维材料作为小车底盘。此时制作的成品车仅有170克。为了减小摩擦，我们采用进口轴承，清洗并打磨，再将轴承进行空转，平均时间30秒以上。

经过一次又一次的实验和改进，我们制作的小车终于冲到了70厘米的顶点，全队欢呼。但是，在现实生活中，我们遇到的上坡坡度有很多种，倾角也许会更大，我们不能满足于现状，于是，成员们便对自己提出了新的挑战：将坡度调至25度继续挑战。虽然只增加了5度，但是，我们的小车却只能行驶到22厘米处，可见，我们做得还不够。

我们开始探究25度的坡道障碍，车子的许多细节性的调试和设置都要重新开始，如车身的重量、轮径大小、绕线方式等，我们通过不断实验去探寻解决问题的方法。我们更换了70多种半径轮子，实验了近千次。

3. 屡试屡进，一代代无碳小车诞生

探究过程中，我们使用了多种现代化设备，比如我们的定滑轮和绕线器是用光固化3D打印机制作的，碳纤维车身底盘和轮子是使用学校的CNC数控雕刻机切割的，等等。经过一系列的"试验—调整—再试验—再调整"，我们终于设计并制作出了一辆满意的"无碳小车"，征服了25度的坡道。但我们不会满足于当下，我们依旧会继续挑战更长的平路、更陡的坡道。

四 研究成果

工作原理：利用1千克重锤下落40厘米高度产生的重力势能并将其高效地转化为动能和重力势能，驱动小车在平路前行及25度斜坡爬坡。

使用材料：车身、车轮、支架等采用碳纤维材料，轻便且强度高。定滑轮、绕线器采用光固化3D打印方式制作完成。

2016年4月,在第三届国际青少年创新设计大赛中国区复赛中,"无碳小车"项目荣获一等奖,并获得参加国际决赛的资格。

2016年7月,在美国哥伦比亚大学,"无碳小车"项目参加第三届国际青少年创新设计大赛国际决赛,荣获一等奖,组员以第一名的成绩荣获"未来创新人才奖"。

反思与体会

何建超:记得我们开始探究25度的坡道障碍的时候,车子的许多细节性的调试和设置都要重新开始,如车身的重量、轮径大小、绕线方式等,有问题就有分歧,比如前轮的半径大小问题。对于这个问题作为队长的我和队内的另一个成员有了不同意见。我坚持用大轮,因为大轮的通过性强;他坚持用小轮,源于他的计算结果。作为队长的我十分坚持我的想法,认为自己的想法都是对的,而他没有与我争吵,通过一次次的测试证明了我的观点是错误的。最后实验结论:小轮才是正确的选择。

通过这个小插曲,我深刻体会到了自己的缺点——太过于固执己见。我意识到自己坚持的不一定就是对的,要虚心接受他人的意见,实践是检验真理的唯一标准,很多观点是需要用实践去证明的。通过此次小课题探究活动以及竞赛活动,我们的动手实践能力得到了锻炼与提高,团队意识得到了加强,创新素养、信息素养、国际素养等综合素养得到了极大的培养与提升,更重要的是我懂得了"倾听和接受别人的意见"有多么的重要。

案例报告 4-3
机器人行走圆形轨迹路线设计

课题主持人：朱宁旭
课题组主要成员：周春炼、张雅琪
指导教师：吕臣俊
所在学校：深圳市坪山区坪山高级中学

一 研究缘起和目的

（一）研究缘起

当今社会，机器人技术日益成熟，机器人的出现就是要把人们从不愿做的脏活累活及危险的工作中解放出来，不管是家务型机器人还是工业型机器人，它们都会接触到行走轨迹问题，而关键在于移动的路径轨迹规划，即机器人按什么样的路径轨迹来行走。

（二）探究目的

我们这个小课题就是探究如何让机器人小车行走圆形轨迹，以及更进一步探究在这个过程中机器人小车行走圆形轨迹半径与输出功率、每秒偏转角度等要素之间的关系。探究成果可以应用在以后的机器人活动中，驱使机器人走 1/4 圆弧和 1/2 圆弧规避障碍物，更加灵活快捷地策划行走轨迹方案。

二 研究问题和思路

（一）研究问题

（1）如何驱使机器人小车行走圆形轨迹？
（2）探究在机器人小车行走圆形轨迹过程中，圆形轨迹半径与输出功率、每秒偏转角度等要素之间的关系。

(二) 研究思路

首先,搜集若干个乐高机器人小车搭建方案,通过讨论研判,从中确定一个两轮小车搭建方案。其次,针对本课题研究目标,增加在小车尾部加装记号笔的要求,制订改装方案,进而完善。再次,确定搭建方案相对应的程序,汇总实验数据,小结多个机器人行走圆形轨迹方案的优缺点。最后,通过反复实验采集数据,推算机器人小车马达输出功率 P 与所走圆形轨迹半径 R、所需时间 T 及其他变量的关系。

三 研究方法和过程

(一) 研究方法

1. 文献资料法

(1) 从网络上搜集若干个乐高机器人小车搭建方案,通过讨论研判,从中确定一个两轮小车搭建方案,要求搭建材料最少化、结构最简化、操作最便化、性能最优化等。

(2) 参考所学物理公式推导小车马达输出功率 P 与所走圆形轨迹半径 R、所需时间 T 及其他变量的关系。

2. 实验法

由所编程序进行反复实验,记录实验数据,探寻机器人小车马达输出功率 P 与所走圆形轨迹半径 R、所需时间 T 及其他变量的关系。

(二) 研究过程

1. 搭建机器人小车

实物见图 4-3-1。

2. 方案一:利用左右电机驱动机器人行走圆形轨迹

配套程序见图 4-3-2。

在固定电机输出功率和行进时间的前提下,通过设置机器人小车不同的行进偏转值,对比机器人所走圆形轨迹半径 R,通过多组测试可得:行进偏转值越大,所走圆形轨迹半径 R 越小;行进偏转值越小,所走圆形轨迹半径 R 越大;两者成反比关系。实验数据记录见表 4-3-1。

图 4-3-1 机器人最终搭建实物图

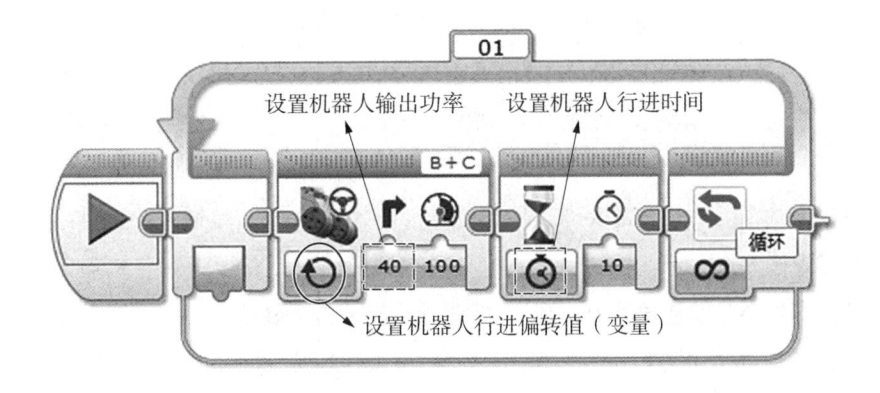

图 4-3-2 利用电机驱动机器人走圆形轨迹程序截图

表 4-3-1 机器人小车行进偏转值与轨迹半径测试记录表

机器人小车行进偏转值(°)	圆形轨迹半径(cm)
25	23.5
30	19.5
35	17
40	15.5
45	14.25

第四章 问题探究式创客学习 / 179

经过测试可见,当设置电机转弯角度过小时,小车会走出一个大圆形轨迹,但是由于地板摩擦力的关系而偏离轨道,所走出来的轨迹忽左忽右。所以我们小结出方案一的优点是程序简单,易操作;缺点是在走大圆形轨迹时,非常不稳定。

此时我们需要一个稳定的走圆形轨迹的方案,我们将思路聚焦在机器人经典案例"机器人巡线"上。该案例原理是机器人小车应用颜色传感器将反射光模拟信号转变为数字信号:黑线的数字信号趋近5,地板区域的数字信号趋近于44,即$5 \leqslant x \leqslant 44$,我们取中间值20(偏近黑线一侧),将小车实际读出的数值与20做减法,调用这个差值让小车调整左右车轮的功率,使小车能够一直循着黑线行走。通过思维迁移,形成新方案雏形,见表4-3-2。

表4-3-2 左右电机驱动机器人行走圆形轨迹方案设计表

实验名称	传感器	采集数据类型	参照对象
巡线	颜色传感器	反射光值	黑线与地板交界处读数
行走圆形轨迹	陀螺仪传感器	偏转角度值	小车每秒偏转角度值

两个实验相同之处是都要通过传感器进行模数转换,巡线是通过颜色传感器转换地板反射光值为数字,赋值给电机功率;而行走圆形轨迹则是要通过陀螺仪传感器转换实时机器人小车偏转角度值为数字,赋值给小车行进偏转值。

3. 方案二:利用陀螺仪传感器驱动机器人行走圆形轨迹

(1) 通过分析机器人小车巡线案例,我们加以改进,加装陀螺仪传感器到车身上。通过方案一,我们已知机器人小车在行进过程中会因为地板摩擦力而发生偏移,这就需要当机器人小车探明实际行进角度与理论值发生偏差时,由陀螺仪传感器对其进行校正。详见表4-3-3。

表4-3-3 车身偏转角度值偏差与校正

理论车身偏转角度值	实际车身偏转角度值	车身需要进行的校正
60°	58°	向右前方校正
60°	62°	向左前方校正

当小车行进到车身偏转角60°时,如图4-3-3所示。

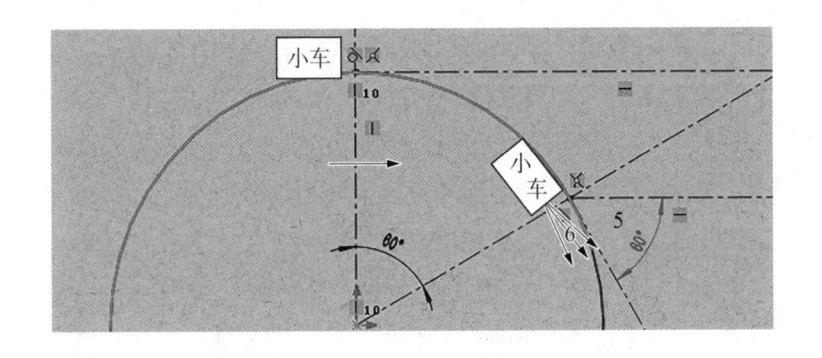

图 4-3-3　小车行进到车身偏转 60°时示例图

（2）探寻偏转角度与时间的关系。理论偏转角度值 A 与时间 T 比例系数 K，K＝2π/T＝360°/T，当走完一圈所需时间 T 为 10 s 时，K＝360/10＝36，此时小车偏转角度值 K 为 36°/s。具体见图 4-3-4。

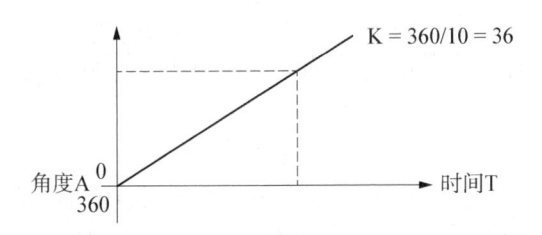

图 4-3-4　比例系数 K 函数图像

由图 4-3-4 可知每秒理论车身偏转角度值：当 T＝1 时，A＝36；当 T＝2 时，A＝72；……当 T＝10 时，A＝360。

利用陀螺仪传感器驱动机器人行走圆形轨迹程序见图 4-3-5。

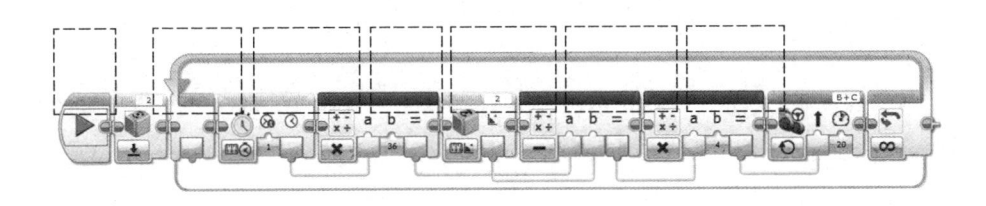

图 4-3-5　利用陀螺仪传感器驱动机器人走圆形轨迹程序截图

① 要用到陀螺仪,就要对陀螺仪读数进行重置,否则会出现误差。
② 要和时间 T 建立关系,就要添加一个计时器,用来记录时间。
③ 程序中 K=36,时间 T 乘以系数 K 得到当前时间车身理论偏转角度值。
④ 利用陀螺仪传感器采集到当前时间车身实际偏转角度值。
⑤ 理论偏转角度值减去实际偏转角度值得到偏差值。
⑥ 偏差值乘以一定倍数放大(固定值,根据车身质量和地面因素各异)。
⑦ 程序中 P=50,把最终数值赋值给行进偏转值,即对车身行进方向进行校正。

(3) 研究影响机器人小车行走圆形轨迹半径 R 的因素。

由 K=2π/T、S=2πR(圆周长公式),可得 KT=S/R,即 R=S/KT(S 为小车行进路程长度,K 为小车每秒偏转角度值,T 为小车行走时间)。

由 W=FS(做功基本公式)、W=PT(电功率公式),可得 F=PT/S(F 为小车作用的力,P 为小车电机输出功率)。

将 F=PT/S 代入 R=S/KT 可得 R=PT/FKT=P/FK。

公式 F=PT/S 中 F 为定值,是受场地状态以及小车质量影响的,于是我们设置了机器人小车行走直线的程序(如图 4-3-6 所示),用以测量计算小车作用力 F 的值。

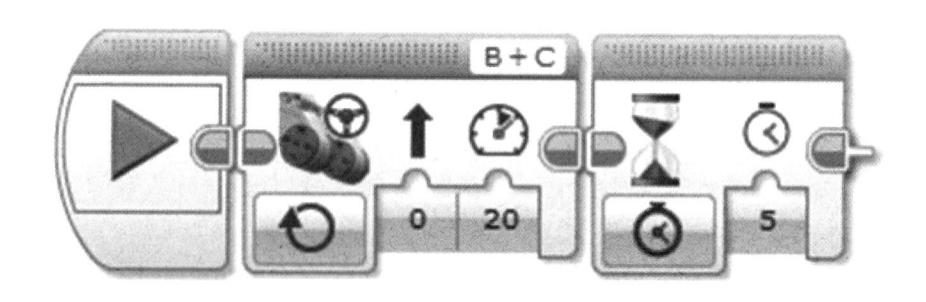

图 4-3-6 机器人小车行走直线程序(图中 P 为 20,T 为 5)

时间固定为 5s 时,更换电机输出功率 P,测量小车每次行进路程 S,将测量到的数据代入公式 F=PT/S 中,从而计算出 F 的值,见表 4-3-4。

表 4-3-4　小车作用力 F 值计算记录表

功率(W)	距离(cm)	力(N)
20	74	135.135
25	92.5	135.135
30	111	135.135

通过三次实验我们计算得出 F 为相同值,约等于 135.135 N,代入 R=P/FK,可得 R=P/135.135 K。

得出结论:圆形轨迹半径 R 与行走时间 T 无关,与小车电机输出功率 P 成正比,与小车每秒偏转角度值 K 成反比。

四　研究成果

(一) 成果陈述

课题小组前后实验了利用大型电机和陀螺仪传感器两种方案驱动机器人小车行走圆形轨迹。在方案一中,我们实现了利用左右电机驱动机器人行走圆形轨迹,所走圆形轨迹半径 R 与小车行进偏转值成反比,程序简单易操作,但行走轨迹圆半径越大,轨迹越不稳定;在方案二中,我们实现了利用陀螺仪传感器驱动机器人行走圆形轨迹,所走圆形轨迹半径 R 与小车电机输出功率 P 成正比,与小车每秒偏转角度值 K 成反比,行走轨迹精确、误差小。

(二) 获奖情况

应用本课题研究成果,获得深圳市 FLL 机器人工程挑战赛项目高中组第一名(一等奖)、省赛二等奖的好成绩。

反思与体会

朱宁旭:遇到问题迎难而上是中国人的品质,在探究过程中遇到各种问题时,我们运用所学知识解决难题,这些科学知识是先前无数的科学研究者提供的宝贵的财富,让我们这些后人在探索中发现,在探索中验证,在探索中不断扩展视野,帮助我们一步一步走向真理的顶峰。

周春炼:通过这次小课题研究,我明白了团队协作的重要性。虽然个人能力很重要,但团队合作更重要。我们通过分工合作,每个成员各司其职,高效地完成了机器人的设计和制作,在老师的指导下圆满地完成了这个小课题。

张雅琪:一个小课题可以结合各个领域的知识,促进我们全方位的发展,使我们更加深刻地理解了曾经学习过的知识。

案例报告 4-4
制作可自动浇水的苔藓墙

课题主持人:王婷
课题组成员:刘韵雪、张佳铭、徐于勋、黄凯馨、张铭、朱淑茹、彭伟骏、李鑫
指导老师:林莹、李丽
所在学校:深圳市坪山区同心外国语学校

一 研究缘起和目的

(一) 研究缘起

建设生态文明是中华民族永续发展的千年大计。现代环境建设的根本目的是改善城市人居和生态环境,将"绿"和"美"的环保理念与人文科技相结合。但是,现代城市寸土寸金,为提高居住率,高楼大厦如同雨后春笋拔地而起,而绿地面积则在日益减小,城市绿地的多种环境功能正在逐步丧失,这显然已经成为尖锐的环境问题。看到这种状况,我们进行了一系列讨论研究,发现苔藓涂鸦成为了眼下最时尚的环保艺术,既可以充分利用空间改善环境绿化,又可以增强人民群众的获得感、幸福感。

(二) 研究目的

通过涂鸦和苔藓二者巧妙的结合,让人们发现绿色种植可以跟环境、家居建设和谐统一。通过亲身体验植物种植过程和解决一系列自动灌溉的问题,我们可以感受绿色自然环境的魅力,体验成功的快乐。

二 研究问题和思路

(一) 研究问题

(1) 种植问题:如何选择与设计墙体?如何挑选最适合"上墙"的植物?如何种好苔藓?

(2) 涂鸦问题:如何更加高效地制作苔藓墙?如何在制作过程中更能体现出环保

理念与人文科技的结合?

(3) 技术问题:如何实现自动浇水满足植物长青生长?

(二) 研究思路

首先,我们对适合墙上种植的蕨类和苔藓类植物做全面的了解与对比,明确研究的内容、方法和步骤。其次,利用社团活动等课余时间采摘苔藓并对比种植培育苔藓墙,及时观察比较实践结果。最后,在老师和专家的指导下改进优化,向大家分享我们的实验成果。

三 研究方法和过程

(一) 研究方法

1. 文献法

查找相关植物文献,了解不同植物对温度、湿度等习性需求,寻找最适合的植物种类,进行对比种植,进一步明确课题的研究方向。

2. 对比研究法

通过对不同浇水装置的研究与对比,检测本课题研究所运用的对策与措施的有效性,进一步加强或及时调整研究的方式、内容。

3. 经验总结法

根据收集的各种文献资料与对比研究得出的实践结论,归纳总结出制作可自动浇水的苔藓墙涂鸦的策略和方法。

(二) 研究过程

1. 理论学习与讨论——明确研究思路

小组成员认真学习相关植物的文献理论,查阅与课题创作有关的成品展示及对课题研究有借鉴和指导作用的理论知识。利用社团时间由主持人向大家进行统一培训。

2. 初期实践尝试——发现问题

课题组师生在理论研究基础上,首先通过分组分工研究出苔藓墙体的选择与设计、适合苔藓生长的最佳环境、自动灌溉的有效方式。初步解决了以下几个问题。

(1) 种植问题:挑选合适藓种。种植分队首先通过上网和书籍查阅,了解了苔藓的基本概况：

> 苔藓是在荒芜的土地表层最先生长的适应性极强的植物，只要有阳光和水，在没有土壤的地方也可以生长。它的结构简单，仅包含茎和叶两部分，没有真正意义上的根，只有假根，假根在结构上跟种子植物的根不同，主要起固定作用。苔藓的茎没有类似种子植物的疏导组织，可起一定的支撑作用。苔藓是依靠叶片表面直接吸收空气中的水分维持生长存活。苔藓在缺水状态下会进入休眠状态，遇水之后会很快复苏。有些品种甚至在没有水分补给的情况下可以进入休眠状态长达1年以上。

我们还对苔藓种类及特征进行了梳理归纳，对各类苔藓的适用场景进行了梳理，详见表4-4-1。

表4-4-1　苔藓种类与适用场景

适用场景	苔 藓 种 类
园林造景：小园林铺地覆盖	大灰藓、尖叶匍灯藓（生存力强，生长速度较快） 室内外枯山水日式苔庭院：白发藓、大灰藓、小金发藓、大金发藓
大型背景植物墙	大灰藓、白发藓
苔藓涂鸦	小灰藓、尖叶匍灯藓、短绒藓
苔藓微景观	白发藓、羊毛藓、星星藓、朵朵藓、大灰藓、小金发藓
盆栽铺面	白发藓、羊毛藓、短绒藓、朵朵藓、大灰藓（适用于大型乔木树桩盆栽）、地钱
纯苔藓盆栽	白发藓、羊毛藓、朵朵藓、星星藓、小金发藓、大金发藓、曲尾藓、仙鹤藓、曲柄藓、地钱
水陆缸造景 雨林缸造景	背景用：大灰藓、大羽藓 沉木枝条包用：大灰藓、大羽藓、小灰藓、尖叶匍灯藓 地面用：白发藓、大灰藓、小灰藓、曲尾藓、尖叶匍灯藓 近水湿度较高处：尖叶匍灯藓、小灰藓、翡翠莲花藓、暖地大叶藓、万年藓、大桧藓、凤尾藓
室外假山	向阳岩石：星星藓、大灰藓、白发藓 耐高湿度：小灰藓、尖叶匍灯藓、翡翠莲花藓、暖地大叶藓、万年藓、大桧藓、凤尾藓

(续表)

适用场景	苔藓种类
室外水池	不需带土：大灰藓、大羽藓、曲尾藓、仙鹤藓、大金发藓、大桧藓、万年藓、鹿蕊藓 水润高湿：大灰藓、大羽藓、尖叶匐灯藓

我们通过查询对比及实践种植，选择了星星藓与大灰藓作为原材料，但实际采挖过程中容易混入其他苔藓。

（2）涂鸦问题。首先采用"酸奶＋苔藓泥土＋环保酵素"的配方进行搅拌混合，确认能涂鸦上墙，但成本太高并且苔藓长势欠佳。用平刷涂鸦搅拌好的苔藓泥浆，需掌控好黏稠程度，否则很难成形状。

（3）技术问题。采用太阳能自动喷雾装置，因为喷雾能更好地加大空气湿度并且扩大加湿面积。但容易受天气影响，比如风大情况下不合适，炎热夏季时需增加人工喷雾次数。

3. 中期实践分析

等待苔藓生长的过程中，我们也在不断谈论改进，在实践尝试的基础上，我们得出了以下几点分析结果。

（1）苔藓泥浆配方中利用酸奶增加黏稠度太贵，考虑优化使配方更加环保便利；泥浆黏稠度不够，没法马上附着在墙壁上，容易破坏原本设计好的图案。

（2）夏季苔藓由于湿度不够很难茁壮成长。

（3）自动喷雾装置满足不了苔藓的需水量，人工浇水又费时费力。

4. 后期优化改进

针对以上实践结果，我们在指导老师和专家的引导下，做了以下几点优化改进。

（1）改进环境。自建可移动垂直墙体，使研究环境更加真实并方便实验对比探究。通过咨询对比，选用透气性良好的仿古红砖作为实验墙体。

（2）改进配方。首先把成本高的酸奶换成玉米粉或淀粉，但实际搅拌中不好掌握黏稠度，一不小心就会调制成非牛顿流体。为了使泥浆更加适合垂直墙面涂鸦，我们最后采用"终极配方"——先涂鸦一层黏土打底，湿润后再刷上苔藓孢子粉和营养土混合物（或者鲜活苔藓和营养土混合物），保证湿润度足够即可。

（3）苔藓墙图案设计。我们发现尽量选择连续面积较大的图案，苔藓保湿效果较好，比较容易存活，也会促进生长。

（4）优化浇水装置。普通喷灌滴灌不适合垂直墙面的苔藓墙。负责浇水的小分队经过几轮尝试对比，确定采用太阳能自动喷灌装置，根据实际情况设计组装，使浇水面积更广，更有利于苔藓墙生长。经过实践发现，室外苔藓墙由于风大，喷雾不适合，所以我们改用水量较大的喷头。考虑到冬季空气干燥，我们利用定时器增加定时喷灌次数。

四 研究收获

1. 苔藓营养泥配制

①黏土打底，喷湿后把苔藓孢子粉（或新鲜苔藓）与营养土按 1∶2 比例混合搅拌制作营养泥。②为了环保便利，可采用生命力旺盛的野生苔藓，或者网购星星藓或大灰藓，尽量避免使用需水量太多的水生苔藓。

2. 背景墙营养泥涂鸦方法

①墙体需事先喷湿，渗透性良好的墙体更适合苔藓生长；涂抹上墙，重复涂鸦几次确保苔藓更好地生长。②涂鸦时可以用手代替毛刷（好玩又便利），第一次成型后需增多喷水量使表面充分湿润，并且盖上一层保鲜膜保湿，等苔藓生长后再揭掉保鲜膜。③用黏土做图案打底，喷湿后把苔藓和营养土涂鸦覆盖压实即可。

3. 装置自动浇水器

应用所学的物理、生物等学科知识，组装了"太阳能＋充电"的两用喷雾式自动浇水装置。满足夏季太阳能充足，冬季需隔段时间对浇水装置充电的实际，喷雾方式浇水面积较大并且能在较短时间内提高空气湿度。

4. 总结项目经验

一是实验中的泥土尽可能从野外寻找天然的黏土，就能避免网购增加经济成本，此外，墙体的设计运用了玻璃胶，应该去寻找更加环保的黏合剂。二是浇水装置采用的是太阳能自动灌溉装置，如果遇到刮风下雨或阴天就要进行人工充电，且浇水范围不够全面，需定时更换水桶，还需继续优化。三是我们想进一步研究如何让利于环境的苔藓墙更加普及，起到美化环境的装饰作用，利用自然资源去创造生活之美。

反思与体会

黄凯馨：以前接触苔藓这个东西也只是从书中了解过"苔藓是没有根的，喜欢阴暗潮湿的环境，借助一切力量繁衍，一般生长在裸露的石壁上……"，但自从参加这个活动我与苔藓来了个近距离的接触。第一次接触这个小生命的感觉是十分奇妙的，简直是萌到了极点，它给我的感觉是软软的、滑滑的，就跟棉花糖似的。第一次在实验室里涂苔藓墙时，我是十分激动的，想象着把这个跟泥巴一样的东西涂到墙上再长出嫩绿的小生命来的感觉十分美好，心中抱有许多的期待。

王婷：作为一名"典型"的初中生，我从未如此深切地体会大自然的乐趣。从手机和网络中走出来，仔细地去体会、去了解生态，才发现原来竟有这么多的乐趣。我从中也学到了很多。才知道原来苔藓也分很多种类。其中我最喜欢朵朵藓，那种形似云朵的一团团的植物，就跟它们的名字一样可爱，摸起来也软绵绵的。苔藓上墙的时候，失败过很多次，总是一团团的黄泥，总是不见绿色的苔藓长出来。几乎就要放弃的时候，在老师和几个同学的努力研究下，终于培育出了能够顽强扎根在墙上的苔藓。生态与技术实验带给了我很多乐趣，和同学们一起东挖挖西采采，不仅增进了友谊，也让我体会到大自然的乐趣，令我受益匪浅。

第五章

问题探究式体验学习

问题探究式体验学习通过真实的学习情境,激发学生对问题的主动探索和深刻理解。学生作为体验学习的主体,识别问题、制订探究计划,通过观察、实验和反思等亲身体验,进行总结和经验提炼,加深对复杂概念的理解,增强沟通能力和社会适应力,培养批判性思维和解决问题的能力。

问题探究式体验学习强调以学习者为中心,强调问题情境的新奇与引领。中小学使用体验学习方式,能让学生沉浸在情境体验中自然获得持久的知识经验、掌握独到的制作技能、养成创新思考的习惯和不畏困难的学习态度。

体验学习作为一种学习方式兴起于20世纪70年代的美国课堂。美国学者认为,知识在体验中更容易被中小学生接受并融会贯通。在美国,体验学习是比较成熟的学习方式。学生通过课堂实践、课外活动来认识学科知识和周围事物。当学生完完全全地参与到体验过程中,学生成了"自由的人",成了课堂学习与发现的真正主角。

问题探究式体验学习方式中,强调以问题解决引领学生的学习体验,教师不再一味传授学科知识,更多的是设置情境、建构问题、制造学习冲突,让学生产生探究学习的渴望和冲动,从而全身心地沉浸在体验学习的过程中,积极地观察环境,开展问题分析交流,尝试问题解决流程设计,探究实验制作等。在新时代,中小学问题探究式体验学习有着怎样的内涵、怎样的特征、怎样的流程,有哪些体验方法和策略呢?这些问题值得我们去思考与探究。

一 体验学习的定义

从现代汉语的角度看,"体验"有三个义项:一指亲身经历,实地领会;二是指通过亲身实践所获得的经验;三是指查核、考察。南宋的朱熹强调,在经典儒家作品"讲论"的同时,还要注重"体验"。他说:"讲论自是讲论,须是将来自体验。说一段过又一段,何补!……体验是自心里暗自讲量一次。"他所谓的体验是"自心里暗自讲量一次",是知识经验的自我"重复"式强化,以在"大脑记忆中留下深刻印象"。

教育学视野中的体验学习,则是一种以问题情境建构引导学生开展积极问题解决并在问题解决中不断反思与调整以生成学习经验的学习方式。美国学者主张课堂学习要全面变革,强调要以学生为中心、以问题建构为中心、以学生活动为中心、以经验习得为中心。学校的教学模型应该转变到教师引导学生开展以问题分析和探究为主题的学习活动上来,全面改造传统教学方式中的"五个中心"——"教师中心、课堂中心、教材中心、讲授中心、练习中心"。

美国学者大卫·库伯归纳了体验学习的四项指标:①对身边的事物有详细具体的自身体验;②观察与反思,对体验和经历进行总结、归纳及分析,最后进行评判性思维的探讨;③对生活中所看到的事物及思考的问题进行整合,形成抽象的概念;④将归纳、总结的理论应用于实践生活中,对一些概念性的意义进行实践性检验。

美国倡导的体验学习呈现四种取向或者说强调四种要素,即"行动——体验——共识——分享",主张学生通过具体场景(学科问题情境或者生活问题现象)来引导行动(分析、设计、做事、反思等)从而形成共识,积累学习知识的经验。

问题探究式体验学习强调以学习者为中心,强调问题情境的新奇与引领。中小学使用体验学习方式,能让学生沉浸在情境体验中自然获得持久的知识经验、掌握独到的制作技能、养成创新思考和不畏困难的学习态度。比如,高中化学课堂学习了质量计算、摩尔、重量公式后,教师如果能够引导学生探究在实验室用煤气灯(实验室中供加热用的器具)来制作硬糖,就让知识学习进入了一种体验状态——重温知识内容、设计实验方案、开展实验行动、获得实验观察等,这样的实验过程就是富有体验性的学习过程。

我国中小学校园使用"体验学习"这个概念,内涵比较丰富,表达比较多样。许多学者认为,一切学习方式创新都可以归纳为体验学习方式的应用创新。中小学生的一切认知、一切发现、一切探索、一切问题解决都是一种学习过程,也都是一种体验过程,都是一种成长过程。这样理解不无道理。

也有的学者认为,体验学习强调以学生为主体,以活动为载体,通过自主感受领悟知识,再回归实践验证知识。这个过程相当麻烦,不利于课堂学习的快速推进;同时过度强调学生自主体验,也容易让教师"失业"。

二 体验学习的特征

体验学习是建立在生活好奇、问题情境、经验学习的基础上的。问题探究式体验学习主张"借助生活好奇发现有趣的问题""借助经验的验证深化学习体验""通过做事和反思来深化学习"。体验学习的基本特征表现为问题情境性、分析综合性、动手做事、反思分享等。日常开展体验学习,一定要注意研究体验学习的基本特征,特别是典型的学习特征。

(一) 问题情境性

学习生活中、校园生活中及社会生活中出现的问题,是问题探究式学习方式的重要内驱力。在体验学习中,是由问题情境引发了师生长久而持续的问题探究过程。体验学习最鲜明的特征就是问题情境性。学习生活中,中小学生对日常学习问题的关注或者生活现象的关注,引发了内心的好奇,驱动他们探究问题产生的原因,引发体验学习。

体验学习的鲜明特征就是问题情境的发现、问题情境的产生。从体验学习的层面来看,没有问题情境就没有深刻的体验学习出现,问题情境规定了体验学习的方向,问题情境也决定着体验学习的质量。学生身处问题情境中,被问题牵引着,从而走向体验学习的深处。一般来说,体验学习中的问题情境分成三种类型:一是和学科学习相关的问题情境,二是和学生身体发展、心理发展相关的问题情境,三是和社会生活现象相关联的问题情境。从教育学的视野看,不同类型的问题情境,都会引发中小学生的体验学习现象。广大中小学幼儿园教师要帮助学生选择高质量、高水平、有探究含量的问题情境,从而促进体验学习的深入开展。

在问题探究式学习活动中,问题质量决定了探究的质量,问题的方向决定了探究的路径。深圳市坪山区坪山实验学校蒋砚同学主持的《研究身边有趣的毛细现象》,缘起就是各种问题情境:一根钢针为何能够浮在水面上?荷花叶子为何能够出淤泥而不染?往盛满水的杯口继续加水而水为何不溢出?雨后蜘蛛网上为何留下一串串晶莹的水珠?所有这些有趣而奇特的现象是如何发生的?这些身边有趣的毛细现象引发了学生"向自然学习仿生"的体验学习历程。没有对日常生活中毛细现象的好奇和关注,就不会提出这样生动有趣的研究小课题。体验学习中,选择有质量的学习问题,特别是和学科学习相结合的学习问题,更容易引发学生体验学习的兴趣。

(二) 分析综合性

分析综合性是体验学习中最重要的学习特征。在体验学习中,问题情境的出现,需要学生通过分析、综合从而看清问题的本质,确定问题解决的路线。分析和综合的学习特征,决定了体验学习的深度和广度。学生在问题探究中能不能迅速找到探究路径,能不能迅速使用校园学科知识解决各种问题?这就要看学生分析、综合、判断的水平。没有分析和综合能力就不会发现研究的问题和具体的思路。事实上,任何体验学习都需要有强大的分析和综合能力。缺少理性的分析和综合能力,常常找不到问题研究的路径,找不到问题解决的办法。《研究身边有趣的毛细现象》中,学生要研究哪些问题?这些问题怎么解决?实际上这就要求课题小组具有高度的分析和综合能力。下面是这个小组提出的需要解决的问题:

1. 动植物中毛细现象的种类
2. 生活中毛细现象的种类
3. 如何解释毛细现象产生的原因
4. 毛细现象对中学生生活的作用

在问题提出过程中,课题小组又分析了问题研究思路。事实上,学生研究思路的形成,也缺少不了分析和综合能力的支撑。如果课题研究小组不努力开展文献搜索、阅读课外书籍、研究课题被关注的程度、课题已经完成的成果;如果课题组不能设计出泡泡水、芹菜吸水实验;如果课题组不能开展头脑风暴,组内不进行研究讨论,不发现问题突破、问题解决的最优方案……深入而持久的体验学习就不会出现在中小学生的探究视野中。因此,高度的分析综合性是体验学习的重要特征。

波士顿大学教学中心在体验性学习分析过程中,常常把学生的分析和综合能力放在第一位。美国学者认为分析和综合能力决定了学生自主和独立解决问题的能力,同时也决定着学生和同伴互动的深度和广度。在体验学习中,分析综合能力还决定着学生能不能从错误的案例或者成功的案例中学到丰富的解决问题的经验,帮助学生在现实世界中提升应用技能。

(三) 动手做事

问题探究式体验学习让真正的学习发生在学生的"动手做事"过程中。

动手做事是问题探究式体验学习的核心。真正的体验学习强调学生在做事的体验中学习,在做的体验中交流,在做中分析与综合、选择与判断。这种体验学习被概括为"做中学"。我国中小学开展的体验学习多以小课题研究、调查学习、实验学习和课堂阅读体验为主,这些体验学习多多少少带有亲历现场、亲历过程、产生新经验和新认识的意味,一定程度上解放了传统课堂教学"教师讲学生听"的学习方式。在小课题

《研究身边有趣的毛细现象》的学习体验过程中,课题的研究行为更多地表现为"动手做事",而不是背诵单词、完成数学练习。课题组成员用文献法搜集资料,用实践法实验研究,诸如设计问卷进行调查,运用总结法整理实验成果等,这些都是动手做事。

学生在问题探究过程中"动手做起来"——感受科学研究的过程、付出、新奇,在实验研究中不断丰富自己的认知视野,不断迎接新认知和新体会带来的惊喜,真正在体验学习中体会到"动手有新知""实践出真知"。《研究身边有趣的毛细现象》课题组把问题研究分成三个方面:一是有关植物的毛细现象研究,二是有关动物的毛细现象研究,三是生活中的毛细现象研究。这三方面的研究,哪个方面不需要学生"动手"?研究的过程中,他们调查搜集、查找资料,在同学身边征集相关毛细现象,讨论研究有关植物动物的和生活中的毛细现象,设计方案准备实验……体验学习的活动过程就是动手做事的过程。因此,动手做事是体验学习的关键特征。

(四) 反思分享

反思分享是问题探究式体验学习的重要特征。中小学开展的体验学习,不在于追求体验学习的答案有多么精准、结果有多么宏大,而在于引导学生在体验学习中不断反思、不断生成、不断深化、不断分享同伴的成功经验和失败教训。因此,反思分享是体验学习的重要特征。

在反思分享中,学生的认知水平加深了,学生的知识视野拓宽了,学生的动手能力增强了。同时,反思分享还为向同伴学习、借鉴带来了机会。因此,体验学习更强调在反思分享中学习他人的智慧、借鉴他人的方法,形成自己的智慧。没有反思分享,体验学习的特征就不显著;没有反思分享,学生的学习深刻就受到影响;没有反思分享,学生的知识视野就不开阔;没有反思分享,学生的知识运用、知识发现的过程就不喜悦。从这方面来说,反思分享才是体验学习过程中我们要追求的重要目标。

中小学体验学习中的反思分享包含四个部分内容:反思分享自己的分析和综合能力,反思分享自己自主独立做决定并对结果负责的水平,反思判断与其他学生在体验学习中互动频率与水平,反思分享自己能否从错误和成功中积累经验、开阔问题解决的视野。

《研究身边有趣的毛细现象》课题组通过交流反思修正方案,拓展视野。课题组听取老师的精心指导,努力搜集资料,在多次交流讨论后修正了实验的内容、方法等;课题组还听从专家的意见,确定从日常生活中选择实验材料,选择操作精度要求不高而效果极其显著的实验,这样课题组成员才能在体验过程中拓展视野。最终,在充分的反思讨论中,他们选择了理论比较成熟、操作较为可控的泡泡实验和芹菜实验。他们把做实验的感悟、查找的资料在一定范围内进行分享和推广,期待更多的同学加入实验行列,壮大观察、研究毛细现象的队伍。泡泡实验和芹菜实验就经过了反思和分享两个环节,反思使得实验材料简单、操作容易、结果可控;分享使得实验材料、步骤介绍、实验时遇到的问题、实验相对应的知识原理,以及实验中的发现与创新得到了宣传和推广。因此,不断反思分享,不断让认识深入,不断让视野开阔,恰恰是体验学习最主要的特色。

三 体验学习的流程和方法

体验学习有哪些流程呢？遵守哪些操作规范呢？不同的学者对体验学习流程有着不同的表述,均有可借鉴性。有的体验学习研究者认为,体验学习应该遵守循环理论,认为学习过程可以划分为四个阶段:具体经验、省思观察、抽象概念、主动验证。这种观点认为,体验学习的过程表现为由经验到验证的过程。在体验学习流程中,学生仅仅是经验的验证者,不是经验的生成者和创造者。有的研究者认为,体验学习遵守着问题探究式学习原理,学生经由自主行动、自主体验,从而实现经验与知识的习得,并成为知识经验和人格精神的分享者。

深圳市坪山区的教育教学实践表明,中小学开展问题探究式学习方式时,体验学习的学习流程和方法可以简单概括为"情境创设、行动体验、知识运用与经验生成、反思分享"。

（一）情境创设

问题探究式体验学习中强调情境创设,目的是引发学生的学习好奇,调动学生的学习内驱力。高品位的情境创设更能引起学生的有意注意,从而把学生带进情境问题的思考中、情境问题的分析中、情境问题的综合判断中。体验学习流程中,无论是化学学科的教学,还是物理学科的教学、生物学科的教学,高品位的情景问题设置都有利于增强学生对物理、化学、生物知识的体验感受。因此,要更好地开展体验学习,就要讲究问题情境的设置,讲究问题情境呈现的顺序,讲究问题情境对学生学习心理的效用。在体验学习中,教师的主要任务就是建构情境——根据课程大纲中的学习要求,把学科知识和学科内容巧妙地转化成问题情境,特别是设计和布置不同主题不同要求的问题情境,从而促进学生广泛而深入地开展体验学习,在问题解决中促进知识的领受和能力的生成。

(二) 行动体验

体验学习流程中,行动体验是流程的关键。体验式教学强调"以学生为中心",强调学习者的主动体验、主动反思和主动分享,目的是加快知识的学习和经验的生成。

问题探究式体验学习中,行动体验有多种方式。深圳市坪山区丰富多样的体验学习方式,为学生打开了自主探究的大门,开拓了中小学生的视野,并将他们的视线由课上引向课外,由校内引向校外,与自然、社会、人文生活建立广泛的联系,在发现、体验的过程中,提升了学生的创造性品质。坪山区学生探究性小课题的选题就体现了这一点。

行动体验也包括以完成各种服务项目、实践项目为主的体验方式,例如:

> 跟从专业人士当学徒;智能物联实训基地实习;到医院当初级护士;外部体验农业生产;社区义工服务;帮助亲朋照看小孩;帮助残疾人;树样小组采集树皮,研究树的年轮;帮助街坊割草;研究当地工业发展对树林生长的影响;数字模拟各种危机;设计本地的蔬菜标志;研究山坡斜度与土壤吸收化肥的关系;研究噪音对树林生长的影响;参观博物馆……

在问题探究的具体项目中,行动体验表现为学生在探究过程中所付出的劳动——脑力劳动和体力劳动。

深圳市坪山区坑梓中心小学开展校园观鸟活动的体验性学习中有大量的行动体验设计:

> 路线调查,确定目标鸟种和观察点;组织现场观鸟活动;对校园常见鸟种进行拍摄;对素材进行剪辑和编排;制成科普图册,并辅以文字说明;故事分享,讲述观察鸟儿的乐趣。

行动体验、动手操作是体验学习流程的关键环节,也是体验学习意义所在。广大中小学教师在体验学习设计过程中。要增强行动体验的设计,特别是引导学生在行动体验中运用知识、方法、经验等解决实际问题,在问题解决中巩固知识、拓宽视野、生成问题解决经验。行动体验有没有设计、有没有过程、有没有挫折、有没有总结反思,都是行动体验的表现。一般来说,评价体验学习的质量高低,主要是研判体验学习流程中行动体验的质量高低。

(三) 知识运用与经验生成

体验学习流程中,知识运用与经验生成最重要。在体验流程中,知识运用和经验生成是行动实验中的主要追求。在知识运用和经验生成的过程中,学生的学习心理实际上经历了五个过程:"学科知识、生活经验"——"分析综合、行动体验"——"观察反思、形成共识"——"实际操作和验证"——"活动总结和分享"。有的学者认为:"学习是经验不断重组与改变的历程,在历程中若能把获取的经验转换为知识、技巧或态度,及时发挥经验的反思,就可获得成长与进步。"因此,体验学习的基本目的是让知识和经验在行动体验中自然生成,学生感受到知识和经验形成的过程和生成的快乐,甚至挫折。

这就要求在设计体验学习时,要结合学生的学习经验、学习心理,特别是结合学科学习的知识及知识体系,把问题探究式体验学习建立在学生发展的基础上,建立在学科知识学习和巩固探究的基础上。这样,在体验学习过程中学生就能还原知识生成的过程,感受知识生成的快乐。

在新课程背景下,我国中小学所开展的体验学习,目的是改变知识获得的历程,突出知识生成的体验性,强调在行动体验过程中发现知识、获得经验,从而让知识学习更自然、更自由、更充满着发现的快乐。在知识运用与经验生成中,体验学习的学习形态一般表现为知识、经验的获取,情感的丰富和人格的完善,如活动分析、活动规划、活动体验、活动综合、活动反思、活动分享。因此中小学在开展问题探究式体验学习时,一定要将知识的运用和经验的生成当成体验与学习的主要追求。无论是行动实践还是反思分享,都要以知识的运用和经验的生成作为重点。让学生在体验学习中增进对知识的理解,收获丰富的经验,这才是体验学习的重点,这才是中小学开展体验学习的意义所在。

(四) 反思分享

反思分享是体验学习过程中的重要环节。反思分享贯穿于体验学习的全过程。也就是说,体验学习的每一个环节都存在着反思分享的过程。即便是课堂上开展的体验学习,也存在着反思和分享的问题。课堂学习的反思就是全面总结自己的得失;课堂学习的分享就是开阔思考的视野和学习的视野,为自己也是为他人。在项目学习和项目研究中,反思不仅仅是为了自我的成长,反思还是为了进一步分享。"反思性思维的成功部分相互成长并相互支持",反思分享为进一步学习创造了"支架",并为进一步的体验和反思提供了条件。也就是说,体验学习中伴随着反思学习,是反思学习让经验更加充分。体验学习中的反思行为,特别是批判性反思,是"通往强大的新思维和学习之路"。有的学者为体验学习中的反思建构了"五问模型":

> 你注意到了吗?
> 为什么会这样呢?
> 这会在生活中发生吗?
> 为什么会这样呢?
> 你怎么用呢?

体验学习重视反思分享,因为反思就是高素质学生应有的能力和素养。在问题探究式体验学习中,中小学生在这个过程中可以充分展示自己、认识自己、开阔自己,增强自己的行动信心,提升自己的做事能力。一般来说,反思分享是体验学习中的升华环节,不断在体验学习中反思分析综合、反思行动行为,会收获意想不到的结果。

深圳市坪山区中山中学在对清代《海错图》海洋生物探究中,就十分重视反思分享。我们来看反思分享环节一位同学的心里话:

> 我选了一张《海错图》中的鱼儿,将它临摹在木版上,用刻刀小心翼翼地随着临摹的线条一点一点地滑刻,刻出凹槽,刻的时候最怕的不是刻到自己的手,而是害怕一用力就把特别小的眼睛啊、嘴巴啊给刻掉,还是技术不够精湛,真为当时的自己捏了把冷汗。
>
> 很喜欢制作版画的过程,因为身边有课题成员的陪伴,虽然制作过程很辛苦,但是最后将画印在画纸上呈现的那一瞬间,会很有成就感,感觉这一切都是值得的。

当然,体验学习不是为了体验而体验,而是要在体验过程中反思分享知识的学习和运用、能力的锻炼和提升、智慧的丰富和开阔,全面提升全体学生的学习素养和能力水平。而要实现这种追求,就必须在体验过程中加强反思和分享,通过不断的反思活动,通过不间断的分享活动,让体验过程有序、平稳、深入。

按照体验学习的过程可以将反思分享划分为初期反思分享、中期反思分享和终端反思分享。体验学习流程中,终端反思分享是对全部体验项目做全面彻底的回忆、总结、归纳、提取。

案例报告 5-1
航海模型探究

课题主持人:谭思蔓
课题组成员:林勇奇、洪梓敏、钟琦烽、黄宸钰、高荣信、陈果、陈嘉鸿、唐晨阳、何俊涛
指导教师:吕威威、赖仕辉、项羽婧
所在学校:深圳市坪山区六联小学

一 研究缘起和目的

(一) 研究缘起

起初,我们是被航海模型的外观所吸引,对航海模型产生兴趣;初步接触之后发现航海模型充满着许多未知且有趣的知识。于是,我们成立探究小组,探究制作和航行上的技巧和方法,了解关于船舶、海军、海洋方面的各种知识,提高我们的综合素质。

(二) 研究目的

我们希望通过对航海模型的探究活动,充分发挥主观能动性和创造能力,培养我们的科技创新意识及团体合作精神,提高动手能力,将所学知识综合运用到解决实际问题上。

二 研究问题和思路

(一) 研究问题

(1) 如何制作航海模型?
(2) 如何航行航海模型?

(二) 研究思路

课题组成员根据各自分工,相互讨论后,制订出自己的最优制作方案,制作出航海模型;结合"我爱祖国海疆"全国青少年航海模型教育竞赛项目的规则,进行检验对比;

再通过航行实验,探究出航行的方法,最终总结如何制作、航行航海模型,得出制作、航行的正确方法、技巧。

三 研究方法和过程

(一) 研究方法

在我们明确研究的对象与解决问题后,我们确定了研究方法。

1. 文献资料法

通过查阅书籍资料,了解航海模型的构造,搜集有关制作、航行方面的资料。

2. 实验法

有目的、有计划地实践制作、航行,并记录下来。精细化观察和记录,便于弄清每一个条件对研究对象所产生的影响,保证研究工作的准确性。

3. 经验总结法

通过对实践活动中的具体情况进行归纳与分析,使理论上升为经验,从中得出最佳制作、航行的方法与技巧。

(二) 评判方式

采用"我爱祖国海疆"全国青少年航海模型教育竞赛规则作为评判标准。

(三) 研究过程

1. 开题准备,思路酝酿

开始之前,我们思考了两个问题:①应该如何拼装制作模型?②怎样进行模型航行?

我们带着这两个问题开始查阅各种相关资料,希望可以了解到解答问题的方法。

模型的制作:按照模型制作说明书完成标准制作,制作时间为 120 分钟,模型按准确度、工艺、美感、总体印象进行评分。

模型的航行:运动员进入放航区后,1 分钟竞赛计时开始。起航前,运动员举手示意,待裁判员发"运动员准备"口令后启动模型电机,用手扶模型使之置于启航线后方的水面上待命。裁判员发出"开始"口令后进行航行计时。凡模型过门、触及边线、1 分钟竞赛时间到时,裁判员停止计时,竞赛结束。

2. 确定题目,设计探究

(1) 第一阶段

在前期做了很多理论学习的基础上,我们开始进行第一次动手制作,规则上制作时间为120分钟,我们很多成员花费了将近180分钟才勉强完成。即使我们已经了解整个模型的结构、零部件所对应的位置,但在真正动起手进行制作的过程中还是出现不少问题,部分零部件如芝麻大小,很难固定到对应位置上,所使用的胶水不易干,黏合不够牢固,部分零部件需要多次黏合才能固定好。

接着,我们将制作好的模型一一进行航行测试,没想到出现了让我们非常惊讶和失望的场面,航行效果非常不理想,放入水中,出现船只不平衡,航行路线以斜线居多,还有的一放入水中就因为水密性差,瞬间沉船。航行测试见表5-1-1。

表5-1-1 第一阶段航海模型制作与航行测试记录表

测试 姓名	①			②			③		
	制作时间	航行分数	航行时间	制作时间	航行分数	航行时间	制作时间	航行分数	航行时间
林勇奇	150	20	2″3	135	20	2″5	130	30	3″1
陈果	180	30	2″6	175	20	2″7	160	20	2″6
陈嘉鸿	170	20	2″4	160	20	2″3	135	30	2″7

(2) 第二阶段

第一阶段失败之后,我们求助老师,咨询老师是否可以更换胶水。"当然可以啊,非电动辅助工具都是可以自备进行使用的。"老师的解答给我们打了一剂强心针,让我们再一次燃起斗志。于是,在老师的帮助下,我们准备了专门制作模型的工具和易干、黏性较强的胶水,开始我们第二阶段的制作。专业的工具和胶水帮助我们在120分钟内完成制作。吸取上次失败的经验教训,这次我们还用硅胶进行了防水处理,防止水进入船只、再次出现沉船的情况。陈嘉鸿对着大家说:"我就不信这次还不成功。"

接着,我们就开始航行测试了。果不其然,这次的航行进步很大,陈嘉鸿和林勇奇都拿到了70分,其余成员也有拿到50—60分的。详见表5-1-2。

表 5-1-2　第二阶段航海模型制作与航行测试记录表

测试\姓名	①			②			③		
	制作时间	航行分数	航行时间	制作时间	航行分数	航行时间	制作时间	航行分数	航行时间
林勇奇	120	40	7″3	120	50	7″8	120	70	10″1
陈果	135	40	7″9	120	50	7″8	120	50	9″3
陈嘉鸿	120	50	7″1	120	50	7″6	120	70	10″4

(3) 第三阶段

探究活动进行到这个阶段,核心问题就是如何加快模型的航速。

我们面临最大的困难是,感觉自己制作得很好了,可还是没有能航行到 100 分的。我们继续搜索关于模型航行的资料,然后安排一起讨论。我们重点先进行航行方面的探究,还是通过航行测试,在失败中寻找原因,但总是航行不到 100 分。老师提了一个问题:"你们有没有发现能航行到 70 分的船模,速度比其他的要快?"我们恍然大悟:"如果我们想要航行到 100 分,那就要实现模型提速。"可是,要怎样才能加快模型的速度呢?用新电池吗?于是我们全部换上新电池继续进行测试。速度比刚刚快一点,可还达不到我们的预想。

就在这个时候,林勇奇大胆地对模型动力系统进行调整,他认为有可能影响速度的是动力系统没有弄好。他发现马达与螺旋桨轴之间没有连接好,很大程度上影响了马达的运转,从而导致我们的船只速度慢;还发现两个螺旋桨长度不一,导致船只容易出现航行路线偏向一侧的情况,影响前进速度。船舵航行原理见图 5-1-1。

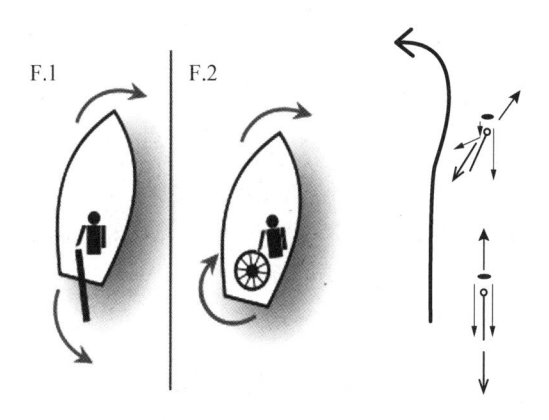

图 5-1-1　船舵航行原理

当解决这些问题后,这一阶段取得了突破性的进步,有的同学航行分数拿到了100分,这极大地鼓舞了士气,让我们觉得距离成功越来越近了。具体测试情况见表5-1-3。

表5-1-3 第三阶段航海模型制作与航行测试记录表

测试 姓名	①			②			③		
	制作时间	航行分数	航行时间	制作时间	航行分数	航行时间	制作时间	航行分数	航行时间
林勇奇	120	70	9″6	120	80	9″5	120	100	9″6
陈果	120	70	8″3	120	80	9″1	120	90	9″9
陈嘉鸿	120	60	9″1	120	70	8″5	120	80	10″2

这时,老师建议我们把这个阶段的探究过程进行复盘总结反思。那么,下一阶段就要在规定的时间内,解决船只的美感问题。

提升船只的美感度,就要解决船只零部件上残留的胶水白化问题。

我们购买多种制作胶水进行实验,201胶水易干、黏性强,质量算是较好的一款,但在船只制作过程中一不小心也会出现胶水白化现象,影响船只美观。谭思蔓提出因为201胶水凝固快,可以用牙签点涂零部件,牙签可以帮助我们控制胶水的用量,这样,胶水白化影响美观的问题也解决了。

四 探究收获与结果

1. 加深了对航海事业的理解

航模制作不仅是一个动手实践的过程,更是对航海事业的深入了解。通过制作航模,我们学习到航海的基本原理和技术,理解航海在现代社会中的重要性。航海事业不仅推动了全球贸易的发展,还促进了文化的交流与传播。通过航模制作,我们感受到航海的魅力,激发对航海事业的热情与兴趣,培养了团队合作精神和创新能力。

2. 学习航模制作科学原理

航模制作的科学原理包括空气动力学、材料力学和电子技术等。航模的结构通常包括机身、机翼、尾翼和动力系统等部分,每个部分都有其特定的功能和设计要求。在制作过程中,掌握一些基本技巧,如精确测量、合理配重和细致组装,是确保航模航行性能的关键。此外,了解不同材料的特性和使用合适的工具,也能提高制作效率和成品质量。通过不断实践,我们提升了自己的动手能力和解决问题的能力。

3. 体验航行竞技

我们反复进行航行实验发现,影响航行最关键的主观因素是动力系统,另外还有船只的稳定性、水密性、船舵、放航时的动作。通过多次实验,一步一步地掌握稳定航行路线和时间的方法。

我们参加深圳市中小学航海模型教育竞赛获得奖项18项,课题组中有5名成员被选入深圳市航海模型队,代表深圳市参加了第十九届"我爱祖国海疆"全国青少年航海模型教育竞赛总决赛并取得一等奖荣誉3项、二等奖荣誉4项、三等奖荣誉6项的好成绩。

反思与体会

陈果:这次航海模型探究活动让我结识了很多的朋友,我们在一起相互帮助、相互学习,也提升了自己的动手能力。在探究初期,我在网上查阅了许多关于航海的资料,了解到了国家航海事业发展的脉络,更深刻地感受到了航海事业发展的战略意义,在骄傲、敬佩之情中,更增添了兴趣和责任,这项探究很神圣!我们还开展了讨论会,将自己查到的信息和所思所感分享给大家。"良师益友,万金难换",希望我们能继续探究更有挑战性的航海项目。

谭思蔓:通过这次对航海模型的探究,我收获到了很多。第一,在最开始,我们有非常多的疑惑,比如:什么是航海模型?它有什么用?它是怎样制作的?通过老师的指导,我们学会在网上查找资料帮助解答问题。第二,我们自己一步步地去制作,不仅提高了我们的动手能力,还锻炼了我们遇到问题的处理能力。第三,团队合作,分工明确,确保我们之间不会有分歧。同心协力,才能走好每一步。通过一次又一次亲手制作航海模型,我深刻体会到我们中国海疆的历史悠久与现代科技有多么发达。

案例报告 5-2
人工孵化小鸡的探究

课题主持人：陈美怡
课题组成员：陈雅琳、温智馨、万震宇、万语、邹雨涵
指导老师：刘玉婷、江宇静
所在学校：深圳市坪山区碧岭小学（现更名碧岭实验学校）

一　探究缘起和目的

（一）探究缘起

生命是神秘的，它是如何诞生的？我们很多人都充满了疑问和好奇。我们能不能通过人工的手段孵出小生命，目睹生命诞生的过程呢？想到这里，小伙伴们兴奋不已。于是，小伙伴们一下子想到了可爱的小鸡，它是怎么从鸡蛋里孵出来的呢？能不能人工孵化小鸡呢？整个过程又是怎样的呢？我们进行了激烈讨论，好奇心和兴趣也被最大限度地激发出来。于是，我们决定一探究竟，"人工孵化小鸡"课题组就这样成立了！

（二）探究目的

（1）了解生命诞生的全过程，探究其中的神奇之处，明白生命的可贵之处。
（2）了解人工孵化小鸡所需的条件，并掌握人工孵化小鸡的技巧。
（3）增强我们的沟通能力、团队合作能力、科学研究能力和责任心。

二　探究问题和思路

（一）探究问题

（1）设计人工孵化小鸡的孵化箱。
（2）小鸡的孵化过程是怎样的？
（3）人工孵化小鸡的条件和步骤有哪些？

(二) 探究思路

主题生成→查阅资料→设计实验→实验探究→目的达成→推广宣传。

三 探究方法和过程

(一) 探究方法

1. 文献法

在研究准备阶段,课题组成员通过网络搜索了解人工孵化小鸡的条件是什么,需要哪些材料,怎样制作人工孵化箱,人工孵化箱的作用等相关知识,并进行讨论研究,做到理论指导实践。

2. 实验法

针对小课题的研究目标,我们设计和进行人工孵化小鸡实验。

3. 观察法

在人工孵化小鸡实验过程中,我们每天翻蛋、记录温度、观察鸡蛋变化、写观察日记,并在第7天和第18天进行照蛋,观察鸡蛋内部发育情况,做记录、写观察日记。在孵化后期,我们随时观察鸡蛋是否有裂缝,是否有叫声,确定小鸡能正常孵化出来。

4. 对比法

在人工孵化小鸡实验过程中,我们购买了自动孵化箱,跟我们自制的水床孵化箱进行对比,以确保种蛋的存活率,并对比两个孵化箱的孵化率。

(二) 探究过程

1. 课题开题

2019年3月1日下午,我们在科学实验室举行了《人工孵化小鸡的探究》课题的开题报告和课题研究的培训。此次开题报告由刘玉婷老师和江宇静老师负责指导,课题负责人陈美怡同学主持,全体课题组成员全程参与。在开题报告会上,我们确定了本次课题探究的问题与实验的目标,完成了计划制订和任务分配,进一步明确了课题研究的思路和方法。

2. 文献检索

通过文献检索和查阅网上资料,我们了解到:小鸡孵化的周期是21天左右。孵化小鸡的条件有:温度要控制在37.8℃到38℃,孵化过程中要进行翻蛋和照蛋,观察鸡蛋是否正常发育,没有发育的要与正常发育的分开;孵化过程中早晚各翻蛋一次、每次翻180°,照蛋应该在孵化的第 7 天、第 14 天、第 18 天进行,在第 18 天后要进行喷水,使蛋壳软化,提高出壳率。

3. 材料准备

泡沫箱、加热毯、温控器、塑料膜、剪刀、胶带、喷水壶、温度探头、照蛋器、棉被、温度计、美工刀、卡纸、记号笔、尺子、鸡蛋、小鸡投食器、小鸡饲料。

4. 探究过程

(1) 水床孵化箱的制作。2019 年 6 月 10 日,在刘玉婷老师和江宇静老师的指导下,我们制作了人工孵化箱——水床。这可是鸡蛋们的"家",所以我们做得很细致、很谨慎,生怕这个小房子在后面的时间里会出现问题。水床的制作步骤如下:①我们先用美工刀在泡沫箱上开了个口子(跟温控器一样大小);②把温控器和加热毯连接;③把温控器嵌入泡沫箱的口子上;④加热毯置于泡沫箱底部;⑤塑料膜放在泡沫箱里的加热毯上,用胶纸将边缘固定;⑥在塑料膜上加入 5 厘米深、38℃的水;⑦再盖上一层塑料膜,再次用胶纸将边缘固定;将温度探头贴在第二层塑料膜中间;在泡沫箱内铺上毛毯并盖上盖子,待温度稳定后使用。

(2) 第一次实验。

* 鸡蛋处理

①网上购买种蛋(24 个);②鸡蛋大头朝上,静置 24 小时;③用浓度非常低的高锰酸钾溶液将鸡蛋擦拭干净;④待鸡蛋完全干透,用记号笔在鸡蛋侧面做记号(便于翻蛋)。

* 孵化过程

表 5-2-1 小鸡孵化过程记录表

日期	操作过程	配图
Day1	① 早上将鸡蛋放入温度稳定(37.8℃)的水床,统一记号朝上。 ② 晚上观察温度并记录,控制温度在 37.8℃~38℃,之后进行翻蛋,翻 180°(记号朝下)。	

(续表)

日期	操作过程	配图
Day2—Day6	早晚各翻蛋一次,每次翻180°,观察温度并记录,控制温度在37.8℃～38℃。	
Day7	① 早上翻蛋,观察温度并记录,控制温度在37.8℃～38℃。 ② 晚上观察温度并记录,控制温度在37.8℃～38℃。 ③ 晚上在翻蛋前照蛋,有红血丝或小黑点的是活的,放在左边;没有以上现象的是没受精或者是发育比较晚的,放在右边,以便区别隔离。	
Day8—Day13	早晚各翻蛋一次,每次翻180°,观察温度并记录,控制温度在37.8℃～38℃。	

第五章 问题探究式体验学习 / 211

(续表)

日期	操作过程	配图
Day14	① 早上翻蛋,观察温度并记录,控制温度在 37.8℃~38℃。 ② 晚上观察温度并记录,控制温度在 37.8℃~38℃。 ③ 晚上在翻蛋前照蛋,有些鸡蛋能看到中间有一团东西并且有个小黑点,有些只是看到中间有红色团块或完全透明。照蛋后将鸡蛋分类放置。	
Day15—Day18	早晚各翻蛋一次,每次翻180°,观察温度并记录,控制温度在 37.8℃~38℃。	
Day19—Day23	早晚各喷水一次,35℃的温水,先喷朝上的一面,待干透后,翻蛋,再喷一次,等待小鸡出壳。	

(续表)

日期	操作过程	配图
Day24	未见小鸡出壳，我们很失望很伤心。我们进行开蛋查看里面的情况。	
开蛋结果	有一只小鸡已经成型，但没有成功出壳，死在里面了。其他鸡蛋都是变质鸡蛋的样子，里面是凝胶状态。	

* **失败探因**

面对 24 个鸡蛋全军覆没的结果，我们的心情都有点低落，受到了打击，没想到人工孵化小鸡还是有难度的，但是我们不能被失败给打倒。所以我们几个回家再次查阅资料，询问长辈，并在指导老师的带领下一起讨论可能导致失败的原因，对实验的流程进行了改进，准备再次进行探究。

① 上次买的种蛋，因为水床的材料没有及时到位，所以搁置了 4 天才进行孵化，可能时间太久了，受精卵已经死亡了。在下次实验中我们应该先将需要购买的材料买齐、安装好，最后再购买鸡蛋，以确保鸡蛋新鲜程度，及时孵化。

② 网上买的种蛋，会不会在运送过程中，因为高温、震荡就已经受损了呢？美怡说她家在市场买的鸡蛋都有受精的，所以我们打算在市场也买一点种蛋来进行对比实验。

③ 我们是自制的孵化箱,实验失败也不知道是种蛋问题还是我们的水床有问题,所以我们应该做一个对比实验,买全自动的孵化箱同时孵小鸡,便于确定种蛋是否合格。

④ 有些种蛋可能本身就是"坏蛋",我们没有及时把它们拿出来,就感染了其他的种蛋,所以我们可以再做一个孵化箱,来放置可能有问题的"坏蛋"。

⑤ 有个小鸡成型了,但是死在鸡蛋里,可能是没法自己出壳,所以憋死了,可能是蛋壳的软化不到位,所以我们下次在Day19—Day23要多喷一点水。

⑥ 查阅网上资料,我们发现照蛋在Day7和Day18两次即可,照蛋次数过多也会影响鸡蛋孵化。

(3) 第二次实验

* **孵化箱**

再制作一个水床,当作备用箱;网上购买一个全自动孵化箱,用作对比实验。

* **鸡蛋处理**

① 网上购买种蛋(30个)、市场购买种蛋(24个)。

② 鸡蛋大头朝上,静置24小时。

③ 用拧得非常干的湿布将鸡蛋擦拭干净。

④ 待鸡蛋完全干透,用记号笔在鸡蛋侧面做记号,网上买的是黑色1—30号,市场买的是红色1—24号。

* **孵化过程**

表 5-2-2　第二次小鸡孵化过程记录表

时间	操作过程	配图	备注
Day1	①将鸡蛋放入温度稳定(37.8℃)的水床,统一记号朝上。 ②水床孵化箱中放黑色1～15号蛋,红色1～12号蛋;全自动孵化箱中放黑色16～30号蛋,红色13～24号蛋。		

(续表)

时间	操作过程	配图	备注
Day2—Day7	早晚各翻蛋一次，每次翻180°，观察温度并记录，控制温度在37.8℃~38℃。		
Day8	① 早上在翻蛋前照蛋，有红血丝或小黑点的是正常发育的，继续放在原孵化箱；没有以上现象的是没受精或者是发育比较晚的，放入备用箱。 ② 照蛋后翻至另一面，观察温度并记录，控制温度在37.8℃~38℃。 ③ 晚上翻蛋，观察温度并记录，控制温度在37.8℃~38℃。		照蛋结果： 网上购买的种蛋中，水床孵化箱里的1、2、3、4、5、7、8、11、12、13、14、15号和自动孵化箱里的16、17、19、21、24、26、27、29、30号是好蛋，继续放在原孵化箱进行孵化；水床孵化箱里的6、9、10号和自动孵化箱里的18、20、22、23、25、28号没有看到发育现象，放入备用孵化箱。

(续表)

时间	操作过程	配图	备注
			超市购买的鸡蛋1至24号全部都没有看到发育现象,24个鸡蛋都放入了备用箱里面。
	④ 开蛋。出于好奇,我们决定开几个鸡蛋看看。于是我们选择了超市购买的红色10号和22号鸡蛋,以及网上购买的黑色10号鸡蛋。		开蛋结果: 超市购买的10号和22号是散黄蛋,里面还有一个小白点,没有受精现象。 网上购买的10号鸡蛋已经有小鸡雏形,有眼睛、血丝和皮肤,我们为此伤心难过,很伤心自己伤害了一条小生命。
Day9—Day17	早晚各翻蛋一次,每次翻180°,观察温度并记录,控制温度在37.8℃~38℃。		
Day18	① 早晚各翻蛋一次,观察温度并记录,控制温度在37.8℃~38℃。 ② 晚上在翻蛋前照蛋,有四分之三是黑的、四分之一透明的是正常发育的,继续放在原孵化箱;没有以上现象的放入备用箱。		① 照蛋时要大头朝下,小头朝上。 ② 照蛋结果: 水床孵化箱中的12个鸡蛋和自动孵化箱中的9个鸡蛋都是正常发育的。 水床备用箱中,网上购买的6、9、18、20、25、28

(续表)

时间	操作过程	配图	备注
			号鸡蛋是正常发育的,但仍需在备用箱中孵化,避免携带细菌病毒等病原体;22号是透明的,23号只有三分之一是黑的。而超市购买的鸡蛋都没有发育现象。
	③ 开蛋。为了更好地了解鸡蛋孵化情况,我们决定开超市购买的红色17、23、24号鸡蛋,以及网上购买的黑色23号鸡蛋。		开蛋结果: 开的4个鸡蛋都没有发育现象,红色17号没散黄,其他三个都是散黄的。
Day19—Day21	① 撤走水床里面的棉被,将温度降至37.5℃。 ② 早晚各喷水一次,35℃的温水,先喷朝上的一面,待干透后,翻蛋,再喷一次。 ③ 中午将水床开盖1~2分钟,让空气流通。 ④ 如听到小鸡叫声或者		孵化结果: 一共孵化出22只小鸡,其中1只第二天夭折了。网上购买的鸡蛋除了孵化过程中开蛋2个,28个鸡蛋孵化了22只,出壳率达到78.6%。而超市购买的鸡蛋没有一个孵化成功。

(续表)

时间	操作过程	配图	备注
	小鸡开始啄壳,将有裂缝那面朝上,多喷几次水,让小鸡更好出壳。		
Day22	开蛋:我们对未出壳的超市购买的鸡蛋和网上购买的8、9、15、16、22、25号鸡蛋进行开蛋处理。		开蛋结果:超市购买的鸡蛋都是散黄蛋,没有任何发育现象,说明都不是种蛋。网上购买的8、9、15、16号鸡蛋都已成雏形,可以看见血丝、眼睛、鸡毛、脚和嘴巴了,而22、25号鸡蛋是散黄蛋,没有发育现象。

* **全自动孵化箱**

先将机器组装好,再将处理好的种蛋置于其中,因为它的温度是恒定的(37.8℃),我们每天只需要注意加水维持湿度(前中期:60～65。后期:70),在孵化后期,跟水床采取同样的喷水、通风操作即可。见图5-2-1。

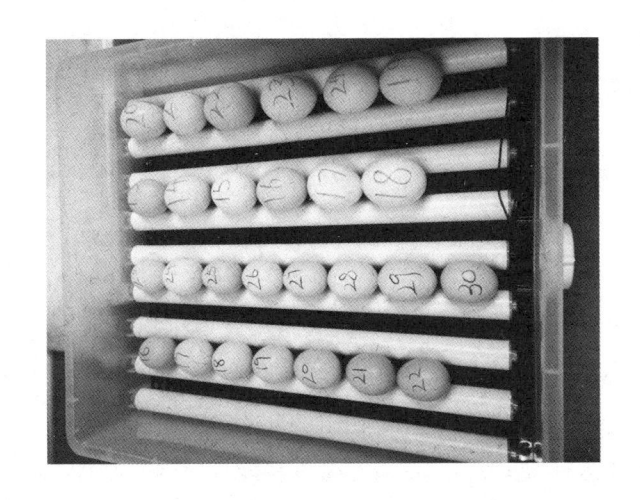

图 5-2-1 全自动孵化箱孵化图

* **成功孵化小鸡并领养**

看到小鸡们一个个孵化出来,我们都非常开心。我们将小鸡认领回家,照顾它们长大,继续观察小鸡的生长情况,如果顺利,我们的小鸡又会下很多鸡蛋,我们又可以继续孵小鸡了!

四 探究分析

1. 种蛋对比分析

市场购买的鸡蛋孵化率为 0,而网上购买的种蛋孵化率为 78%。因此网上购买种蛋的成功率更高,市场上很难买到新鲜的种蛋。

2. 孵化箱对比分析

自制水床孵化箱放入了网上购买的种蛋 1~15 号,除去第 8 天开的 10 号蛋进行分析、了解发育情况外,只有 8、9、15 号未出壳,出壳率达到了 78.6%。

网上购买的自动孵化箱放入了网上购买的种蛋 16~30 号,除去第 18 天开的 23 号蛋进行分析、了解发育情况外,只有 16、22、25 号未出壳,出壳率达到了 78.6%。我们自制的水床孵化箱和网上购买的自动孵化箱出壳率完全一样,从而可见我们自制的水床孵化箱是非常成功的!

五　探究结论

经过两次实验,我们将成功孵化小鸡的几个重要因素总结如下:

① 需购买刚生下来五天内的种蛋,否则种蛋内的受精卵将死亡。

② 购买的种蛋需要大头朝上静置 24 小时才能开始孵化。

③ 控制温度是孵化小鸡的最重要因素,Day1—Day18 要控制温度在 37.8℃～38℃,Day19—Day21 要控制温度在 37.5℃。

④ 每天早晚都要进行翻蛋,每次翻蛋 180°,并记录温度。

⑤ Day8 和 Day18 要进行照蛋,有正常发育现象的鸡蛋在原孵化箱孵化,没有正常发育现象的鸡蛋放入备用箱中,以免交叉感染。

⑥ Day19—Day21 要每天通风一次,早晚在表面喷水来软化蛋壳,帮助小鸡出壳。在 Day21 如听到小鸡叫声,但 12 小时仍未啄壳,需要帮助剥开一个小口,实现助产。

六　成果展示

第二次实验 78.6% 的出壳率证明我们的实验成功了,我们决定要把孵小鸡的经验总结起来,让更多的同学可以参考着去做实验,让他们感受生命的神奇,体验实验的乐趣!因此,课题组成员在学校大堂进行全校宣传活动:有派发"人工孵化小鸡"指导书的,有现场进行知识问答的,有介绍水床孵化箱结构的,有负责维持秩序的。

活动吸引了大量的学生,他们认真观看展板、仔细阅读指导书、积极回答问题。通过宣传活动,学生对水床孵化小鸡的过程有所了解,并对此产生浓厚的兴趣,很多学生当场就表示他们回家也要亲自孵化小鸡!还有一些没排上队的学生,强烈要求我们再举办一次宣传活动。看着活动深受欢迎,我们整个课题组感到无比的自豪与欣喜!

> **反思与体会**
>
> **万震宇**:带着好奇,我加入了孵小鸡课题组,这使我倍感荣幸,因为这是深圳市级立项的探究性小课题。这次的经历使我感悟良多,小鸡孵化前在鸡蛋里,不小心一摔,鸡蛋就破了,小鸡就死亡了,这让我看到了生命的脆弱;但是成功孵化的小鸡,艰辛地啄壳,只为了破壳而出,这又让我看到了生命的坚

强！其实我们不也是这样的吗？只有在一次次失败与挫折之后才能获得那璀璨的成功！还有，孵小鸡这段经历让我明白成功从来不是由一个人所创造的，而是团队合作的结果，只要保持好的心态与队友认真攻克难题就一定会看到那胜利的曙光！

陈美怡：通过这次小课题探究，我体验到孵化小鸡是那么的辛苦。这让我想到爸爸妈妈把我们养大，供我们读书，是那么的不容易，所以我一定好好学习，成为一个优秀的人，才不会辜负他们的付出。我们课题组的成员都是很合格的"奶爸、奶妈"，周末还要轮流去学校翻蛋，我们都会准时去，只有付出才有成功的收获。我们也曾失败过，但是我们并没有灰心，失败了就继续尝试，总会成功的。

案例报告 5-3
有趣的黄金分割探究

课题主持人:黄卓炜
主要成员:范铭灏、黄卓炜、刘志松、王景煌、罗衡
指导教师:吴守江
所在学校:深圳市坪山实验学校

一 研究缘起与目的

(一) 课本中的黄金分割

在学习比例线段时,我们知道了黄金分割:一个点把一条线段分为长与短两部分,较长的线段与全长之比等于较短线段与较长线段之比,比值是一个无理数,用分数表示为$(\sqrt{5}-1)/2$,取其前三位数字的近似值是 0.618,称为黄金分割,这个分割点就叫"黄金分割点"。

(二) 身边的黄金分割

过了几天,学校举行社团文艺节目汇演,我们发现报幕员没有站在中央。我们突然想到了这与数学老师所讲"站在舞台的黄金分割点报幕或唱歌声音最好听"相吻合。真是学以致用啊,黄金分割与生活密不可分。

黄金分割到底有多少奥妙,多么有趣? 我们研究一下。我们要认识黄金分割,了解有趣的黄金分割现象,了解黄金分割在生活中的应用。

二 研究的问题与思路

(一) 研究问题

① 黄金分割的历史。
② 自然界中的黄金分割现象。
③ 黄金分割在生活中的应用情况。

④ 如何利用黄金分割为生活服务？

（二）研究思路

1. 文献研究

从书籍、网络中收集有关黄金分割的资料。

2. 实地测量

对生活中的具体事物进行实际测量计算。

3. 总结提炼

开展数学活动，如写小论文、知识竞赛等，增加知识量，提高研究的乐趣。

三 研究过程

（一）向专家请教

我们希望向专家请教。我们把想法告诉了课题指导老师，有幸邀请到了坪山区两位数学教研员赵大运老师和袁虹老师入校指导。听了我们课题的开题汇报后，赵大运老师给我们做了讲座《生活中的黄金分割研究方法》，袁虹老师做了讲座《如何进行黄金分割测量》。通过专家指导，我们明确了研究步骤：先查资料，对黄金分割初步了解，再用测量工具实地测量，验证了解到的知识是否正确。

专家鼓励我们在体验中去发现、去验证，我们明白了研究的最终目的是为生活服务。

（二）文献研究

探究第一周，我们课题组成员来到坪山友谊书城，开始查阅黄金分割的相关资料。我们还进行了分工：男生查国外的黄金分割应用例子、自然界中的黄金分割现象，女生查国内的黄金分割应用例子、和人体有关的黄金分割现象。

1. 黄金分割理论建立

早在公元前 6 世纪，古希腊的毕达哥拉斯学派就研究过正五边形和正十边形的作图。公元前 4 世纪，古希腊数学家欧多克索斯系统研究后建立起比例理论。公元前 300 年前后，欧几里得撰写的《几何原本》进一步系统论述了黄金分割，成为最早的有关黄金分割的论著。到 19 世纪"黄金分割"这一名称才逐渐通行。黄金分割最著名的应用例子是优选学中的黄金分割法或0.618法,是由美国数学家基弗于1953年首先提出的,20世纪70年代在中国推广。

2. 黄金分割的应用探究

(1) 人体中的黄金分割。黄金分割在人体中随处可见,人体结构中有14个"黄金点"、12个"黄金矩形"和2个"黄金指数"。黄金指数反映鼻口关系、眼口关系。芭蕾舞演员踮起脚尖可以用黄金分割来解释,为了使肚脐成为黄金分割点,使姿态更加优美。

(2) 植物中的黄金分割。在大自然中,植物叶子千姿百态、生机盎然,给大自然带来了绿色世界。尽管叶子形态随种而不同,但细心观察还是会发现:有些植物的花瓣及主干上枝条的生长,也符合黄金分割。从植物茎的顶端向下看,会发现上下层中相邻的两片叶子之间约成137.5度。可计算得到$360-137.5=222.5$,$137.5/222.5$约为0.618。

(3) 医学中的黄金分割。医学与0.618有着千丝万缕的联系,它可解释人为什么在环境22至24摄氏度时感觉最舒适。因为人的体温37摄氏度与0.618的乘积约为22.9度。在这一温度中肌体的新陈代谢、生理节奏和生理功能均处于最佳状态。现代医学研究还表明,0.618与养生之道息息相关。

(4) 建筑物中的黄金分割。建筑师们对数字0.618的特别偏爱,可追溯到公元前5世纪建造的庄严肃穆的雅典巴特农神殿,其正面高度与宽度之比约为1∶1.6;公元前3000年建造的胡夫大金字塔,其原高度与底部边长约为1∶1.6,它们都显得那么和谐。我国的故宫建筑中也有不少这种黄金比例的存在。太和门庭院的深度为130米,宽度为200米,其长宽比为$130∶200=0.65$,与0.618的黄金分割率十分接近。从大明门到景山的距离是2.5公里,而从大明门到太和殿的庭院中心是1.545公里,两者的比值为$1.545∶2.5=0.618$。

(5) 武器中的黄金分割。黄金分割也广泛应用于战争中。在大炮射击中,如果某种间瞄火炮的最大射程为12公里,最小射程为4公里,则其最佳射击距离在9公里左右,为最大射程的2/3,与0.618十分接近。在防御战斗中,第一道防线的兵力通常为总数的2/3,第二道防线的兵力通常为总数的1/3。

(6) 艺术中的黄金分割。一些歌唱家在演唱时,不是站在舞台的正中央,而是站在黄金分割点上。这时唱出来的声音更加优美动听。我们可以发现大多数窗户的宽与长的比接近于0.6。这种设计无处不在:书本、烟盒、挂历、火柴盒、教室、桌面等,大都按照宽与长的比接近于黄金分割比例来设计。

其次,进行小论文写作。为了使查到的资料更加完善、便于整理,我们举行了小课题"数学小论文"评比活动。指导教师吴守江老师进行了《如何撰写小论文》的讲座,我们一起设计了小论文的题目,供组员参考。

指导教师邀请学校初中数学科组老师们,对课题组学员的小论文从知识性、探索性、实践性和创新性,从内容具体、层次清楚、语言简练、叙述明晰等方面进行了评比。

(三) 专题测量

1. 长方形物体测量实验

课题组成员在家里对长方形物品进行实地测量计算。

我们准备了直尺、卷尺、计算器等,测量随处可见的长方形书籍、字典、玻璃、桌面、烟盒、玻璃窗的宽与长,然后计算宽与长的比值。

我们发现:身边的长方形物品大多数的宽和长的比在 0.6 到 0.7 之间。比如书籍、包装盒,接近于黄金比的长方形最美观。

我们边测量、边记录,待测量结束后计算物品的宽度和长度的比值,其计算结果差距之小,令我们非常惊讶,可见生活中的数学应用非常普遍。见表 5-3-1。

表 5-3-1 生活中物品宽度与长比值

物品名称	宽度(cm)	长度(cm)	比值
《奥妙无穷的黄金分割》	16.4	23.8	0.689
数学书	18.2	26.9	0.676
新华字典	8.7	12.8	0.679
烟盒	5.4	8.6	0.627
玻璃窗	40	65	0.615
桌面	45	70	0.642
A4 纸	21	29.7	0.707

2. 温度体验

资料中讲,人的体温37度与0.618的乘积约为23度,当环境温度为23度时,人体感觉最舒适。我们决定实际测量感受一下。

天气预报当天最高气温为30摄氏度。13:40时我们感觉较热。室内已经用空调把温度降到了23摄氏度。我们从室外进入室内,感觉凉爽无比,竟有一丝冷意。然后我们开始提高温度,24摄氏度、25摄氏度时感觉更舒适,26摄氏度开始有微热的感觉。

我们又来到小轿车旁,温度计显示气温为30摄氏度。进入车内,在太阳的曝晒下,车内温度好高啊,仪表盘显示车内温度为39摄氏度。打开空调,降到26摄氏度,开始有凉意了,也是在24、25摄氏度最舒适,23摄氏度开始感觉微冷。

我们又想到晚上睡觉的时候,空调温度设置26摄氏度时最舒适。

为什么不是体温的0.618倍23摄氏度最舒适呢?我们请教了生物老师,明白了其中的原因:在安静的时候,体内产生的热量不多,不需要大量排放,此时26摄氏度感觉最舒适;而在适量走动、工作学习状态,体内需要向外排放热量,需要较低的室温才更容易排出热量,此时环境温度是23摄氏度左右最舒适。原来黄金分割舒适温度是指在适当活动状态下的温度。

3. 身高与腰腿长度测量

为了验证芭蕾舞演员为什么踮起脚尖,我们决定量一下一位妈妈的身高。妈妈身高1.65米。妈妈穿着平底鞋,结果裤腰(肚脐眼的高度)的高度为0.97米。踮起脚尖或换上高跟鞋,裤腰的高度为1.02米。1.02/1.65=0.61818。啊,黄金比!怪不得芭蕾舞演员要踮起脚尖。穿高跟鞋和数学有这么大的关系!

(四) 趣味竞赛

为了让更多的同学参与到小课题探究中,我们在班级开展了"黄金分割知识竞赛"活动。我们设置了灵活多样的必答题、抢答题、风险题,利用抢答器进行小组赛,通过比赛拓宽了对黄金分割广泛应用的了解,加深了对黄金分割知识的理解,创造性应用思路更加开阔。

(五) 为生活服务

通过研究,我们发现黄金分割不仅是数学中的一个比例,更广泛存在于大自然中,时时处处都作用于生活。经过进一步探究,我们总结出了黄金分割的应用小贴士,为生活增乐趣,让生活更和谐、更美好。

1. 高跟鞋跟高比例

设计宣传单,向广大妈妈、阿姨、姐姐宣传,如果一定要穿高跟鞋,高跟鞋不是越高越好,应根据身高和腿长选择跟高。我们可以利用高跟鞋的高度,使自己从肚脐到脚底的距离,和从头顶到脚底的距离达成黄金比例,公式为:鞋跟高度≈(0.618×身高－腿长)/0.382。

2. 空调温度定点设定

通过文献检索,我们发现,黄金分割比(约0.618)与人体舒适温度有一定的关联。根据科学研究,人体通过进化使自身温度保持在37摄氏度,但实际体感温度略低(1—2摄氏度)。以人体平均体温37摄氏度为基础,应用黄金分割率0.618,可以得到人体舒适温度的两个参考值:22.25摄氏度(最低体温36摄氏度的计算结果)和23.18摄氏度(最高体温37.5摄氏度的计算结果)。根据这个参考,结合人体实际感觉到的有效温度,夏天空调温度控制在25摄氏度左右最适宜。

3. 家装家居应用参考

买家具,选择正面宽与长的比为3∶5=0.6到2∶3=0.66之间规格;窗格设计、装饰柜设计多采用接近黄金比的比例。

4. 最佳学习时间建议

一天中气温最低的时间是凌晨2点,气温最高时间一般是14点,二者之间的黄金分割点为9.4,也就是说,上午9点到10点的气温是一天中最适宜的,这时人的头脑最清楚,办事效率最高。建议学校安排课程时,在这个时间段安排需要背诵记忆的科目。

5. 健康养生建议

一天24小时,2/3时间工作与生活,1/3时间休息与睡眠;在工作和学习中,动与静的关系保持在2∶3的比例;吃饭吃六七成饱,可以不生胃病;摄入饮食四分精食、六分粗粮;结婚的最佳季节是一年12个月的0.618处,在7月底、8月初,此时免疫力最佳,人体血液中淋巴细胞最多。

> **反思与体会**
>
> **黄卓炜**:从这次研究中,我们学会了很多,懂得了许多课本中没有的知识,明白了数学的美是不同于其他的美,这种美是独特的、内在的,它具有严格的比例美、艺术美、和谐美。在研究过程中,我们体会到亲自动手得到的知

识是最牢固的,知识深深地印在了我们脑海中。

范铭灏:通过这次研究,我最大的收获不仅是了解黄金分割点,重要的是学会了一种审美的角度,一种审美的观点,这种审美观源于大千世界中,源于事物中存在的黄金分割比。"美是到处都有的,不是缺少美,而是缺少发现。"如果我们能积极地去寻找,不论是什么难题都可以克服,只要有恒心,就能完成。

刘志松:以前我最怕数学,感觉深奥无比。通过这次研究,感觉到数学对我们来说,是那样富有魅力,在生活中只要我们善于观察、善于思考,将所学的知识与生活结合起来,将会感到生活的乐趣。生活中处处都应用着数学的知识。就像黄金数一样。

罗衡:本次研究课题活动给我的最大收获,是让我感觉到了团队的力量。有些事情,一个人去做很困难,几个人一起做感觉很有意思,做起来也很容易。研究中增进了友谊、增长了知识,我希望以后能多参加研究活动。

案例报告 5-4
影响影子长度变化的因素及其规律探究

课题主持人:罗文瀚
主要成员:张睿婷、周敏、杨淇、廖嘉培、张妍
指导老师:王伟芳
所在学校:深圳市坪山区坪山实验学校(八年级)

一 研究缘起和目的

(一)研究缘起

物理课上,我们学习小组就影子形成原因的精彩解说获得了全班同学的一致肯定。这一次小组学习的成功经历大大地激发了我们团体协作学习的信心。

影子的形状、长度、面积随着太阳的东升西落悄悄地发生了变化,却没有引起人们足够的重视,所以人们对影子的认识是浅显的。影子的长度变化是我们学习小组的第一个探究点。影子在一天中有长有短,影响它长度变化的因素有哪些,是否会遵循一定的规律?这些问题都深深地吸引着我们。

(二)研究目的

期望通过我们已经掌握的知识,外加一系列的查阅资料、调查采访、实地实验、模拟实验、讨论反思等活动,对影子的长度变化展开深入地研究,获得影子长度变化的规律并总结出影响影子长度变化的因素。此外,通过影子长度变化的系列探究实验,提高课题组成员研究问题的兴趣和能力,从而加深对常见生活现象的认识。与此同时,号召更多的同学加入我们研究普遍生活现象的队伍中来。

二 研究问题与方法

(一)研究问题

我们希望通过课题研究掌握影响影子长度变化的因素,并且想通过一系列的

探究实验总结归纳出影子长度变化所遵循的一般规律。利用互联网搜索,我们知道一天中影子的长度先变短后变长,这一现象主要受太阳高度角的影响。我们希望通过我们的实验探究了解:第一,互联网上的结论是否正确,能否进行实验验证;第二,太阳下,影子的长度变化是否具有规律,是否还存在别的影响影子长度变化的因素;第三,灯光下的影子长度变化是否遵循一定的规律及主要受什么因素影响。通过实验获得对影子长度变化等生活常见现象的全面了解和正确认识。

(二) 研究的方法

文献资料法;问卷调查法;问题访问法;实验分析法。

三 研究思路

(一) 准备阶段(2月份)

(1) 我们前往坪山图书馆查阅相关资料,并购置相关书籍。阅读书籍并分享我们的读书简记。

(2) 设计调查问卷,发放、回收及统计调查问卷来获取我校七年级学生对影子变化相关知识的了解情况。

(3) 采访老师来获得影子长度变化等相关知识的初步认识,完成采访小结。

(4) 参观科技馆,打开研究思路。

(二) 实施阶段(3月—6月)

在太阳下(学校操场、大工业区公园、六联社区坪地等地方)进行影子长度测量,专家指导开展、改进灯光下实验、实验室模拟实验,记录实验数据。

(三) 总结阶段(7月—11月)

整理探究数据,初步归纳探究结论。检验实验结论,做进一步的实验研究。

四 研究过程

(一) 制作测量方案

探究一：太阳下的影子长度变化的测量。

测量方案：在学校的操场上、坪山大工业区公园、六联社区坪地等多个地方测量不同时间点的多个物体的影子长度。因为要测量影子的长度变化，所以我们准备了米尺、实验数据表格、笔等，用米尺测量影子的长度。经过小组分工，四位组员分成两个小组，每组两位同学一起进行实验。实验时，一位同学负责测量，另一位同学配合并负责记录数据。实际上这几个实验操作都比较简单，完成得比较顺畅。见表5-4-1。

表5-4-1 学校操场上午分时测量影子长度情况

次数	测量的时间	物体的长度（cm）	开始时影子长度（cm）	半小时后影子长度（cm）	一小时后影子长度（cm）
1	11:00	161.5	144	121	71
2	11:04	22	6.5	5.5	0.5
3	11:07	148	131	120	70
4	……				

通过观察实验数据，我们发现在不同的时间影子的长度是变化的。早中晚的物体的影子长度是不同的，影子的长度会随着太阳位置的变化而变化。通过实验数据分析，我们验证了我们的设想：物体的影子在一天中遵循先变短后变长的规律。那影子的长度变化为什么会遵循这样的规律呢？这一个问题，我们组员思考讨论并请教老师后认为可能是太阳高度角变化造成的，于是我们针对太阳高度角设计了实验室模拟实验来验证我们的猜想。

(二) 制定实验室模拟

测量的方案：采用替代法开展实验。用3 cm的粉笔作为被测物来代替人，用粉笔的影子来代替人的影子，用灯泡来代替太阳，将灯泡放在量角器的不同角度来模拟一天中太阳的东升西落导致的太阳高度角的变化，观察放在地面的粉笔的影子长度的变化,并记录实验数据。见表5-4-2。

表5-4-2 测量粉笔影子长度记录表

高度角	观测情况	高度角	观测情况
0°	很长很长	90°	0
10°	很长	100°	3 cm
20°	很长	110°	4.5 cm
30°	14.5 cm	120°	5.5 cm
40°	9.5 cm	130°	8 cm
50°	6 cm	140°	14.6 cm
60°	4.5 cm	150°	15 cm
70°	3 cm	160°	很长
80°	1 cm	170°	很长
90°	0	180°	很长很长

数据分析:我们发现灯泡从量角器的0°移动到量角器的90°的位置上时,物体影子的长度不断变短;灯泡从量角器的90°移动到量角器的180°的位置上时,物体影子的长度不断变长。

实验结论:太阳高度角是影响影子的长度变化的因素。太阳高度角越大,影子的长度越短;太阳高度角越小,影子的长度越长。

(三) 探究物体位置对影子长度的影响

测量方案:在太阳下,同一时间测量出不同位置上的同一个物体的影子长度。记录情况见表5-4-3。

表5-4-3 同一时间不同位置物体影子长度的变化

次数	测量时间	物体的长度	位置A物体影长	位置B物体影长	位置C物体影长
1	11:09	40 cm	41 cm	48 cm	50 cm
2	11:13	85 cm	95 cm	95 cm	97 cm
3	11:19	174 cm	118 cm	125 cm	130 cm

数据分析:同一时间,物体的位置不同,影子长度也是有微小的变化的。这可能与物体的位置,也就是物体所处的纬度有关,但也可能是测量的时间不同、改变物体的位置需要一定的时间等造成的实验误差。但经过进一步的讨论分析,我们认为可能不是实验误差,因为这个误差比较大,是不能够忽略的。因此,我们更倾向于认为是物体所处的纬度不同导致的物体影子长度的变化。

(四) 研究纬度对影子长度变化的影响

实验方案:以灯泡沿量角器的不同角度模拟太阳一天中的升降,把同一个3 cm 物体放在不同的位置,测量出不同位置的物体的影子长度。测量情况见表 5-4-4。

表 5-4-4　同一物体不同位置影子长度的情况

角度	90°正下方	90°下方右侧 10 cm 处	90°下方右侧 20 cm 处	90°下方右侧 30 cm 处
0°	很长很长	很长很长	很长很长	很长很长
30°	18 cm	22 cm	24.5 cm	32 cm
45°	9.5 cm	17.5 cm	15.5 cm	18 cm
60°	6.5 cm	9 cm	12 cm	13.5 cm
90°	0 cm	1.5 cm	6.5 cm	8.5 cm

数据分析:观察 90°的数据,当灯泡位置相同时,物体离灯泡的位置越远,影子的长度越长。此外,随着角度的增大,同一个位置的物体的影子长度变短了。

实验结论:太阳位置相同时,物体所在的纬度越高,影子的长度越长。可见,物体所在的纬度也是影响影子长度变化的因素。

(五) 灯泡的高度对物体影子长度的影响

实验方案:不断改变灯泡的高度,用刻度尺测量同一个位置的高度为 4 cm 物体的影子长度的情况。测量情况见表 5-4-5。

表 5-4-5　灯泡高度不同时物体同一位置的影子长度的情况

次数	灯距离地面的高度	影子的长度
1	10 cm	3.2 cm
2	13 cm	3.1 cm
3	15.5 cm	3 cm
4	18 cm	3.1 cm
5	21 cm	2.6 cm
6	23.5 cm	2.5 cm
7	26 cm	2 cm
8	30 cm	2 cm
9	33 cm	1.9 cm
10	36 cm	1.5 cm

数据分析：在误差允许的范围内，当灯泡的高度不断增高时，影子的长度大体上符合减少的趋势。

实验结论：灯泡的高度不断增高时，影子的长度也随之减少。

(六) 物体在不同方位时影子长度情况

实验分析：通过分析实验数据，我们发现灯光下物体的方位影响影子长度的变化。但是结合我们课本上学习过的光线，我们画出光路图分析发现我们的实验结论与理论不吻合。于是我们分析实验尝试找出实验失败的原因。经过讨论研究，我们发现，在实验时粉笔不是垂直于地面的，而且实验用的灯不是圆灯，实验时灯的发光面没有垂直地面。经过多次实验，实验与理论分析的结论依然存在误差。

理论分析方案：同一个物体分别站在灯下正东、正西、正南、正北的位置，分别画出该物体的光路图，用刻度尺测量出影子长度分别是多少。

理论数据：$L_{东} = L_{西} = L_{南} = L_{北}$

结论：物体所站的不同方位对影子的长度没有影响。

五　研究结论

综合以上实验研究，我们发现：太阳高度角和地球纬度是影响影子长度变化的因素，物体所站的不同方位则对影子长度没有影响。此外影子长度的变化遵循以下规律：

① 物体的影子在一天中遵循先变短后变长的规律。且太阳高度角越大，影子的长度越短；太阳高度角越小，影子的长度越长。

② 同一时间，物体的位置不同，影子长度也是有微小的变化的。这与物体的位置，也就是物体所处的纬度有关。物体所在的纬度越高，影子的长度越长。

③ 灯的高度不断增高时，影子的长度也随之减少。

反思与体会

小组总结：我们梳理了在整个研究的过程中形成的资料。这些资料有：调查问卷报告和采访教师的录音笔记；开展问卷调查、采访老师、参观科技馆、读科技读物、开展实验等活动的简报；在太阳下、实验室开展有关影子长度变化的实验，填写好实验数据记录表格，总结实验结论，形成研究论文；整理课题研究过程成一个视频，用来纪念我们的课题研究的整个过程。

经过这次课题研究，我们收获了很多，也总结了很多课题研究的经验。

杨淇：研究过程中要养成随时记录、随时总结、时刻思考的习惯。做完实验最好先总结，因为当时你的想法、思考会随着时间流逝而丢失，因此坚决不能放在以后再总结。

周敏：要耐心细致地进行实验，比如说我们前面因为外界灯光太强就放弃了晚上灯光下的实验研究，这个是我们实验的一个很大的遗憾。这也给我们一个提示，以后做实验或者学习中、生活中遇到问题时，我们不应该半途而废，尽力做到最好，不管最后结果怎么样，至少我们无愧于心。

后　记

　　深圳市坪山区面向新时代教育发展趋势与未来人才培养需求,坚信高品质的课程是培养未来领袖的关键。为此,区域构建了"引领性课程、普及性课程、个性化课程"三位一体的品质课程体系,以满足学生的多元需求。其中,引领性课程聚焦新时代教育发展趋势与未来人才培养需求,结合课程发展前沿动向,设计前瞻性课程体系,包括生涯教育课程、跨学科融合课程、STEAM课程、人工智能课程等。这些课程不仅是知识的传授,更是品德和能力的塑造,能帮助学生在未来社会中取得成功。为此,在课程实施方式上,更加注重以教与学的深度变革来探索课程实施的有效策略。

　　就学习方式而言,坪山区通过课程整体性变革实施、教改重大项目攻关、群众性科研项目参与,促进问题探究式学习方式变革可持续发展。在教育改革的浪潮中,学生的角色正在经历深刻的转变。从传统的知识接受者到如今的主动探究者,学生不仅在课堂上学习,更在生活中探索,成为了真正的研究者。本书《小课题探究:激活学习方式》正是这一转变的缩影,旨在为教育工作者提供理论指导和实践案例,帮助他们更好地理解和实施探究式学习。在编写本书的过程中,我们深刻体会到,教育不仅仅是知识的传递,更是能力的培养和人格的塑造。通过探究性小课题,学生能够在真实的学习情境中,主动发现问题、分析问题并解决问题。这一过程不仅提升了他们的学术能力,更重要的是培养了他们的批判性思维、创新能力和团队合作精神。这些能力在未来的学习和生活中,将成为他们应对复杂挑战的重要武器。

　　本书通过优秀案例,展示了许多学生在探究性小课题中的成长与变化。他们从最初的好奇心出发,逐渐发展出独立思考和解决问题的能力。在这一过程中,学生不仅获得了知识,更培养了自信心和责任感。这种成长不仅体现在学业上,更在他们的生活态度和价值观上得到了体现。通过参与探究性小课题,学生学会了如何面对挑战,如何在失败中总结经验,如何在团队中合作。这些能力和品质将伴随他们一生,使他们在未来的学习和工作中更加从容自信。

在探究式学习中，教师的角色也发生了显著变化。教师不再是知识的传授者，而是学习的引导者和支持者。在这一过程中，教师关注学生的兴趣和需求，帮助他们制订研究计划，提供必要的资源和支持。这种角色的转变要求教师具备更高的专业素养和灵活的教学能力。通过本书中的案例，我们看到许多教师在探究式学习中发挥了重要作用。他们不仅为学生提供了知识支持，更通过鼓励和引导，激发了学生的学习热情。这种师生之间的互动，不仅提升了课堂教学的质量，也促进了学生的全面发展。

本书的编写是一个探索的过程，我们希望通过分享坪山区的实践经验，能够激励更多的教育工作者关注学生的主体性，关注探究式学习的实施。未来，我们期待看到更多的创新思维和实践成果的涌现，为教育改革贡献更多的智慧和力量。

最后，感谢所有参与本书编写和研究的教育工作者、学生和家长。正是你们的支持和努力，使得探究式学习在实践中不断发展和完善。感谢华东师范大学出版社，希望本书能够成为教育工作者的参考和启示，激发学生的学习动力，引导他们在探索与创新的道路上不断前行。

王琦

2024 年 10 月

"品质课程"阅读书目

学校整体课程规划 18 问
学校整体课程规划的七个关键
学校整体课程规划

📖 课程治理现代化丛书

阳光阅读的校本设计与特色创建
CIM 课程:创客教育的要素设计与实践探索
高品质学校课程体系
个性化学校课程体系
家校共育的 20 个实践模式
进阶式生涯教育
跨学科学习创意设计
美术特色课程设计与实施
体育,让儿童嗨起来:悦动体育课程的设计与实施
小剧场学校:激活戏剧课程的育人价值
小课题探究:激活学习方式
小切口课程设计:劳动教育的创意实施

📖 新质课程文化丛书

实践性学习的七重逻辑
面向每一个生命的课程
多模态学科实践
大规模因材施教的课程模式
为未来而学:未来课程的校本建构与深度实施
面向每一个学习者的课程设计
可感的学习经历:习性教育课程体系探索
单元课程要素统整与深度实施
具身学习与课程育人
把学生放在心上:学校课程变革之道

📖 课程治理新范式丛书

以学生为中心的教育治理
实践型学科课程设计与实施
共享式课程治理:集团化办学的课程治理方略
高具身性课程实施:路径、策略与方法

📖 特色学校聚焦丛书

让个性自然发荣滋长:"引发教育"的理论寻源与实践探索

面向每一个生命的教育
让每一个生命澄澈明亮:"小水滴"课程的旨趣与创意
新劳动教育:时代意蕴与实践创新
自信教育与个性生长
好学校的精神特质
教育,让个性舒展:"有氧教育"的模样与姿态
唤醒教育:触发生命的感动
生命的颜色与教育的意蕴
人格教育的四个关键点
做精神澄澈的教师

特色课程建设丛书

幼儿园特色课程的框架与实施
课程是鲜活的:"大视野课程"的旨趣与活性
指向核心素养培育的学校课程图谱
让儿童生活在美的世界里:幼儿园全景美育的课程探索
核心素养与学习需求:学校课程建设导引
儿童自然探索课程
幼儿园视觉艺术创意活动设计与实施
连续性课程:特色课程发展的实践探索

课堂教学新样态丛书

课堂,与美最近的距离:基于学科核心素养的课堂教学变革
协同教学:意蕴与智慧
决胜课堂 28 招
一百个孩子,一百个世界:基于差异的教学变革
课堂如诗:"雅美课堂"的姿态
在教室里眺望世界:基于 BYOD 的教学方式变革
课堂教学的资源设计与方式变革
境脉教学的实践范式与创意设计
任务驱动与学科实践
课堂教学的智慧属性与意义增值:"灵动课堂"的六个关键词
如溪语文:诗意流淌的语文教育

"一校一策"课程体系建设丛书

课程坐标及其应用:教师专业视角
"一校一策"课程规划
"一校一策"课程实施